U0806908

唐晓梅 著

非物质文化遗产活态传承研究

中国纺织出版社有限公司

内 容 提 要

非物质文化遗产是人类文化多样性的重要组成部分，承载着丰富的历史、文化、社会和经济价值。近年来，我国越来越重视对非物质文化遗产的发掘、保护和传承工作。在这一背景下，本书提供全面的视角，以贵州省非物质文化遗产作为研究样本，帮助读者理解非物质文化遗产的多样性和复杂性，分析其在当代社会的发展现状、面临的问题以及保护和传承的策略，深入探讨非物质文化遗产活态传承的困境、策略和意义。本书通过对贵州省非物质文化遗产具体案例的分析，不仅为理论研究提供了实证基础，而且为相关人员提供了实践指导，更为保护和传承非物质文化遗产、促进文化多样性和社会可持续发展作出贡献。

图书在版编目（CIP）数据

非物质文化遗产活态传承研究 / 唐晓梅著 . -- 北京 : 中国纺织出版社有限公司，2024.6
ISBN 978-7-5229-1788-7

Ⅰ. ①非… Ⅱ. ①唐… Ⅲ. ①非物质文化遗产—研究—中国 Ⅳ. ①G122

中国国家版本馆 CIP 数据核字（2024）第 102964 号

责任编辑：向连英　　特约编辑：郭妍旻昱
责任校对：寇晨晨　　责任印制：储志伟

中国纺织出版社有限公司出版发行
地址：北京市朝阳区百子湾东里A407号楼　邮政编码：100124
销售电话：010—67004422　传真：010—87155801
http://www.c-textilep.com
中国纺织出版社天猫旗舰店
官方微博 http://weibo.com/2119887771
天津千鹤文化传播有限公司印刷　各地新华书店经销
2024年6月第1版第1次印刷
开本：710×1000　印张：17
字数：302千字　定价：98.00元

前　言

非物质文化遗产，作为人类文化多样性和创造力的重要体现，一直是文化研究和文化保护领域的核心议题。在全球化的大背景下，非物质文化遗产不仅承载着历史与传统，更是现代社会文化认同和多元共生的关键纽带。本书旨在深入探讨非物质文化遗产的活态传承，分析其在当代社会的发展现状、面临的挑战以及未来的保护对策，特别是以贵州省为例，探索其独特的非物质文化遗产在地域文化、社会经济和生态环境中的互动和演变。

非物质文化遗产的概念，源于对人类文化遗产更全面的认识。它不仅仅是物质文化遗产的补充，更是文化传承的活跃成分，涵盖了口头传统、表演艺术、社会实践、节庆活动等多种形式。这些文化形式，不仅仅是历史的见证，更是当代社会文化动态的重要组成部分。它们在传承中不断演化，与时俱进，反映了人类社会的发展和文化的多样性。

在全球化和现代化的影响下，非物质文化遗产面临着前所未有的挑战。一方面，经济发展和社会变迁对传统文化形成了冲击，传统知识和技能面临着被边缘化和遗忘的风险。另一方面，非物质文化遗产的商业化和景观化趋势，虽然提高了其在公众中的知名度，但也可能导致其原有的文化内涵和社会功能的弱化。因此，如何在保护和传承中平衡传统与现代、保护与发展，成为亟待解决的问题。

本书通过对非物质文化遗产的分类、历史价值、活态传承特征以及保护方式的系统性研究，旨在提供全面的理论框架和实践指南。特别是对贵州省非物质文化遗产的深入分析，不仅揭示了地域文化的独特性和多样性，也为理解中国乃至全球范围内非物质文化遗产的保护提供了宝贵的案例和经验。

此外，本书还关注非物质文化遗产在促进社会经济发展、增强民族文化自觉和文化认同感以及维护世界和平发展中的作用。通过对非物质文化遗产活态传承的多维度分析，本书旨在为文化遗产保护工作者、政策制定者、学者和公众提供深入的洞见和实用的策略，共同推动非物质文化遗产的可持续发展和活态传承。

非物质文化遗产的活态传承不仅是对过去的尊重和记忆，更是对未来的投资和创新。在全球化的今天，我们需要更加深入地理解和珍视这些文化遗产，因为它们不仅构成了我们共同的文化记忆，也是构建更加和谐、多元和可持续发展社会的基石。通过本书的研究，我们期望为非物质文化遗产的保护和传承提供新的视角和思路，为全球文化遗产的保护工作贡献一份力量。

唐晓梅
2024 年 3 月

目　　录

第一部分　非物质文化遗产活态传承现状与发展

第一部分

非物质文化遗产活态传承现状与发展

第一章　非物质文化遗产活态传承概述

在探索非物质文化遗产（Intangible Cultural Heritage）的丰富领域时，我们首先需要理解其核心概念和基本框架。非物质文化遗产不仅是历史的见证，更是活生生的文化实践，并在社会中继续演变和发展。本章将从非物质文化遗产的定义入手，探讨其分类、历史价值以及活态传承的多重维度。我们将探索非物质文化遗产的独特性，如何在历史的长河中保持其活力，以及它如何在不断变化的社会环境中适应和发展。通过对非物质文化遗产的深入了解，我们可以更好地认识它在维护文化多样性、促进文化传承和加强社会凝聚力方面的重要作用。本章将为我们打开一扇了解非物质文化遗产丰富内涵和活态传承意义的大门。

第一节　什么是非物质文化遗产

（一）定义与本质

非物质文化遗产，作为一种深植于人类社会日常实践和历史传统的文化载体与表达形式，其定义和本质构成了对人类文化多样性理解的核心。与物质文化遗产相比，非物质文化遗产不依赖于物质载体的存在，而是通过社会成员的社会实践、口头传统和表演艺术等形式得以传承和发展。这种文化遗产的独特之处在于其“活态”特性，即它不是静止不变的，而是一个动态发展的过程，随着时间的推移和社会环境的变化而不断演变。

在非物质文化遗产中，其核心特质体现为深厚的历史底蕴、独特的文化价值以及重要的精神意义。这些珍贵的遗产，作为人类文明的结晶，是各民族、各团体创造的智慧瑰宝。它们承载着丰富的历史信息，见证了人类文明的发展历程，是后人了解过去、认识文化的重要途径。

非物质文化遗产保护的关键在于其传承过程，这一过程不仅仅是知识和技能的简单转移，而是一种深层次的文化和社会价值的传递。传承过程中，社会成员通过口头教授、示范和共同实践等方式，将文化知识和技能从一代传递到另一代。这种传递不仅包括具体的技能和知识，还包括与之相关的文化工具、仪式、传统和空间。例如，传统的手工艺技能不仅仅是技术的传授，更是一种文化价值和审美观念的传递。非物质文化遗产的价值不仅在于其艺术美感，更在于其深层次的文化内涵。这些遗产往往反映了特定民族或群体的信仰、习俗、传统技艺和审美观念，是民族认同和文化传承的重要基石。通过保护和传承非物质文化遗产，我们得以维系民族文化的根脉，激发民族自豪感和凝聚力，从而推动文化的繁荣与发展。

正因为非物质文化遗产有如此多的重要意义，我们需要以严谨、稳重、理性的态度来对待它。在保护和传承非物质文化遗产的过程中，我们需要通过各种渠道和媒体，宣传非物质文化遗产的重要性和价值，提高公众的认识和保护意识。我们需要深入研究、科学规划，探索和创新发展方式，确保这些宝贵的遗产更好地融入现代社会和生活，得到充分的保护和合理的利用。同时，我们还需要加强国际交流与合作，分享经验、交流互鉴，共同推动非物质文化遗产的保护工作，让全人类共享这些宝贵的遗产。

非物质文化遗产的活态特性意味着它是不断变化和发展的。这种变化不仅体现在技能和知识的演进上，还体现在其适应社会变迁的能力上。随着社会的发展，非物质文化遗产在保持其核心价值的同时，也会吸收新的元素和形式，以适应不断变化的社会环境。这种变化并非替代性的变革，而是一种持续的、和谐的演变。这使得非物质文化遗产能够更好地融入不断变化的社会环境，与时代并进。例如，许多传统节日和庆典在保持传统习俗的同时，也融入了现代元素，使其更加贴近当代社会的生活方式。它强调遗产的持续演变和发展的动态过程。这一特性不仅体现在技艺和知识的不断演进中，还彰显于它如何与社会变迁相互适应和融合。这种融合不仅增强了非物质文化遗产的现代感，使其更贴近当代人的生活，也为更广泛的公众提供了理解和欣赏这些传统文化的机会。

非物质文化遗产的传承和保护也与社会成员的身份认同和文化自觉密切相关。非物质文化遗产的传承和保护不仅是文化和技艺的传递问题，更是对社会成员身份和文化认同的维系。在很多区域社群中，非物质文化遗产是他们共同的记忆和历史的见证，是其文化身份的重要标志。这种文化遗产的传承，实际上是对社会成员个体和集体身份的一种确认和强化。在全球化和现代化的冲击下，许多非物质文化遗产面临着消失的危险，这不仅是文化的损失，更是对社会成员身份认同的威胁。因此，非物质文化遗产的保护和传承工作，不仅是技艺的传承，更是一种文化自觉和认同的传承。它对于维护文化多样性，促进文化的可持续发展具有重要意义。只有当我们充分认识到非物质文化遗产的价值，才能更好地对其进行保护和传承，使其在新的时代背景下继续发挥其独特的作用。

非物质文化遗产作为一种动态的文化表达形式，它与物质文化遗产有着根本的区别。这种独特的文化表达形式，以动态的方式展现了人类智慧和创造力的无穷魅力。其价值不仅在于其作为知识和技能的载体，更在于其作为区域社群文化认同和传承的维系者。非物质文化遗产主要通过人的语言、行为以及各种仪式活动来呈现和传播。在全球化和现代化的大背景下，非物质文化遗产的保护和传承不仅是对过去的尊重，更是对未来可持续发展的投资。非物质文化遗产不仅包含了丰富的历史和文化内涵，更承载着人类的精神寄托和情感表达。为了更好地保护和传承非物质文化遗产，我们需要充分认识其动态特征，积极推动其传播和发展。

（二）非物质文化遗产的构成

非物质文化遗产，作为人类文化多样性的重要组成部分，其构成呈现出丰富多样的特点。它不仅仅是文化的表现形式，更是民族或区域文化身份和历史记忆的载体。非物质文化遗产的构成元素广泛涵盖了从语言和口头传统到音乐、舞蹈、戏剧，再到仪式、节庆活动、社会习俗、传统医药知识以及手工艺技能等多个方面。这些元素不是孤立存在的，而是相互交织、相互影响，共同构成了一个复杂而完整的文化系统。

语言作为非物质文化遗产的基础，不仅是人们交流的工具，更是文化传承的重要媒介。每一种语言都承载着特定文化的世界观、价值观和知识体系。语言的多样性不仅体现在不同的语言之间，还体现在同一语言内部的方言、行话等多种形式上。语言的丰富性为其他非物质文化遗产的表达提供了基础。语言不仅承载着人类的思想和情感，还承载着世代相传的文化传统和历史记忆。在非物质文化遗产中，无论是口头传统、传统表演、民俗活动，还是手工技艺、医药知识等，都依赖于语言的传播和传承。语言为非物质文化遗产的传承和发展注入了新的元素和活力。通过语言的创新运用，我们可以将传统与现代相结合，使非物质文化遗产更好地适应时代发展的需求，焕发出新的生机与活力。

口头传统是非物质文化遗产中最为质朴和纯粹的部分之一。它包括传说、民间故事、谚语、歌谣等丰富的内容和形式。这些都是通过口头传播的方式在区域社群中流传的。口头传统不仅是历史的记录和文化的回忆，更是一个区域社群的灵魂，是社会成员共享的身份认同和文化价值观的集中体现。它们往往与特定的历史事件、地理环境或社会习俗紧密相关，是理解一个文化的关键。它的每一个传说、谚语或歌谣背后，都隐藏着一个区域社群的故事、信仰或价值观。它就像是一把钥匙，帮助我们打开文化的核心，理解其背后的历史、信仰。它们是这个区域社群的成员们在日常生活中共同遵循和守护的精神财富。因此，口头传统对于保护和传承一个文化的精髓具有不可估量的价值。

音乐、舞蹈和戏剧是非物质文化遗产中最为直观和生动的部分。其独特魅力在于它们能以最直观、最生动的方式触动人的内心。这些艺术形式通过声音、身体的动作和表演，展现了人类情感的深度与广度，以及文化的多样与包容。每一种音乐风格，无论是激昂的摇滚、悠扬的古典还是灵动的民间音乐，都蕴含着特定的文化背景和美学观念。它们如同一面镜子，映照出各种文化的独特魅力和精神内涵。同样，舞蹈作为音乐的身体延伸，通过舞者的身体动作和节奏感，将音乐中的情感和故事具象化，让人能够直观地感受到文化的韵味和魅力。而戏剧，作为一种更为综合的艺术形式，更是将音乐和舞蹈融入一个完整的故事情节中。通过角色扮演和情感表达，戏剧将人类社会的价值观、道德观和人生观呈现出来，成为文化传承和社会教育的重要手段。在戏剧的舞台上，我们可以看到人类的喜怒哀乐、悲欢离合，以及各种社会冲突与矛盾。它不仅触动了观众的情感，更在潜移默化中传递了文化的精髓和智慧，成为文化传达和社会教育的重要手段。

仪式和节庆活动是区域社群文化生活的重要组成部分。它们通常与宗教信仰、历史事件或自然地理相关，通过一系列的仪式活动来表达对神灵的敬仰、对历史的纪念或对自然的感恩，不仅加强了社会成员之间的联系，而且是文化传承和区域凝聚力的重要来源。一方面，仪式和节庆活动是社会成员表达共同价值观和精神寄托的重要途径，通过一系列精心设计的环节和庆典仪式，强化社会成员之间的联系和认同感，增强了区域社群的凝聚力和向心力。另一方面，仪式和节庆活动也是文化传承的重要载体，青年一代不仅可以亲身参与和体验传统文化，还能从中了解和传承本区域社群的历史和信仰。这种传承方式对于维护文化的多样性和独特性具有重要意义，也有助于防止文化传承的断裂。

社会习俗则是日常生活中的文化表现。它包括饮食习惯、服饰风格、婚丧礼仪等，这些习俗反映了一个区域社群的生活方式和价值观。社会习俗的多样性体现了人类文化的丰富性和适应性，是文化特色和个性的重要体现。它们不仅是文化的外在表现，更是区域社群居民内心深处的信仰与价值观的反映。在饮食方面，不同的地区和民族有着各自独特的习俗。例如，南方人偏好米饭，而北方人则更偏爱面食；回族人遵循严格的饮食禁忌，等等。这些饮食习惯的差异，既体现了地域的多样性，也反映了不同族群对生活的理解和追求。在服饰风格上，社会习俗同样发挥着重要的作用。传统的华服、古朴的汉服以及各式各样的民族服饰，都是不同文化背景下的产物。服饰的款式、颜色以及材料的选择，也与当地的气候、风俗习惯以及审美观念息息相关。透过服饰，我们可以窥见一个区域社群的历史、传统以及审美取向。婚丧礼仪作为社会习俗的重要组成部分，更是富含深厚的文化内涵。婚礼上，新人要遵循一系列的传统习俗，如拜堂、敬酒等，这些仪式不仅是对新人的祝福，更是对家族和传统的尊重。而在丧葬仪式中，人们通过悼念、祭祀等方式表达对逝者的怀念和敬意，并得到心灵的慰藉。社会习俗的多样性不仅丰富了人类的文化宝库，还为人类社会的进步提供了源源不断的动力。

传统医药知识和手工艺技能则是非物质文化遗产中极具实用价值的部分。传统医药知识不仅是治病救人的技术，更是对自然界和人体的深刻理解与探索。传统医药知识是先人对生命与健康的独特见解，它是一种哲学，一种对天地万物的敬畏与尊重。无论是草药的挑选、炮制，还是针灸、推拿的技巧，都蕴含着深厚的文化底蕴。这些知识在治病救人的同时，也传递着人与自然和谐共生的理念。而手工艺技能则体现了人类对材料的加工能力和美学追求，每一件手工艺品都是文化传承和创新的结晶，更是人类文明进步的见证。每一件手工艺品都是工匠心血的结晶。无论是精致的陶瓷、华丽的刺绣，还是独特的剪纸、雕塑，都是文化传承与创新的完美结合。每一件手工艺品背后，都隐藏着一个时代的故事，一个民族的记忆。传统医药知识和手工艺技能在历史的洪流中得以流传，承载着无数前人的智慧与经验。在今天这个科技快速发展的时代，我们更应该珍惜这些宝贵的文化遗产，让它们在新时代里继续绽放光彩。

非物质文化遗产的构成，确实是一个多元而复杂的体系。它并不仅仅是文化的外在表现，而是一个区域社群、族群乃至国家共同的历史、记忆和智慧的载体。它像一座桥梁，连接着过去、现在与未来，让人们能够从中感受到历史的厚重与文化的连续性。在全球化和现代化的冲击下，许多传统文化面临着消亡。但正是这些非物质文化遗产，保留了我们的文化根源和历史记忆。因此，对它们的保护和传承工作显得尤为重要。这不仅关乎文化多样性，更关乎区域社群、国家的身份认同和持续发展。通过对这些非物质文化遗产的保护和合理利用，我们可以确保文化的多样性得以保持，同时也能促进区域社群的可持续发展和文化交流。在全球化的背景下，通过了解和尊重不同的文化，我们可以打破偏见，增进相互理解，进而构建一个更加和谐的世界。我们需要投入足够的人力、物力和财力，以确保这些珍贵的文化遗产能够永久流传下去。而这，也是我们对后代最基本的责任与承诺。

（三）与物质文化遗产的关系

非物质文化遗产与物质文化遗产之间的关系涉及文化遗产研究的多个维度。在探讨这一关系时，我们必须认识到非物质文化遗产和物质文化遗产虽然在形式上有所区别，但它们在本质上是相互依存、相互影响的。

物质文化遗产，如建筑物、工艺品或艺术作品，通常被视为文化表达的物质形态。这些遗产项目是历史和文化过程的物化结果，是人类创造力和技艺的具体体现。例如，一座历史悠久的建筑不仅仅是石头和砖块的堆砌，它代表了一段历史，承载了一种文化传统，反映了特定时期的建筑技术和审美观念。

非物质文化遗产的价值并不仅仅在于物化的产物。非物质文化遗产包括传统歌曲、舞蹈、仪式、社会习俗、口头传统以及手工艺技能等，这些都是文化遗产的“活态”部分。它们是文化传承和社会实践的动态表现，是人类文化多样性的重要组成部分。非物质文化遗产的核心在于其背后的文化实践、知识体系和社会意义，这些都是物质文化遗产无法完全展现的。

非物质文化遗产与物质文化遗产的相互依存性显现在多个方面，包括非物质元素赋予物质实体以意义和生命力，物质实体为非物质元素提供了持续存在的土壤。这种相互补充和交织的关系，使得文化遗产的传承更为全面、有机，同时也为今后的保护工作提供了更具深度和广度的研究方向。

具体来说，非物质文化遗产与物质文化遗产之间的关系，在多个层面呈现出深刻而错综复杂的内涵：

首先，非物质文化遗产常常被视为物质文化遗产产生和持续存在的关键基石。传统建筑技艺、雕刻技术，以及绘画技法等非物质文化遗产不仅创造了物质文化遗产，更是其修复和传承中不可或缺的支撑。这些技艺和知识的传承为物质文化遗产的繁荣与继承提供了必要的智慧和技术支持。

其次，非物质文化遗产为物质文化遗产提供生命力并注入了深远的文化和历史底蕴。以一件工艺品为例，其不仅仅是一件美丽的物品，更是承载着丰富的民族历史、宗教信仰和社会习俗的载体。通过深入理解和挖掘这些非物质文化遗产，我们能够更全面、深刻地认识物质文化遗产的意义和价值，使之融入更为广泛的文化语境中。

此外，非物质文化遗产与物质文化遗产之间的互动还体现在它们共同构建社会身份和文化认同。物质文化遗产作为历史的见证，为人们提供了与过去连接的实体和空间。而非物质文化遗产通过仪式、节庆和口头传统等形式，赋予这种连接以生动且有意义的体验。这种互动是各种文化和社群之间跨越时空的深刻交流。

总的来说，非物质文化遗产与物质文化遗产的关系不仅仅是一种简单的依存关系，更是一种共生共荣的、复杂的互动关系。对这一关系的深刻理解将有助于我们更全面、深入地认识和保护丰富多元的文化遗产，为其可持续传承提供更为坚实的理论基础。

在当代社会，非物质文化遗产与物质文化遗产之间的关系面临着新挑战和新机遇。一方面，我们看到了文化同质化的趋势，这对非物质文化遗产的保护构成了威胁；另一方面，新的技术手段，如数字化和虚拟现实技术，为非物质文化遗产的记录、传播和保护提供了新的可能。这些技术不仅能帮助我们更好地理解和欣赏物质文化遗产，也为非物质文化遗产的活态传承开辟了新路径。

非物质文化遗产与物质文化遗产之间的关系是多维、动态和互惠的。理解这一关系对于我们全面认识文化遗产的价值、促进文化遗产的有效保护和合理利用具有重要意义。我们在探索非物质文化遗产保护的策略和方法时，必须从整体性的角度出发，深刻理解和把握非物质文化遗产与物质文化遗产之间的动态平衡，以确保我们更加全面、科学地维护和传承这一珍贵的文化遗产。研究和强调这种关系，不仅能更好地保护和传承我们的文化遗产，也能促进不同文化之间的理解和尊重，为构建一个多元和谐的世界文化景观做出贡献。

第二节　非物质文化遗产分类

联合国教科文组织（UNESCO）对非物质文化遗产的分类，是对全球文化多样性的一种综合性认识和尊重。这不仅揭示了人类文化的丰富性和复杂性，而且强调了文化遗产在当代社会中的活跃角色和传承的重要性。在这一分类框架下，非物质文化遗产被细分为五个主要类别，每个类别都反映了人类文化的独特方面和表达形式。

（一）口头传统和表现形式

口头传统和表现形式作为非物质文化遗产的重要组成部分，其价值和意义远超出其表面的文学和艺术形式。这些传统，包括诗歌、故事、传说、神话、谚语、语言等，不仅是文化传承的重要载体，而且深刻反映了特定文化背景下的世界观、价值观和历史观。

口头传统通常在没有书面语言或书写材料稀缺的社会中发展起来，成为记录历史和传递知识的主要方式。例如，非洲和太平洋岛国的口头历史传统，以及欧洲的史诗和民间故事，都是通过口头传播，从一代人传给另一代人。这些故事和诗歌中蕴含的历史信息，为我们提供了了解古代社会、政治、宗教和文化的窗口。它们帮助我们重构过去的生活方式，理解古代人民的思想和信仰。

此外，口头传统和表现形式也是特定文化背景下的世界观和价值观的反映。每个文化群体都有其独特的世界观，这种世界观通常通过口头传统中的故事和神话来表达。例如，许多原住民文化中的创世神话，不仅讲述了世界的起源，还揭示了对自然界和人类社会的基本理解。这些故事中的主题和角色反映了社会的核心价值观和道德规范，如对英雄主义、忠诚、正义和智慧的赞扬。

谚语和语言也是文化传承的重要组成部分。谚语简洁、深刻，通常包含了人类的智慧和生活经验。它们在日常交流中被频繁使用，不仅作为语言的一部分，更是文化传统和社会规范的传播工具。语言本身不仅是沟通的工具，更是文化身份和集体记忆的载体。每种语言都有其独特的结构、词汇和表达方式，这些特点反映了其使用者的世界观和思维方式。例如，某些语言可能有大量描述自然现象的词汇，反映了使用者与自然环境的密切关系。

口头传统和表现形式的另一个重要方面是其在社会和文化认同中的作用。通过共享的故事、歌曲和语言，社会成员能够加强彼此间的联系，维护和发展共同的文化。这些传统在区域社群仪式、节日庆典和日常生活中扮演着核心角色，帮助增强区域社群凝聚力和身份认同。

然而，随着全球化和现代化的影响，许多口头传统和表现形式正面临着消亡。书面文化的普及和电子媒体的发展也加剧了传统口头传播方式的边缘化。因此，保护和振兴这些传统变得尤为重要。

总之，口头传统和表现形式作为非物质文化遗产的重要组成部分，既是历史和文化知识的宝库，也是维系区域社群认同和文化传承的关键。它们的保护和传承对于保持文化多样性和促进跨文化理解至关重要。

（二）表演艺术

表演艺术，作为非物质文化遗产的重要组成部分，涵盖了音乐、舞蹈、戏剧、民间艺术等多种形式。这些艺术形式不仅是文化传承的载体，也是社会仪式和节庆活动中不可或缺的元素，它们在维护区域社群凝聚力和促进文化表达方面发挥着至关重要的作用。

音乐，常常是区域社群文化认同和历史传承的重要媒介。不同区域社群和文化背景下的音乐形式各异，从古典音乐到民间音乐，每一种音乐风格都承载着独特的文化价值和历史信息。音乐在区域社群生活中的作用不局限于娱乐和艺术欣赏，它还常常与特定的社会仪式和节庆活动相结合，如婚礼、丧葬、宗教仪式等，通过这些活动，音乐成为连接个体与区域社群，以及过去与现在的桥梁。

舞蹈，作为一种身体语言，是表达情感和故事的强有力工具。在许多文化中，舞蹈不仅是艺术表现的形式，更是社会交往和文化传承的重要方式。舞蹈往往伴随着音乐，通过身体动作和节奏的结合，传达特定的文化信息和情感。在不同的文化和区域社群中，舞蹈可以庆祝丰收、叙述历史故事。通过舞蹈，社会成员不仅能够展现自己的文化身份，还能加强彼此间的联系和理解。

戏剧，作为一种综合性的表演艺术，融合了文本、表演、视觉艺术等多种元素。戏剧通常以叙述故事的方式，反映社会现实、传达文化价值观和探讨人性。在不同文化中，戏剧的形式多种多样，从传统戏曲到现代戏剧，每一种都有其独特的表现手法和文化内涵。戏剧不仅是艺术创作的产物，更是社会教育和文化交流的平台。通过戏剧表演，观众能够跨越时间和空间的界限，体验不同的文化和生活。

民间艺术，作为表演艺术的一个重要分支，通常更贴近日常生活和民众情感。民间艺术的形式多样，包括民间故事讲述、传统手工艺展示、民间歌舞等。这些艺术形式深深植根于特定的文化和地域背景中，反映了普通民众的生活方式、信仰和价值观。民间艺术不仅是文化传承的重要途径，也是社会成员之间交流和共享经验的平台。通过参与和欣赏民间艺术，社会成员能够加深对自身文化的理解和认同。

总之，表演艺术在非物质文化遗产中占据着核心地位。无论是音乐、舞蹈、戏剧还是民间艺术，这些艺术形式都是文化表达和区域社群凝聚力的重要来源。它们不仅为人们提供了欣赏美和表达情感的途径，也是连接过去与现在、个体与区域社群的桥梁。在全球化和现代化的背景下，保护和传承这些表演艺术形式，不仅是对历史和文化的尊重，也是维护区域社群凝聚力和文化多样性的重要途径。

（三）社会实践、仪式和节庆活动

社会实践、仪式和节庆活动在非物质文化遗产领域占据着核心地位，它们不仅仅是一种文化表达的形式，更是区域社群文化认同和社会结构的生动体现。这些活动，如婚礼、丧葬仪式和节日庆典，深植于区域社群的历史和传统之中，是文化传承的重要组成部分，同时也是社会成员之间互动和传递价值观的关键平台。

在探讨这些社会实践和仪式的意义时，我们首先需要认识到它们在维持和强化区域社群文化认同方面的重要作用。婚礼和丧葬仪式等活动不仅仅是个人或家庭生活中的重要事件，它们也是区域社群共同体验和庆祝的时刻。通过这些仪式，社会成员共同体验生命的重要阶段，如出生、成年、婚姻和死亡，这些仪式通过一系列象征性的动作、话语和物品展现了区域社群的文化特征和价值观。例如，婚礼仪式中的交换戒指，不仅仅是爱情的象征，也是区域社群对婚姻关系的认可和祝福。

此外，节日庆典则是区域社群文化传承的另一个重要方面。节日庆典通常伴随着丰富的民俗活动，如舞蹈、音乐、戏剧表演、食物制作和特定的社交活动。这些活动不仅仅是娱乐和庆祝的方式，它们也是区域社群历史、神话、传说和文化价值观的传播媒介。例如，中国春节的庆祝活动包括家庭团聚、放鞭炮、贴春联等，这些活动不仅仅是庆祝新年的方式，也是表达对家庭团结、幸福和繁荣的愿望。

社会实践和仪式活动还是社会成员之间互动和传递价值观的平台。在这些活动中，社会成员通过共同参与，加强了彼此之间的联系和认同感。这些活动为社会成员提供了一个共享经验和传统的空间，加强了区域社群内部的凝聚力。同时，这些活动也是新一代社会成员学习和继承传统文化的机会。年轻一代在参与这些活动的过程中，不仅学习到特定的技能和知识，如传统的舞蹈、音乐或手工艺，还能理解和吸收区域社群的文化价值观和行为规范。

然而，随着现代化和全球化的影响，这些传统的社会实践和仪式面临着诸多挑战。现代生活节奏的加快和全球文化的影响可能导致传统仪式和习俗的逐渐淡化或异变。因此，保护和传承这些社会实践和仪式的原始形态和内涵显得尤为重要。这不仅需要社会成员的积极参与，也需要政府和相关组织的支持。例如，通过将这些活动纳入教育体系，组织区域社群活动来重现和庆祝这些传统，或者通过媒体和现代技术手段记录和传播这些活动，都是保护和传承这些重要文化遗产的有效方式。

总之，社会实践、仪式和节庆活动不仅仅是文化传承的不可或缺的组成部分，更是区域社群文化认同的深刻体现。这些活动不仅让社会成员共同庆祝和体验生命中的重要时刻，也通过深度互动加强了彼此之间的纽带，共同努力维护和传承他们珍贵的非物质文化遗产。因此，保护和传承这些活动不仅仅是单一的文化维护措施，更是对区域社群文化多样性和文化的可持续发展的一项战略性举措。在这些社会实践中，人们不仅在文化传承的过程中加深对传统知识和技能的理解，更在仪式和节庆活动中感受到文化的生命力和韵味。这不仅是一种文化的传承，更是区域社群生活的独特表达和个体身份的建构。通过这些活动，社会成员不仅在时间和空间上建立了深厚的联系，也共同构筑了一种共同体验的文化认同。这种对社会实践、仪式和节庆活动的保护和传承，对于区域社群的文化多样性的维持至关重要。这不仅有助于防范文化遗失和同质化，同时也在区域社群内形成了一种共同的文化基础，促进着社会的稳定和可持续的发展。因此，将这些非物质文化遗产视为区域社群发展的重要资源，不仅有助于弘扬传统，更是为未来的文化创新提供了坚实的基础。在这个过程中，我们必须认识到社会实践、仪式和节庆活动不仅仅是文化的传承载体，更是区域社群自身独特文化生态系统的重要组成部分。

（四）有关自然界与宇宙的知识和实践

有关自然界与宇宙的知识和实践也是非物质文化遗产中独特而重要的一部分。这包括了人类对自然界的理解、环境管理的传统方法，以及与自然和宇宙相关的信仰和哲学体系。这些知识和实践往往是长期与特定自然环境共生的结果，反映了人类对自然界的深刻理解和尊重。在许多文化中，这些知识不仅是生存的基础，也是文化身份和世界观的重要组成部分。

（五）传统工艺技艺

传统工艺技艺是非物质文化遗产中的另一个核心领域。这包括各种手工艺技术、工具制作方法，以及与之相关的材料知识。这些技艺不仅仅是物质产品的制作过程，更是文化和历史的载体。传统工艺技艺的传承和保护对于维持文化多样性和促进创新具有重要意义。

联合国教科文组织对非物质文化遗产的这一分类框架，不仅为全球范围内的非物质文化遗产保护提供了一个共同的理解基础，也为不同文化之间的交流和理解搭建了桥梁。通过认识和尊重这些不同的文化表达形式，我们能够更好地理解人类文化的丰富性和复杂性，同时也为保护和传承这些宝贵的文化遗产提供了动力和方向。

第三节　非物质文化遗产的历史价值

（一）证史价值：非物质文化遗产作为历史证据的角色

非物质文化遗产在历史研究领域中扮演着一种独特而重要的角色，尤其是在作为历史证据的方面。

在传统的历史研究中，文献资料通常被视为理解过去的主要途径。然而，文献资料往往受限于当时的书写技术、材料的保存状况以及历史记录者的主观性。相比之下，非物质文化遗产则提供了一种不同的历史视角，以理解和解释过去的社会和文化现象。这些遗产元素往往携带着丰富的信息，不仅反映了它们产生时的文化背景，而且包含了对历史事件的间接描述，即使这些描述可能被夸张或神话。例如，民间传说和口头传统可能包含对历史事件的引用，这些引用在文献资料中可能被忽略或未被记录。通过对这些传说和传统的分析，研究者可以发现新的历史线索，揭示不同的社会和文化动态。

此外，非物质文化遗产中的习俗和仪式往往与特定的历史事件或社会变迁有着密切的联系。这些习俗和仪式在传承过程中可能经历了改变和适应，但它们仍然保留了对过去事件的回应和反映。例如，某些节日庆典或仪式可能起源于古代的社会政治事件，尽管随着时间的推移，其原始含义可能已经被转化或遗忘。通过对这些活动的历史根源和演变过程的研究，可以更深入地理解社会和文化的历史发展。

然而，由于其中某些遗产形式是口头传播和表演，它们可能受到记忆变化和个人解释的影响。因此，解读这些资料时需要谨慎，必须考虑它们的主观性和变化性。历史学家和文化研究者需要运用综合性的方法论，将非物质文化遗产与其他历史证据相结合，以获得对过去更全面和更准确的理解。

总之，非物质文化遗产在证史价值方面的作用不容忽视，它们为历史研究提供了一种独特的视角，能够揭示传统文献资料所未能覆盖的社会现象和历史细节。通过对非物质文化遗产的深入研究，可以丰富我们对过去的理解，揭示历史的多样性和复杂性。同时也需要注意到这些资料的局限性和变化性，采取综合的研究方法，以确保历史解释的准确性和全面性。

（二）观史价值：非物质文化遗产在记录历史中的作用

非物质文化遗产在记录历史的过程中扮演着至关重要的角色，其观史价值不仅在于它们作为历史证据的存在，而且在于它们对历史事件的解读和反映。这种价值的体现，不是简单的历史事实记录，而是对历史事件背后深层次社会文化动态的揭示。

非物质文化遗产，如口头传统、民间故事、神话、传说，以及各种表演艺术，都是特定历史时期文化和社会结构的产物。这些遗产不仅仅是历史事件的被动记录成果，它们实际上是历史的活跃参与者，通过不断的传承和演变，将历史事件与人类的情感、思想和信仰相联结。例如，一部民间史诗不仅仅讲述了一系列的历史事件，更重要的是，它反映了创作该史诗时的社会价值观、道德观念和世界观。

在非物质文化遗产中，历史不仅被记录，更被重新解释和赋予新的意义。这些遗产通过口头和非文字的方式传递，使得历史事件得以在不同的时间和空间背景下被重新理解和评价。这种传递方式保证了历史的多元性和动态性，使得历史不再是单一的、固定的记载，而是一个不断发展和演变的过程。

此外，非物质文化遗产在记录历史时还具有极高的情感价值。它们通常与特定的社群和文化身份紧密关联，因此在传递历史信息的同时，也传递了与之相关的情感和价值观。这种情感的传递使得历史不仅仅停留在客观事件的层面，更触及人类情感和经验的深层次。例如，一首古老的民歌可能讲述了一个历史事件，但更重要的是，它传达了创作该歌曲的社群对该事件的情感反应和文化解读。

总之，非物质文化遗产的观史价值不仅在于它们作为历史事件的记录者，更在于它们作为历史解释者的角色。它们通过独特的方式记录和传递历史，使得我们能够从多元和动态的角度理解历史。这种理解不仅涉及历史事件本身，更涉及与这些事件相关的社会文化背景、人类情感和价值观。因此，非物质文化遗产是连接过去与现在、个体与社群、事件与情感的重要桥梁，是我们理解和解读历史的宝贵资源。

（三）补史价值：填补历史记录的空白

非物质文化遗产在补史价值方面的显著性，体现在其对传统历史记录的重要补充和修正作用。传统的历史叙述往往由统治阶层或主流社会群体书写，在这种历史书写的过程中，不可避免地会出现对某些社会群体的忽略或轻视，尤其是对于少数民族、边缘群体或低阶层社会群体。这种历史的片面性和局限性，使得我们对过去的理解存在着空白或偏差。非物质文化遗产帮助我们更全面地理解和重构历史。

非物质文化遗产中蕴含的历史信息，往往是书面历史无法触及的。例如，某个民族的口头传统和民间故事可能包含了关于历史事件、社会结构、宗教信仰，甚至是古代地理环境的信息。这些信息对于理解和重构过去的社会生活至关重要，尤其是在书面记录稀缺或片面的情况下。通过深入研究这些非物质文化遗产，历史学家和人类学家能够揭示那些在传统历史文献中被忽视的社会现象，从而对历史有一个更全面和多元的认识。

非物质文化遗产在补史价值上的表现还体现在其对历史事件的不同解读上。不同于官方历史记录那种权威而单一的叙述，非物质文化遗产往往包含了多种视角和解释，反映了不同社会群体对历史事件的不同理解和感受。这种多元性不仅丰富了我们对历史的认识，也挑战了传统历史叙述的权威性，促使我们重新思考历史的主观性和复杂性。

非物质文化遗产还在一定程度上揭示了历史的连续性和变迁。通过研究一个区域社群或民族的非物质文化遗产，我们可以追踪特定文化元素的演变过程，从而理解这些变化背后的历史动因。例如，节日庆典的变迁，这背后可能反映了社会结构的变化、文化交流的影响或经济发展的趋势。这种对文化变迁的理解，为我们提供了一种独特的视角，以观察和分析历史过程。

总之，非物质文化遗产在补史价值方面的作用不容忽视。它不仅填补了传统历史记录的空白，为我们提供了更全面和多元的历史视角，而且挑战了传统历史叙述的权威性，揭示了历史的主观性和复杂性。通过对非物质文化遗产的深入研究，我们能够更加全面地理解过去，从而更好地认识当下和展望未来。

第四节 非物质文化遗产的活态传承

（一）活态传承的社会文化动力

非物质文化遗产的活态传承是一个复杂的社会文化现象，它不仅仅是对传统文化的保护和继承，更是一个与时俱进的动态过程。在这个过程中，社会变迁、经济发展和技术进步等因素对非遗的传承内容和方式产生了深远的影响。活态传承，作为非物质文化遗产保护中的一个核心概念，指的是一种将非物质文化遗产以其原有的、生动活泼的形式持续传递给下一代的过程。这种传承方式强调非物质文化遗产不仅是历史和文化的一部分，而且是一个活生生、不断发展的社会实践。

活态传承的特点在于其动态性和连续性，它不仅仅是保留和展示传统文化的外在形式，更重要的是保持其内在的生命力和创新能力。在活态传承中，传统知识、技艺等持续地在区域社群内部通过口头教授、实践、表演等方式被传递。这种传承方式能够确保非物质文化遗产在不断变化的社会环境中得以适应和发展，同时保持其文化和历史的连贯性。活态传承的成功在很大程度上依赖于社会成员的积极参与和对传统文化的价值认同。活态传承的目标不仅是保存过去，更重要的是激发非物质文化遗产在当代社会中的新意义和作用，使其成为现代社会文化多样性和创造力的生动体现。因此，活态传承既是一种文化保护策略，也是一种社会和文化发展的动力。

首先，社会变迁对非物质文化遗产的活态传承产生了显著影响。随着社会的发展，人们的生活方式、价值观念和文化需求发生了变化，这些变化反过来又影响了非遗的传承。例如，随着城市化进程的加快，许多传统文化活动和节庆活动的空间被压缩，传统区域社群的结构和功能发生了变化，这对非遗的传承环境构成了挑战。同时，现代社会多元化的价值观念和审美标准也对非遗的内容和表现形式产生了影响。一些传统艺术形式为了适应现代观众的口味和审美，不得不进行创新和改变，这既是非遗活态传承的体现，也是对传统文化的一种挑战。

其次，经济发展对非遗的活态传承同样具有重要影响。经济的增长和市场的扩大为非遗的保护和传承提供了更多的资源和机会。例如，随着旅游业的发展，许多非遗项目成为吸引游客的重要资源，这不仅为非遗的传承提供了经济支持，也增强了公众对非遗的认识和兴趣。然而，市场经济也带来了商业化的压力。一些非遗项目为了迎合市场需求，过度商业化从而失去其原有的文化内涵和价值。因此，如何在经济发展和文化保护之间找到平衡，是非遗活态传承面临的一个重要问题。

最后，技术进步，尤其是数字化技术的发展，对非遗的传承方式产生了深刻的影响。数字化技术为非遗的记录、保存和传播提供了新的途径。通过数字化技术，非遗可以以更生动和多样的形式呈现给公众，从而增强其吸引力和影响力。例如，虚拟现实（VR）和增强现实（AR）技术可以使观众以全新的方式体验非遗，打破了时间和空间的限制。此外，互联网和社交媒体平台也为非遗的传播和交流提供了广阔的空间，使非遗能够触及更广泛的受众群体。

非物质文化遗产的活态传承是一个与社会文化环境紧密相连的动态过程。社会变迁、经济发展和技术进步等因素对非遗的传承方式和内容产生了深远的影响。在这个过程中，如何保持非遗的活态传承，同时又保护其原有的文化价值和内涵，是一个需要不断探索和解决的问题。

（二）传承机制与实践策略

传统的师徒传授系统是非遗传承的核心机制之一。在这一体系中，知识和技能的传递通常是通过口头教授和示范实践的方式进行的。师傅不仅传授技艺，更传递一种生活方式、价值观和世界观。这种传承方式强调个体间的互动，以及知识和技能在实践中的内化。然而，这种传统的传承方式面临着现代化和全球化的挑战。随着社会结构的变迁和生活节奏的加快，传统师徒关系的建立和维持变得越来越困难。

家族和区域社群在非遗传承中也扮演着重要角色。在许多文化中，家族是知识和技能传递的主要单元，特别是在那些重视血缘和地缘关系的社会里。区域社群则提供了一个更广泛的文化实践场域，其中成员通过共同参与文化活动，共同维护和发展其文化遗产。家族和区域社群的这种传承方式有助于保持非遗的连续性和稳定性，但也面临着现代化进程中区域社群解体和家族结构变化的挑战。

现代教育体系中的非遗教学是非遗传承的另一个重要方面。将非遗纳入正规教育体系，可以使更多年轻人了解和参与非遗的保护和传承。这种方式有助于非遗知识的系统化和标准化，但也可能导致非遗的简化和去本地化。因此，在教育体系中融入非遗教学时，需要注意保持其多样性和复杂性，同时确保教学内容与实践相结合，避免非遗仅仅变成书本上的知识。

在适应现代社会的需求方面，非遗的传承需要创新和灵活性。一方面，非遗可以通过创新性的表现形式来吸引更广泛的受众，例如将传统艺术形式与现代媒介技术结合，创造新的表达方式。另一方面，非遗也可以融入现代生活场景，如将传统工艺应用于现代设计，或将传统节庆活动与现代社会活动相结合。这种融合不仅有助于非遗的传播和普及，也能激发公众对非遗的新兴趣和认识。

然而，在进行这些创新和融合时，保持非遗核心价值的完整性至关重要。这意味着在创新的过程中，需要尊重非遗的原始精神和文化内涵，避免过度商业化或表面化。非遗的活态传承不仅是形式和技术的传递，更是文化意义和价值观的传递。因此，在适应现代社会的同时，非遗传承应坚持其文化根基，确保其在变革中保持真实性和连续性。

非物质文化遗产的活态传承是一个多维度、动态的过程。它涉及传统与现代、个体与集体、本地与全球之间的复杂互动。在这个过程中，需要平衡传统的保护与现代的适应，创新的尝试与核心价值的维护。通过这种多元而灵活的传承机制，非遗可以在现代社会中保持其生命力和相关性，同时为未来世代留下宝贵的文化遗产。

（三）活态传承中的挑战与机遇

活态传承，作为非物质文化遗产保护的核心策略，旨在确保遗产在现代社会中的持续生存和发展。然而，这一过程并非没有挑战。文化同质化的趋势、商业化的风险，以及传承人老龄化问题，都是活态传承过程中需要面对的重要挑战。与此同时，全球化带来的国际交流机会和新媒体的传播优势又为活态传承提供了新的可能性和机遇。在这一背景下，探讨如何在保护和发展之间找到平衡，成为非物质文化遗产活态传承的关键议题。

第一，文化同质化是活态传承面临的一个主要挑战。在全球化的大背景下，主流文化的广泛传播往往导致地方特色和传统文化的逐渐消融。这种趋势不仅削弱了非物质文化遗产的独特性和多样性，而且可能导致某些传统文化形式的消失。文化同质化的另一个方面是，随着信息技术的发展和全球文化交流的加深，不同地区的非物质文化遗产在传承过程中可能会相互模仿，从而失去其地域性和独特性。

第二，商业化风险则是另一个重要挑战。随着非物质文化遗产在旅游和娱乐产业中的日益流行，其商业价值被越来越多地发掘。这种情况虽然在一定程度上有助于文化遗产的保护和传播，但过度商业化可能导致文化遗产的本质被扭曲，其文化和历史价值被忽视。例如，为了吸引游客和消费者，某些文化活动可能被过度简化或改编，从而失去其原有的文化内涵和社会意义。

第三，传承人老龄化问题也不容忽视。许多非物质文化遗产的传承依赖于老一辈的艺术家和工匠。随着这些传承人年龄的增长，如果没有足够的年轻人接替他们的工作，某些文化遗产的传承可能面临中断的风险。此外，年轻一代可能对传统文化不够感兴趣，或者由于现代生活方式的影响，无法完全掌握和理解传统文化的深层含义。

尽管存在这些挑战，活态传承也面临着前所未有的机遇。

第一，全球化带来的国际交流为非物质文化遗产的传播提供了新的平台。通过国际文化交流项目，不同国家和地区的非物质文化遗产可以相互学习和借鉴，从而丰富各自的文化实践。此外，国际交流也有助于提高公众对非物质文化遗产价值的认识，促进不同文化之间的理解和尊重。

第二，新媒体的传播优势也为非物质文化遗产的保护和传承提供了新途径。互联网和社交媒体平台使得文化遗产的展示和传播更加便捷和广泛。通过网络平台，人们可以轻松地接触到来自世界各地的非物质文化遗产，从而增加了这些文化遗产的曝光度和影响力。同时，数字技术还为非物质文化遗产的记录和保存提供了新的方法，如数字档案和虚拟现实技术等。

在这样的背景下，找到保护和发展之间的平衡成为活态传承的关键。这需要从多个方面进行努力：一方面，需要加强对非物质文化遗产的保护意识，防止其在商业化和全球化的过程中失去原有的文化和历史价值；另一方面，也需要积极探索新的传承方式，利用新媒体和国际交流的机遇，使非物质文化遗产在现代社会中焕发新的活力。同时，也需要重视年轻一代的文化教育，激发他们对传统文化的兴趣和热情，确保文化遗产的持续传承。通过这些努力，可以实现非物质文化遗产在保护和发展之间的有效平衡，确保其在当代社会中的持续生存和发展。

第五节　历时性与共时性中的“活态性”

（一）非物质文化遗产的历时性分析

非物质文化遗产的历时性分析是一项深入探讨文化遗产在时间维度上演变和发展的学术研究。这种分析关注的是非物质文化遗产在历史长河中的传承和变迁，涵盖了技艺、知识、文化意义、社会功能以及表现形式等多个方面。非物质文化遗产的历时性不仅反映了文化的连续性，也揭示了文化的适应性和动态性。

第一，在非物质文化遗产的历时性分析中，技艺和知识的传递是核心要素。技艺的传递不仅是技能和方法的简单复制，更是一种文化和历史背景下的知识体系的传承。这种传承往往伴随着对技艺的重新解释和适应，使其能够在不断变化的社会环境中保持活力和相关性。例如，某些传统手工艺在现代化的冲击下，可能会逐渐失去其原有的实用性，但它们作为文化符号和艺术形式的价值却得到了新的认识和提升。

第二，文化意义和社会功能的变迁构成了非物质文化遗产历时性分析的另一重要层面。随着时间推移，社会结构、价值观念和生活方式的演变，非物质文化遗产在社会中的角色和意义也发生着深刻的变化。这种演变不仅是历史的见证，更是社会发展和文化进程的反映。举例来说，一些传统节日和仪式在过去可能承载着重要的社会和宗教功能，它们作为社群凝聚力和宗教仪式的载体在过去占据着中心地位。然而，在现代社会的转变中，这些传统活动可能更多地被重新诠释为保护文化多样性和促进文化交流的重要手段。它们逐渐从特定宗教仪式的背景中解放出来，变成了更为开放、多元和包容的文化表达形式，为社群提供了共同的文化体验和认同感。这一变迁背后反映了社会对于非物质文化遗产的重新认识并赋予其新的社会功能。随着人们对文化理解的愈加深刻，这些非物质文化元素被视为连接过去、现在和未来的纽带，而非单一的宗教或社会仪式。这种重新审视强调了非物质文化遗产的活力和适应性，使之成为推动文化创新和社会变革的有力力量。

第三，历史文献、口述历史和长期田野调查是非物质文化遗产历时性分析的重要研究方法。历史文献可以提供关于非物质文化遗产过去形态和功能的一手资料，而口述历史则能够揭示这些遗产在区域社群内部的传承和变迁过程。长期的田野调查则能够提供更为深入和全面的视角，帮助研究者理解非物质文化遗产在现代社会中的活态传承和适应过程。

第四，表现形式的逐渐变化也是非物质文化遗产历时性分析的关键内容。随着技术的发展和文化交流的加深，非物质文化遗产的表现形式往往会发生变化，以适应新的传播媒介和受众群体。例如，传统的民间故事和音乐可能通过现代的数字媒体进行传播，这不仅改变了它们的传播方式，也可能影响它们的内容和风格。

总之，非物质文化遗产的历时性分析是一种综合性的研究方法，它通过考察非物质文化遗产在时间维度上的演变和发展，揭示了文化遗产的动态性和适应性。这种分析不仅增进了我们对非物质文化遗产深层次价值的理解，也为其保护和传承提供了科学和实践的指导。通过对特定非物质文化遗产的历时性分析，可以揭示其如何适应社会变迁，以及这些变化如何影响其内涵和外延。对非物质文化遗产历时性的深入研究，不仅有助于我们更好地理解过去文化的传承与演变，也为当前社会对于文化价值和社会功能的重新构想提供了深刻的参考。

（二）非物质文化遗产的共时性观察

非物质文化遗产的共时性观察是一种重要的分析视角，它关注的是非物质文化遗产在当前社会文化环境中的表现和功能。这种观察方式不仅揭示了非物质文化遗产在当代社会中的角色和地位，还探讨了它与现代生活方式的互动关系以及对当代观众的吸引力。共时性分析的核心在于理解非物质文化遗产如何在保持其传统核心的同时，适应并融入现代社会的需求和审美。

当代社会中，非物质文化遗产不仅仅是历史的遗留物，而是活生生的文化实践，它在不断地与现代生活发生互动。这种互动表现在多个层面：

首先，非物质文化遗产与现代社会价值观的融合。随着社会的发展，人们的价值观念和审美趣味也在不断变化，非物质文化遗产在这一过程中逐渐吸收了现代元素，使其更加符合当代社会的审美和文化需求。例如，传统音乐和舞蹈可能融入现代音乐元素，以吸引年轻一代的观众。

其次，非物质文化遗产在功能上也发生了转变。在传统社会中，许多非物质文化遗产承载着特定的社会、宗教或仪式功能，而在现代社会，这些功能可能已经发生了变化或被新的功能所取代。例如，一些传统节日或仪式可能不再仅仅是宗教或区域社群活动，而是成为促进旅游、教育和文化交流的平台。

最后，非物质文化遗产在当代社会中的角色也在发生变化。它不仅是文化认同和传统的载体，也成为促进社会凝聚力、增强文化多样性和推动经济发展的重要因素。非物质文化遗产的保护和传承活动有助于加强社会成员之间的联系，同时也为旅游业和相关产业提供了新的增长点。

在共时性分析中，非物质文化遗产的吸引力对当代观众尤为重要。随着信息技术的发展和全球化进程的加快，人们对于文化多样性和传统文化的兴趣日益增加。非物质文化遗产通过其独特的魅力和深厚的文化内涵吸引着来自世界各地的观众。通过媒体、网络和各种文化活动的传播，非物质文化遗产不仅在地理上跨越了边界，也在文化和代际之间建立了桥梁。

总之，非物质文化遗产的共时性观察不仅揭示了它在当代社会中的多重角色和功能，还强调了在传统与现代之间寻找平衡的重要性。通过这种分析，我们可以更好地理解非物质文化遗产在当代社会中的地位和作用，以及如何有效地保护和传承这些宝贵的文化遗产。

（三）“活态性”在历时性与共时性中的体现

“活态性”在非物质文化遗产的研究中占据着核心地位，它涉及文化遗产如何在历时性与共时性的交织中保持其连续性和活力。历时性关注文化遗产随时间的演变，而共时性则聚焦于特定时期内文化遗产的状态。在这一交汇点上，“活态性”展现了非物质文化遗产的动态性和适应性，它不仅是对过去传统的传承，也是对当代社会挑战的积极响应。

第一，非物质文化遗产的“活态性”体现在其能够跨越时间的界限，将传统知识和技能传递至今，同时在这一过程中不断进行创新和适应。这种传承不是简单的复制或模仿，而是一种活生生的、持续发展的过程。传统知识和技能在新的社会文化环境中得到重新诠释和应用，使得非物质文化遗产能够在变化的社会环境中保持其相关性和活力。例如，传统工艺在现代设计中的应用，不仅保留了其原有的文化价值，同时也赋予了它新的生命力和市场价值。

第二，“活态性”还体现在文化实践的当代重塑上。随着社会的发展和文化环境的变化，一些传统文化实践可能不再适应现代社会的需求。在这种情况下，文化实践的当代重塑成为保持非物质文化遗产“活态性”的重要方式。这种重塑不是对传统的背离，而是一种创新和适应的过程，它使得传统文化能够在新的社会文化背景下继续发展和传承。例如，传统节日庆典方式的改变，不仅使其更加符合现代人的生活方式，也使得这些文化实践能够吸引更多年轻人的参与。

第三，非物质文化遗产对现代社会挑战的响应也是“活态性”的重要体现。在全球化、城市化等现代社会背景下，非物质文化遗产面临着诸多挑战，如文化同质化、传统技能的消失等。在这种情况下，非物质文化遗产的“活态性”体现在其能够对这些挑战作出积极响应，通过创新和适应来保持其独特性和生命力。例如，一些传统手工艺通过与现代技术的结合，不仅保留了传统技艺，也使其产品更加符合现代市场的需求。

“活态性”是非物质文化遗产在历时性与共时性交汇点上的关键特征。它不仅体现在文化遗产如何跨越时间的界限，保持其连续性和活力，也体现在其如何在特定历史时期内展现其独特性和适应性。通过传统知识和技能的创新、文化实践的当代重塑，以及对现代社会挑战的积极响应，“活态性”使得非物质文化遗产能够在不断变化的社会环境中保持其生命力和相关性。

第六节　非物质文化遗产活态传承的基本特征

（一）民俗性

民俗性，作为非物质文化遗产的一个核心特征，指的是这些文化形式和实践深植于特定社会和文化群体的日常生活和习俗之中。这种特性使得非物质文化遗产不仅是历史的遗留物，而且是活生生的文化实践，与人们的日常生活密切相关。

在这一框架下，非物质文化遗产被视为一种生动的文化表达，它不断地在社会成员的参与和实践中得以传承和发展。

民俗性的核心在于其与社会成员的日常生活紧密相连。这种连接不仅体现在文化实践的形式上，更深入到其意义和价值观的层面。例如，某些传统节日庆典、民间艺术形式等，它们不仅是简单的活动或表演，而且是承载着深厚的文化意义和区域社群身份的象征。这些文化实践通常与区域社群的历史记忆、祖先的教诲，以及对自然和宇宙的理解密切相关，从而构成了社会成员共同的文化遗产。

在民俗性的背景下，非物质文化遗产的传承不仅是一种文化的保存，更是一种文化的活化。这种活化体现在文化遗产如何适应现代社会的变化，同时保持其原有的核心价值和意义。社会成员通过参与这些文化实践，不仅在重现历史，更在创造当下和未来的文化形态。这种参与既是一种文化的学习过程，也是一种文化身份和区域社群归属感的建构过程。

民俗性还体现在非物质文化遗产如何在区域社群内部进行传承。这种传承通常是非正式的，通过家庭、区域社群活动、节日庆典等方式进行。在这些活动中，年长的一代会将文化知识和技能传授给年轻一代。这种传承方式不仅保持了文化的连续性，还加强了区域社群内部的联系和凝聚力。

（二）传承性

传承性，作为非物质文化遗产的核心特征之一，揭示了文化遗产在时间的长河中如何通过世代相传而保持其生命力。非物质文化遗产的传承性体现在多个层面：

首先，它是一种知识和技能的传递。这种传递通常在区域社群内部进行，通过口头教授、示范和实践活动，将特定的艺术技能、手工艺、表演艺术、社会实践和节庆活动等从一代人传至另一代人。例如，传统的音乐或舞蹈形式，不仅仅是旋律和步伐的传授，更是一种文化和情感的共享，它们往往与特定的历史事件、神话传说或区域社群生活紧密相连。

其次，传承性还涵盖了文化价值观和生活方式的传递。非物质文化遗产不仅是一种物质的存在，它更是一种生活的方式，反映了一个区域社群的世界观、道德观念和生活习惯。例如，某些传统节庆活动不仅仅是庆祝的仪式，它们代表了对祖先的尊敬、对自然的敬畏以及对区域社群团结的强调。这些价值观和生活方式的传承，是区域社群文化连续性和身份认同的关键。

传承性并不意味着非物质文化遗产必须严格按照传统方式一成不变地传递。事实上，适度的创新和适应是非物质文化遗产传承的重要组成部分。随着时间的推移，社会环境发生变化，文化遗产也需要适应这些变化以保持其相关性和活力。例如，传统的手工艺可能会采用新材料或新技术，传统的音乐形式可能会融入现代元素。这种适度的创新使得非物质文化遗产能够在不断变化的社会环境中生存和发展，同时也使其能够吸引更年轻一代的关注和参与。

在非物质文化遗产的传承过程中，保持其核心特质至关重要。这意味着在进行必要的创新和适应时，应保持对原有文化精神和形式的尊重。过度的商业化或现代化可能会导致文化遗产失去其原有的意义和价值。因此，传承过程中的平衡至关重要，需要在保持传统的基础上，进行恰当的创新和适应。

总之，传承性是非物质文化遗产的核心特征，它不仅仅是技能和知识的传递，更是文化价值观、生活方式和社会实践的持续传递。在这个过程中，适度的创新和适应是必要的，以确保非物质文化遗产在不断变化的社会环境中保持其活力和相关性。同时，保持文化遗产的核心特质和精神是传承过程中的关键，需要通过各种努力来平衡传统的保护和必要的创新。

（三）可塑性

非物质文化遗产的可塑性体现了这类遗产在面对不断变化的社会、文化和历史背景时的适应性和灵活性。这种特性意味着非物质文化遗产并非一成不变的历史遗物，而是能够随着时间的推移而演变的文化实体。可塑性的存在使得非物质文化遗产不仅仅是过去文化的简单延续，而是一种能够与当代社会相互作用、相互影响的动态系统。

非物质文化遗产是在特定的社会和文化环境中产生和发展的，因此，随着这些环境的变化，文化遗产本身也会发生相应的变化。这种变化可能表现为形式的演变、功能的调整或意义的重构。例如，某个地区的传统节日可能随着时间的推移而改变其庆祝方式，或者某种传统艺术形式可能融入新的元素以吸引更年轻的观众。

非物质文化遗产的可塑性还体现在其对社会变迁的响应能力上。在全球化和现代化的影响下，许多传统文化面临着巨大的挑战。在这种背景下，非物质文化遗产的可塑性成为其生存和发展的关键。通过适应新的社会环境和需求，非物质文化遗产能够保持其活力和相关性。例如，传统手工艺在面对工业化生产的竞争时，可以通过创新设计和营销策略来开拓新的市场，从而保持其生存和发展。

非物质文化遗产的可塑性还体现在其对文化多样性的贡献上。由于非物质文化遗产能够适应不同的文化背景，它能够在不同文化之间起到桥梁的作用，促进文化交流和理解。这种跨文化的交流和融合不仅丰富了非物质文化遗产本身，也为促进不同文化之间的对话与和谐共处提供了可能。

总之，非物质文化遗产的可塑性是其在当代社会中保持活力和相关性的关键特征。它不仅使文化遗产能够适应不断变化的环境，也为文化多样性和跨文化交流做出了贡献。然而，如何在适应性变化中保持文化遗产的真实性和完整性，是非物质文化遗产保护和传承的重要挑战。

（四）历史性

非物质文化遗产的历史性代表了一种深刻的历史经验与文化传统的传承。这种历史性的体现，使得非物质文化遗产成为一种独特的文化表达形式，它跨越时代，连接着历史的长河，承载着丰富的历史记忆和文化传统。

第一，在非物质文化遗产的历史性中，我们可以观察到文化的连续性和发展性。这种连续性不仅体现在文化形式的传承上，更体现在文化内涵的传递上。每一种非物质文化遗产，无论是民间传说、传统节庆、民俗习惯，还是手工艺技能，都是历史发展的产物，它们在长期的历史进程中形成、发展并不断演变。这些文化遗产中蕴含的历史信息，不仅是对过去社会形态、生活方式、价值观念的记录，更是对那个时代人们生活状态和精神追求的反映。

第二，历史性还体现在非物质文化遗产对历史经验的传承上。这些文化遗产的传承，不仅仅是技艺或者知识的传递，更是一种历史经验和智慧的传承。这些经验和智慧是先人们在与自然和社会的互动中积累下来的，它们代表了人类对自然界和社会环境的深刻理解和适应能力。通过非物质文化遗产的传承，这些宝贵的历史经验得以保存下来，并且在新的时代背景下得到重新地理解和应用。

第三，非物质文化遗产的历史性还体现在它对未来的启示上。非物质文化遗产不仅是历史的产物，它们也是活生生的文化实践，它们在当代社会中仍然具有活力和意义。通过对非物质文化遗产的研究和传承，我们可以从中汲取灵感，为解决当代社会的问题提供思路。例如，许多传统的生态智慧和区域社群管理方式，对今天的环境保护和社会治理仍然具有重要的参考价值。

第四，非物质文化遗产的历史性还体现在它作为连接过去、现在和未来的桥梁上。它们不仅仅是历史的见证，更是文化传承的载体。通过对非物质文化遗产的保护和传承，我们不仅能够更好地理解过去，更能够在此基础上构建对现在和未来的理解。这种跨越时代的文化传承，使得非物质文化遗产成为一种独特的文化资源，它能够帮助我们建立起对历史的深刻理解，对现实的清晰认识，以及对未来的积极展望。

总之，非物质文化遗产的历史性不仅体现在它作为过去的一个记录，更体现在它作为历史经验传承和对未来启示的重要载体。这种历史性的深刻理解，对于我们保护和传承非物质文化遗产，以及利用这些宝贵的文化资源来解决当代社会的问题，具有重要的意义。

（五）变迁性

非物质文化遗产的变迁性是其本质属性之一，体现了文化遗产在历史长河中的动态演进。这种变迁不仅是时间的推移所带来的必然结果，也是社会、经济和文化环境互动作用的产物。非物质文化遗产的变迁性揭示了文化遗产与其所处环境之间的复杂关系，以及文化遗产在适应社会变化中的活力和可塑性。

第一，在非物质文化遗产的传承过程中，形式和内容的变化是最为直观的表现。这些变化可能源于技术的进步、材料的更替、审美观念的演变或是社会需求的变化。例如，传统手工艺在材料和技术上的创新，不仅是对传统技艺的延续，也是对新时代需求的回应。这种变化在保持传统精神的同时，也使得非物质文化遗产更加贴近现代生活，增强了其生命力和传播力。

第二，除了形式和内容的变化，非物质文化遗产在社会中的功能和意义也随着时间而转变。在不同的历史时期，同一文化遗产可能承担着不同的社会功能，反映出社会结构和价值观的变迁。例如，某些传统节日或仪式在过去可能是区域社群凝聚力的重要来源，而在现代社会中，则可能转变为促进文化交流和旅游发展的平台。这种功能上的转变，不仅展示了非物质文化遗产的适应性，也反映了它在不断变化的社会环境中的新角色和新价值。

第三，变迁性还体现在非物质文化遗产的传承方式上。随着信息技术的发展和全球化的影响，传统的口耳相传方式逐渐融入了现代传播手段，如数字化、网络传播等。这种传承方式的变化，不仅使非物质文化遗产能够跨越地域，触及更广泛的受众，也为其保护和传承提供了新的可能性。然而，这也带来了对原始文化精神和形式保持的挑战，要求在传承过程中找到新旧传承方式的平衡点。

第四，非物质文化遗产的变迁性还与其所承载的历史记忆和文化身份认同紧密相关。在不断地演变过程中，非物质文化遗产不仅是历史的见证，也是个体和群体身份认同的重要载体。它们在变迁中保留了历史的痕迹，同时也反映了当代社会的文化特征和价值取向。因此，非物质文化遗产的变迁性不仅是一个文化现象，也是社会历史进程的一部分，它在记录过去的同时，也在塑造现在和未来。

总之，非物质文化遗产的变迁性是其动态发展的重要特征。这种变迁既是对传统的延续和发展，也是对新时代挑战的回应。在这个过程中，非物质文化遗产展现了其独特的生命力和适应力，不断在传统与现代、过去与未来之间构建新的意义和价值。因此，理解和尊重非物质文化遗产的变迁性，是其有效保护和传承的关键。

（六）民族性

非物质文化遗产的民族性是其最显著的特征之一，它深刻地体现了非物质文化遗产与特定民族或文化群体之间的紧密联系。这种联系不仅是表面的形式和内容上的匹配，更是深层次的文化价值和意义上的共鸣。非物质文化遗产的民族性，是对一个民族历史、信仰、生活方式的集中体现，它在不同的文化群体中呈现出独特的风貌，成为理解和研究各民族文化的重要窗口。

非物质文化遗产的民族性首先体现在其内容上。每个民族都有其独特的历史和文化传统，这些传统在非物质文化遗产中得以体现。例如，民间故事、传说、神话、歌曲、舞蹈、节庆活动等，往往蕴含着对该民族历史的记忆、对自然界的理解、对社会关系的解读以及对宇宙和生命的思考。这些内容不仅是民族文化的表达，也是民族身份和特色的重要标志。例如，中国的春节、印度的排灯节、非洲的部落仪式等，都是各自文化的独特表达。

非物质文化遗产的民族性还体现在其形式上。不同民族的非物质文化遗产在表现形式上具有鲜明的特色。这些形式可能是特定的艺术风格、表演方式、工艺技术或是语言文字。例如，非洲鼓舞的节奏和动作、印度古典舞的手势和表情、中国京剧的脸谱和唱腔等，都是其民族文化特征的体现。这些形式不仅仅是艺术的表达，更是文化传承和民族记忆的载体。

更重要的是，非物质文化遗产的民族性体现在其所承载的文化价值和意义上。每个民族的非物质文化遗产都蕴含着该民族的世界观、价值观和伦理观。这些文化价值和意义是该民族历史发展、社会结构和宗教信仰的反映，是对该民族精神面貌的深刻揭示。例如，土著人的祖先崇拜、佛教国家的因果报应观念、基督教文化中的宽恕与救赎等，都深刻影响着相应民族的文化表达和生活方式。

非物质文化遗产的民族性不仅是对过去的回顾，也是对未来的传承。保护和传承这些遗产，不仅是对一个民族历史和文化的保存，更是对人类多样性的维护。同时，非物质文化遗产的民族性也为不同文化之间的交流和理解提供了桥梁。通过学习和欣赏不同民族的非物质文化遗产，可以增进对不同文化的理解和尊重，促进文化多样性的共生。

总之，非物质文化遗产的民族性是其不可或缺的核心特征。它不仅体现在内容和形式上，更深刻地体现在所承载的文化价值和意义上。通过对非物质文化遗产的保护和传承，可以更好地理解和尊重不同民族的文化特色，促进人类文化的多样性和丰富性。在这个过程中，我们不仅是在保存过去，更是在为未来的文化多样性和共生铺路。

（七）情境性

情境性在非物质文化遗产的研究和保护中占据着核心地位。这一概念强调了非物质文化遗产不仅是一种文化表达的形式，更是一种深植于特定社会和文化环境中的活动。非物质文化遗产的每一种表现形式，无论是民间传说、传统音乐、舞蹈、戏剧、仪式，还是手工艺技能，都是在特定的社会历史背景、文化传统和自然环境中孕育和发展起来的。因此，理解和保护这些遗产，就必须将其放置于它们所依赖和反映的具体情境中去考量。

首先，情境性的核心在于认识到非物质文化遗产与其所处的环境之间的互动关系。这种关系不仅仅是物理环境的影响，更包括了社会结构、文化习俗、历史记忆、宗教信仰和哲学思想等多个层面。例如，一个地区的传统节日庆典，可能与当地的农业生产周期、宗教信仰和社会组织紧密相关。这些庆典不仅是社会成员的集体活动，更是他们对自身身份、历史和文化的一种表达和自我认同。

其次，情境性还意味着非物质文化遗产的传承和表现方式会随着其所处环境的变化而变化。随着社会的发展和文化的交流，非物质文化遗产可能会吸收新的元素或调整其表现形式，以适应变化的环境。这种适应性是非物质文化遗产活态传承的重要特征，也是其鲜活和动态的体现。因此，在保护非物质文化遗产时，不能简单地将其冻结在某一历史时刻，而应允许其在保持核心特征的基础上进行适应性的发展。

然而，随着全球化和现代化的进程，许多传统的社会和文化环境发生了巨大的变化，这些变化可能会削弱非物质文化遗产与其原生环境之间的联系，导致某些文化表达形式的失真或消亡。因此，保护非物质文化遗产不仅需要关注其物质形态的保存，更要关注其所依赖的社会和文化环境的保护。

在实践中，保护非物质文化遗产的情境性需要采取多元化的策略。首先，需要深入研究和理解非物质文化遗产与其所处环境之间的关系，包括其历史背景、文化意义和社会功能。其次，保护措施应当尊重和保持非物质文化遗产的原生特性，同时允许其在不损害核心价值的前提下进行适应性的发展。最后，还需要加强区域社群参与和公众教育，提高社会对非物质文化遗产价值的认识和对其保护的支持。

总之，情境性是理解和保护非物质文化遗产的关键。它要求我们将非物质文化遗产视为一个与其所处社会和文化环境紧密相连的动态系统，而非孤立的文化现象。通过深入理解和尊重这种情境性，我们可以更有效地保护和传承人类的非物质文化遗产。

第七节　非物质文化遗产活态传承的四项原则

（一）地域性原则

地域性原则在非物质文化遗产的保护和传承中占据着核心地位，其核心在于强调非物质文化遗产与其生成和发展的特定地理及文化环境之间的不可分割性。这一原则深刻地揭示了文化遗产不仅仅是历史的产物，更是特定地理、历史和社会背景相互作用的结果。地域性原则的实施，旨在确保非物质文化遗产在传承过程中能够保持与其原生地域的深刻联系，从而维护其文化表达的真实性和完整性。

在探讨地域性原则的实质时，不可忽视的是每一种非物质文化遗产的生成和发展都深深根植于其特定的地理环境。这些环境因素，无论是自然地理特征还是特定的气候条件，都对非物质文化遗产的形成产生了决定性的影响。例如，哈尼族主要居住在中国云南省的梯田山区，这些地区地形复杂、交通不便，长期以来与外界相对隔绝。这种地理位置的孤立性保护了哈尼族丰富的文化遗产，促成了其独特的音乐传统——哈尼族多声部民歌。因此，地域性原则要求在非物质文化遗产的保护和传承中，必须充分考虑这些地理因素的影响和作用。

地域性原则还强调了历史和社会背景对非物质文化遗产形成的影响。历史事件、社会结构、宗教信仰和社会习俗等因素在非物质文化遗产的形成过程中扮演着重要角色。例如，一个地区的历史事件可能催生了特定的纪念仪式或节日庆典，而这些庆典又成为该地区非物质文化遗产的一部分。因此，地域性原则要求在非物质文化遗产的保护和传承中，应深入理解和尊重这些历史和社会背景，确保文化遗产的传承不脱离其历史和社会根基。

地域性原则还要求保护措施不仅要维持非物质文化遗产的物质形态，更要保持其与原生地域的内在联系。这意味着在非物质文化遗产的保护过程中，不应仅仅关注其表面的形式或技艺，而应深入挖掘其背后的文化内涵和地域特色。例如，在保护某一地区的传统舞蹈时，不仅要关注舞蹈的动作和节奏，还要理解这些舞蹈动作和节奏是如何反映该地区的历史故事、社会价值观和自然环境的。

地域性原则的实施还涉及对非物质文化遗产传承方式的考量。传统的传承方式，如口头传播、师徒相授等，本身就是非物质文化遗产的重要组成部分。这些传承方式往往与特定地区的文化习俗和社会结构紧密相关。因此，地域性原则要求在非物质文化遗产的保护和传承中，应尊重和保护这些传统的传承方式，确保非物质文化遗产的传承不仅是内容的传递，更是文化精神和传统方式的延续。

最后，地域性原则在当代社会的实践中还面临着诸多挑战。随着全球化的发展，许多非物质文化遗产面临着来自外部文化的冲击和影响，这可能导致原有的地域特色被削弱或改变。因此，地域性原则的实施需要在保护传统的同时，灵活应对现代社会的变化，找到既保护地域特色又适应现代社会的有效途径。这可能包括利用现代技术手段记录和传播非物质文化遗产，或者在保护措施中融入现代社会的元素，以增强非物质文化遗产的吸引力和生命力，从而实现其在现代社会中的活态传承。

（二）多样性原则

多样性原则在非物质文化遗产的保护和传承中占据着核心地位，它强调对文化遗产内在多元性的认可与尊重。这一原则的核心在于理解和接受文化遗产不仅仅是一种单一的、固定的存在，而是一个充满活力、多样化的体系。文化遗产的多样性不仅体现在不同文化遗产项目之间的差异性，也体现在同一文化遗产项目内部的多样性，如不同地区、不同群体间的表达方式的差异。

在全球化和现代化的背景下，非物质文化遗产面临着同质化的威胁。全球化带来的文化交流虽然在一定程度上促进了文化的融合和共享，但同时也可能导致地方特色和传统文化的流失。因此，多样性原则的实施对于保护文化遗产的独特性和多元性至关重要。这一原则要求在非物质文化遗产的保护和传承过程中，应重视每一种文化表达的独特性和多样性，确保文化遗产能够在保持其原有特色的同时，适应时代的变迁。

多样性原则的实施还涉及对不同文化遗产之间差异的尊重。每一种文化遗产都是在特定的历史、地理和社会背景下形成的，它们各自承载着不同的文化意义和社会价值。在传承过程中，应当尊重这些差异，避免将不同的文化遗产项目简单地归纳为统一的模式。例如，不同地区的民间音乐虽然可能有着共同的根源，但它们在旋律、节奏、演奏方式等方面都有着各自的特点。这些特点不仅是音乐本身的特色，也是其所在文化的重要标志。

多样性原则还强调对同一文化遗产内部多样性的保护。即使是同一种文化遗产，在不同地区或不同群体中的表现形式也可能有所不同。这些差异可能源于地理环境、历史发展、社会结构等多种因素的影响。例如，同一种传统舞蹈，在不同的地区可能会有不同的舞步、服饰和表演风格。这些差异不仅丰富了文化遗产的内涵，也反映了人类文化的多样性和复杂性。

在实施多样性原则时，还应考虑到文化遗产的动态性。文化遗产不是静止不变的，它们在传承和发展的过程中会不断地演变和适应新的社会环境。因此，保护文化遗产的多样性也意味着要接受和尊重这种动态变化。这要求保护者在保护传统的同时，也要留有空间给予文化遗产适应现代社会的可能性。

总之，多样性原则在非物质文化遗产的保护和传承中起着至关重要的作用。它不仅要求我们尊重和保护不同文化遗产之间的多样性，也要求我们关注同一文化遗产内部的多样性。通过实施这一原则，我们可以更好地保护文化遗产的独特性和多元性，促进人类文化的丰富性和活力。

（三）可持续性原则

可持续性原则在非物质文化遗产的保护和传承中占据着核心地位，其核心理念在于确保文化遗产的保护与传承活动能够在不损害自然环境、社会结构和经济发展的前提下，为当代社会及未来世代提供持续的文化价值。这一原则的实施不仅要求我们对文化遗产本身的保护有深刻的认识，还要求我们对其在更广泛的社会、环境和经济背景下的作用有全面的考量。

在环境层面，可持续性原则要求非物质文化遗产的保护和传承活动应避免对自然环境造成破坏。这包括减少对自然资源的消耗、防止生态环境的破坏和污染，以及促进生态平衡。例如，在某些传统工艺中，原材料的采集可能会对生态环境造成影响，因此在传承这些工艺时，应寻求可持续的原材料来源，或者发展替代材料和技术，以减少对环境的负面影响。

在社会层面，可持续性原则强调非物质文化遗产的保护和传承应促进社会的和谐与发展。这意味着保护活动应当尊重和保护社会成员的权利和福祉，促进社会公正和包容性。非物质文化遗产的保护不应仅仅是保存文化形式，更应是维护和弘扬文化内涵，增强社会成员的文化认同和归属感。此外，非物质文化遗产的传承还应鼓励不同文化、不同群体之间的交流与理解，促进社会的多元化和文化的共生。

在经济层面，可持续性则关注非物质文化遗产的保护和传承如何在不损害经济发展的同时，为区域社群带来经济利益。这包括通过文化遗产的保护和传承活动创造就业机会、促进旅游业发展、激发文化创新和创造性产业的发展等。然而，这种经济利益的追求必须建立在不破坏文化遗产本身的价值和意义的基础上。例如，过度商业化可能会导致文化遗产失去其原有的文化内涵和社会价值，因此在开发文化遗产的经济潜力时，需要谨慎平衡商业利益和文化保护的需求。

可持续性原则还要求我们在非物质文化遗产的保护和传承中考虑长远视角。这意味着我们的保护措施和传承活动不仅要满足当前的需求，还要考虑对未来世代的影响。我们应当留下足够的资源和空间，让后代人有机会理解、欣赏并继续传承这些文化遗产。这要求我们在制定保护策略时，不仅要考虑当前的技术和方法，还要考虑科技和社会的发展趋势，以及这些变化对文化遗产保护的可能影响。

可持续性原则在非物质文化遗产的保护和传承中扮演着至关重要的角色。它要求我们在保护和传承文化遗产的同时，考虑到环境保护、社会发展和经济利益的平衡，以及对未来世代的责任。通过实施可持续性原则，我们不仅能够保护和传承宝贵的文化遗产，还能促进社会的整体可持续发展。

（四）保护利用性原则

保护利用性原则在非物质文化遗产的管理和传承中扮演着至关重要的角色。这一原则的核心在于寻找一种平衡点，既能有效地保护和维护非物质文化遗产，又能合理地利用这些遗产资源，促进区域社群的经济发展和文化交流。在这个过程中，保护利用性原则强调的是一种动态的、互惠的关系，而非单向的保护或利用。

非物质文化遗产的保护不仅是对其形式和内容的保存，更重要的是保持其生命力和相关区域社群的参与度。这种保护方式要求我们深入理解文化遗产的内涵和社会功能，以及它们在当代社会中的意义。例如，传统的民间艺术、手工艺、仪式和节庆活动，不仅仅是历史的遗产，它们也是当代社会文化多样性和创造力的体现。因此，保护这些遗产的同时，也要考虑如何使它们在现代社会中保持活力和相关性。

合理利用非物质文化遗产是保护利用性原则的另一重要方面。这种利用不仅可以通过文旅、文化产品销售等方式为区域社群带来经济利益，还可以促进文化交流和教育。例如，通过组织文化节庆活动、展览和表演，向公众展示非物质文化遗产的独特魅力，增强公众对这些遗产价值的认识和尊重。此外，将非物质文化遗产纳入教育体系，如学校课程和区域社群教育项目，可以帮助年轻一代了解和欣赏自己的文化遗产，从而促进文化的传承。

非物质文化遗产的利用必须建立在对其原生文化特性和真实性的尊重与理解的基础之上。这意味着在利用过程中，不能剥离非物质文化遗产与其原生区域社群和文化背景的联系。例如，在将传统音乐或舞蹈形式用于商业表演时，应保持其原有的艺术形式和表达方式，避免为迎合商业或旅游市场而过度改编。此外，非物质文化遗产的利用也应考虑到对社会成员的公平回报，确保他们从中获得的经济和社会利益。

保护利用性原则还强调可持续性的重要性。这不仅指环境的可持续性，也包括文化和社会的可持续性。非物质文化遗产的利用应当促进区域社群的长期发展，而不是短期的经济利益。这要求我们在利用非物质文化遗产时，要考虑其对区域社群的长期影响，包括社会成员的福祉、社会结构和文化传统的维护。

总之，保护利用性原则要求我们在保护和利用非物质文化遗产的过程中，寻找一种平衡。这种平衡不仅涉及文化遗产本身的保护，还包括对相关区域社群的尊重和支持，以及对环境和社会的长期可持续性的考虑。通过这种综合性的方法，我们可以确保非物质文化遗产在现代社会中既得到有效保护，又能发挥其独特的价值和作用。

第二章　非物质文化遗产活态传承面临的主要问题

在探讨非物质文化遗产的活态传承时，我们不可避免地面临一系列复杂且多维的挑战。这些挑战不仅源自非遗本身的特性，还涉及社会、经济、法律和文化等多个层面。在本章中，我们将深入分析这些问题的根源，探讨它们如何影响非遗的活态传承，并提出可能的解决方案。我们首先将探讨活态传承的机理，理解其背后的动力和脆弱性。随后，我们将分析认识上的误区和挑战，这些可能阻碍我们正确理解和保护非遗。接着，我们将讨论生态环境对非遗传承的影响，以及法制建设在保护过程中的关键作用。此外，我们还将探索建立有效机制以科学地保护非遗的可能性。通过这些分析，我们希望能够更深入地理解非物质文化遗产活态传承面临的主要问题，并为后续章节中讨论的保护措施和对策提供坚实的基础。

第一节　非物质文化遗产活态传承的机理分析

（一）传承与变迁的动态平衡

非物质文化遗产（ICH）的活态传承，作为一种文化现象和社会实践，体现了传统与现代、原始性与创新性之间的动态平衡。这种平衡不是静态的，而是一个不断演变的过程，它要求在保持文化连续性和原始性的同时，也要适应时代的变化，接纳新的元素和形式。这一过程的核心在于确保文化遗产的生命力和传承的有效性，同时也反映了文化遗产与社会环境之间的互动和相互影响。

在活态传承中，保持文化的连续性和原始性意味着要尊重和保护那些构成非物质文化遗产核心的传统元素和价值观。这些元素和价值观是文化遗产得以传承的基础，它们在历史长河中形成，蕴含了深厚的文化内涵和社会意义。例如，某些传统节日的庆祝方式、民间艺术的表现形式或者口头传统的叙述技巧，都是非物质文化遗产的重要组成部分。保持这些元素和价值观的连续性，有助于维护文化的身份认同和历史连续性，为社会成员提供一种归属感和文化自豪感。

然而，非物质文化遗产并非僵化不变的。随着社会的发展和时代的变迁，文化遗产也需要适应新的社会环境和文化背景。这种适应可能表现为接纳新的元素和形式，或者对传统元素进行创新性的诠释。例如，传统音乐可以与现代音乐元素相结合，创造出新的音乐形式；传统手工艺也可以应用现代设计理念和技术，以适应当代市场的需求。这种创新不仅有助于非物质文化遗产的传播和普及，还能增强其在当代社会中的相关性和吸引力。

在传承与变迁的动态平衡过程中，面临的一个关键挑战是如何在保持原始性的同时，接纳创新。过度的保守可能导致文化遗产与现代社会脱节，失去其活态传承的生命力；而过度的创新又可能使文化遗产失去其独特性和原始价值。因此，需要精心策划和审慎实施传承策略，确保文化遗产既保留了其核心元素和价值观，又能与现代社会相融合。

非物质文化遗产的活态传承还涉及社会成员的积极参与和跨代际交流。社会成员，特别是年轻一代的参与，对于非物质文化遗产的传承至关重要。他们不仅是文化传承的接受者，也是创新和传播的主体。通过教育和区域社群活动，可以激发年轻人对传统文化的兴趣和尊重，同时鼓励他们在传承过程中发挥创造性。跨代际交流则有助于知识和技能的传递，确保文化遗产的连续性和活力。

总之，非物质文化遗产的活态传承是一个复杂而微妙的过程，它要求在尊重传统的基础上，积极适应社会变化，创新发展。这种动态平衡的实现，不仅需要社会成员的共同努力，还需要政策制定者、文化工作者和学者的智慧和支持。通过这种平衡，非物质文化遗产可以在保持其独特性和原始价值的同时，继续在现代社会中发挥其重要作用。

（二）社会文化环境的影响

社会文化环境在非物质文化遗产的活态传承中扮演着枢纽角色，其影响深远且多维。非遗的传承不仅是文化的再现，也是社会文化环境与传统之间持续互动的结果。在这一过程中，经济发展、社会变迁、科技进步以及政策导向等因素构成了影响非遗传承方式和内容的关键动力。

经济发展对非遗传承的影响体现在多个层面。首先，经济增长带来的物质富裕为非遗的保护和传承提供了更多的资源。然而，经济发展也可能导致传统生活方式的改变，从而影响非遗的传统表达形式。例如，随着经济的发展，一些传统手工艺可能因市场需求的变化而面临适应性挑战。此外，经济全球化和市场化趋势可能导致文化同质化，威胁到非遗的独特性和多样性。

社会变迁对非遗传承同样具有深刻影响。社会结构的变化、人口迁移、教育水平的提高以及文化观念的变迁，都在不断重塑非遗的传承环境。例如，随着城市化进程的加快，许多传统文化可能失去其原有的社会和文化背景，传承人群的减少或分散也可能导致某些非遗项目的衰落。同时，新一代的价值观和生活方式可能与传统文化产生冲突，影响非遗的接受度和传承效果。

科技进步在非遗传承中起到了双重作用。一方面，现代科技，如数字化技术和互联网，为非遗的记录、保存和传播提供了新的手段。通过数字化技术，非遗可以更广泛地传播给公众，增强其影响力和吸引力。另一方面，科技的发展也可能导致传统技能和知识的边缘化。例如，一些传统工艺可能因为现代生产技术的替代而失去其原有的实用价值和市场地位。

政策导向在非遗传承中扮演着关键角色。政府和相关机构的政策选择、资金支持和法律保护措施，对非遗的存续和发展具有决定性影响。积极的政策支持可以促进非遗的有效保护和合理利用，而缺乏有效政策或不当干预则可能导致非遗的衰落甚至消失。因此，政策制定者需要深入理解非遗的特性和需求，制定出既能保护非遗真实性和多样性，又能促进其创新发展的政策。

总之，社会文化环境的变化对非遗的活态传承产生了深远影响。这要求非遗传承者和保护者不断调整策略，以适应外部环境的变化。他们需要在保持传统的同时，寻找创新的途径，使非遗在现代社会中保持活力和相关性。同时，社会各界，包括政府、教育机构、文化组织和公众，都应共同努力，为非遗的活态传承创造一个支持且可持续的环境。通过这样的共同努力，非遗不仅能够得到有效的保护和传承，还能在新时代中焕发新的生机和活力。

（三）现代传播媒介的作用

在数字时代，现代传播媒介的兴起与发展，尤其是互联网和社交媒体的普及，已经成为非遗传播的新动力。这些现代媒介的特点和功能，为非遗的保护、传承和发展提供了前所未有的机遇。然而，这种新型传播方式在带来便利和效益的同时，也引发了关于如何在不损害原有文化精髓的前提下进行有效传播的讨论。

互联网和社交媒体的迅猛发展，为非遗项目提供了一个超越传统地理和文化边界的展示平台。通过网络，世界各地的人们可以即时接触到远在他乡的非遗项目，从而极大地扩大了非遗的受众范围。视频、博客、在线展览和虚拟现实等多种形式的内容，使得非遗更加生动和直观，增强了公众对非遗的认识和兴趣。此外，互联网的互动性质也为非遗的传承人和爱好者提供了交流和学习的空间，促进了知识和技能的共享。

社交媒体作为现代传播媒介的重要组成部分，通过其快速、广泛的传播能力，使非遗项目能够迅速获得公众的关注和反响。通过故事、图片和视频等形式，非遗内容在社交网络上迅速传播，吸引了更多年轻人的关注。这种方式不仅提高了非遗的知名度，也为非遗的传承和创新提供了新的可能性。年轻一代通过社交媒体与非遗互动，可能会激发他们对传统文化的兴趣和参与，从而成为非遗传承的新力量。

然而，现代传播媒介在促进非遗传播的同时，也带来了一系列挑战和问题。最主要的问题之一是如何在使用现代媒介进行有效传播的同时，保持非遗原有的文化精髓。在数字化和商业化的影响下，非遗内容有可能被简化或曲解，其深层的文化意义和传统价值可能会被忽视或遗失。因此，如何在传播过程中保持对非遗深度和真实性的尊重，是所有利用现代媒介进行非遗传播的实践者需要面对的问题。

此外，现代传播媒介的快速流动性和广泛覆盖性，虽然能够带来更多的关注和资源，但也可能导致非遗项目面临过度商业化和表面化的风险。非遗不仅仅是一种可供展示和欣赏的文化产品，更是一种生活在人们日常生活中的文化实践。因此，如何在推广和保护之间找到平衡，确保非遗在现代传播媒介中既能被广泛传播，又能保持其文化的真实性和活态传承的连续性，是一个需要深思熟虑的问题。

在实践中，需要开发和采用一系列策略和方法来应对这些挑战。例如，可以通过建立标准和指南来指导非遗内容的数字化和传播，确保其真实性和准确性。

同时，可以通过教育和培训提高公众对非遗深层文化意义的理解和尊重，促进公众对非遗保护的参与和支持。此外，还可以探索将传统传承方式与现代传播手段相结合的新模式，使非遗传承既能利用现代媒介的优势，又能保持其传统特色和深层价值。

第二节　非物质文化遗产活态传承的观念认知问题

（一）非遗价值观念的多元冲突

在探讨非物质文化遗产的价值观念时，我们面临一个复杂的多元冲突现象。这种冲突不仅体现在不同文化、社会背景和个体之间对非遗价值的理解和评价上，而且还反映在传统与现代、历史与商业、艺术与娱乐之间的张力中。这种多元冲突的核心在于非遗价值观念的多样性和相对性，即不同群体和个体根据自身的文化背景、社会环境、经济利益和个人经验，对非遗的价值有着不同的解读和重视程度。

从传统观念出发，非遗被视为一种历史的、文化的和艺术的财富。这种观点强调非遗的历史价值，即非遗作为一种传统文化表达，承载着历史信息和文化记忆，是连接过去与现在的桥梁。在这个视角下，非遗被视为一种不可替代的文化遗产，其价值在于其独特性和原创性，以及它对于维护文化多样性和促进文化自觉的作用。此外，非遗还被赋予了艺术价值，这种价值不仅体现在其审美特质上，还体现在其创造性和表现性上，这使得非遗成了文化艺术领域的重要组成部分。

然而，在现代社会的语境中，大众对非遗的价值观念发生了显著转变。在这一背景下，非遗越来越多地被视为一种经济资源，其价值不仅体现在其文化和艺术层面，更体现在其对经济发展的贡献上。例如，非遗在旅游业中的应用，不仅为游客提供了独特的文化体验，同时也为当地经济带来了显著的收益。此外，非遗还被纳入娱乐产业中，通过各种媒介和平台的传播，成为大众文化的一部分，这不仅增加了非遗的可见度和影响力，也为其带来了商业价值。

这种价值观念的多元冲突在非遗的传承和保护策略上产生了深远的影响。一方面，传统观念倾向于强调非遗的保护和传承应该忠实于其原始形态和内容，强调其不可替代性和纯粹性，主张采取保守的保护策略，以维护其历史和文化的真实性。另一方面，现代观念则更加强调非遗的创新和适应性，认为非遗的传承和保护应该与时俱进，与现代社会的需求相适应。这种观点倾向于采取更加开放和灵活的策略，强调非遗的活态传承和创新性利用，以提高其社会影响力和经济价值。

这种多元冲突的存在，使得非遗的传承和保护面临着一系列挑战。一方面，需要在保护非遗的原始性和纯粹性与促进其创新和适应性之间找到平衡点。另一方面，需要在维护非遗的文化和艺术价值与开发其经济和商业潜力之间寻求折中。这要求我们在制定非遗的传承和保护策略时，不仅要考虑非遗本身的特性和需求，还要考虑不同群体和个体的价值观念和利益诉求，以及非遗在现代社会中的角色和功能。

非物质文化遗产价值观念的多元冲突是一项错综复杂而多维的挑战。这一问题不仅牵涉到文化遗产的本质和深层意义，还牵扯到文化遗产在不同社会和文化背景下的多元解读与应用。在这个复杂的语境中，我们需要采纳一种综合性和多元性的观点，以既尊重又保护非物质文化遗产传统价值和文化内涵，同时推动其在现代社会中的创新和发展，实现非物质文化遗产的活态传承和可持续发展。我们必须认识到非遗的传统价值对文化认同和社群凝聚的重要性，并在保护工作中保留其根本性。与此同时，我们也要积极推动非遗在现代社会的创新应用，使之更好地适应当代文化需求和社会变革。这包括倡导非遗的现代表达方式、培养新一代的传承者，以及在数字时代推动非遗的数字化记录与传播。

总之，实现非物质文化遗产活态传承和可持续发展的关键在于寻找传统与现代之间的平衡点。这需要建立灵活而包容的保护机制，以维护传统价值的同时鼓励创新实践。此外，促进社会对非物质文化遗产的全面理解和参与，也是确保其可持续发展的重要一环。因此，我们应该以深刻理论为基础，采用全方位、多元化的策略，努力应对非物质文化遗产价值观念的多元冲突，推动其融入当代社会，并为其未来的传承和发展创造有利条件。

（二）传承人与社会大众的认知差异

在非物质文化遗产的传承过程中，传承人与社会大众之间的认知差异导致了一个复杂且微妙的社会问题的产生。

传承人，作为非遗的直接承载者，他们的生活经历、文化背景和专业技能使他们对非遗的内涵、历史背景以及传承方式有着深刻的理解和独到的见解。这种理解不仅涵盖了非遗的技艺和表现形式，还包括了与之相关的文化价值观、社会习俗和历史传统。传承人通过长期的实践活动、口头传授和区域社群参与，形成了对非遗深层次的认识和情感联系。

相比之下，社会大众对非遗的理解往往停留在表面。这种表面的理解可能源于媒体的简报、市场化的展示或教育体系中对非遗知识的有限介绍。大众可能对某些非遗项目的存在有所了解，但对其背后的文化意义、传统价值和传承复杂性缺乏深入的认知。这种浅层次的认知可能导致对非遗的误解或刻板印象，进而影响非遗在社会中的地位和价值。

这种认知差异的存在，对非遗的有效传承也产生了重要影响。首先，它可能导致非遗的传承方式和内容被误解或曲解。当大众对非遗的理解与传承人的实际经验和知识不符时，可能会产生对非遗传承的错误期待或不切实际的要求。例如，大众可能更倾向于看到非遗的表演性和娱乐性，而忽视了其深层的文化和历史意义。这种认知偏向可能导致非遗的商业化趋势，从而影响其原有的文化内涵和传承质量。其次，认知差异还可能导致非遗在社会文化和发展中的边缘化。如果社会大众对非遗缺乏足够的认识和重视，非遗及其传承人可能难以获得必要的社会支持和资源。这种情况在城市化和现代化的进程中尤为明显，传统文化和非遗活动可能被视为过时或不重要，从而失去在现代社会中的活跃地位。

为了解决这一问题，需要采取多方面的措施来缩小传承人和社会大众之间的认知差异。

首先，加强对非遗的教育和宣传是关键。这不仅包括在学校教育中加入非遗内容，还包括通过媒体、展览和公共讲座等方式，向公众传达非遗的深层文化意义和历史价值。其次，鼓励和支持传承人与社会大众之间的直接交流也十分重要。通过工作坊、演示活动和文化节等形式，让传承人有机会直接向公众展示和讲解非遗的各个方面，有助于增进公众的理解和认识。最后，政策制定者和文化机构应重视非遗的社会价值，通过合理的政策和资金支持，保护和促进非遗的传承。

这包括为传承人提供必要的资源和平台，以及确保非遗传承活动能够在尊重传统的同时，适应现代社会的需求。

总之，传承人与社会大众之间的认知差异是非遗传承面临的重要挑战。通过教育、交流和政策支持，可以有效地缩小这种差异，促进非遗的有效传承和在现代社会中的活跃地位。

（三）非遗保护政策与实践的脱节

非物质文化遗产保护政策与实践之间的脱节是一个复杂且多维的问题，它揭示了在非遗保护过程中存在的一系列挑战和困境。非遗保护政策的制定通常是基于对非遗价值和意义的宏观理解，这种理解往往源于对文化遗产的普遍性价值的认识，如其对于民族身份的构建、文化多样性的维护以及历史传统的延续等方面的重要性。然而，当这些政策在具体实践中被执行时，它们可能与传承人的实际需要和非遗的活态特性不相符，从而导致一系列问题。

第一，非遗保护政策在制定时往往采用自上而下的方法，这可能导致政策制定者与非遗传承人之间的沟通不足。传承人对于自己所维护的文化遗产有着深刻的理解和独特的视角，但这些观点可能在政策制定过程中未能得到充分的考虑。结果导致，制定的政策可能无法准确反映传承人的实际需求，如对传统技艺的现代应用、传承方式的创新等方面的需求。

第二，非遗保护政策在实施过程中可能过于强调物质性保护，而忽视了非遗的内在价值和活态传承的本质。例如，一些政策可能过分强调对非遗项目的物质性保护，如修复古建筑、保存传统服饰等，而忽略了非遗作为一种鲜活的文化实践所具有的动态性和创造性。这种偏重物质性保护的做法可能导致非遗的内涵被简化，甚至在某种程度上失去其原有的文化意义和社会功能。

第三，非遗保护政策在实践中可能导致传承活动的形式化。由于政策的指导和监管，一些传承活动变得过于刻板和程序化，失去了其原有的灵活性和自发性。这种形式化的传承活动可能导致非遗失去其生动性和多变的文化表达形式，从而影响其在区域社群中的活力和吸引力。

第四，非遗保护政策与实践的脱节还可能导致非遗内涵的流失。在某些情况下，政策可能过分强调对非遗的商业化利用，如将其作为吸引游客的工具，而忽视了非遗在当地区域社群中的文化和社会价值。这种做法可能导致非遗被剥离出其原有的文化和社会背景，变成一种供外界观赏和消费的商品，从而失去其活态文化遗产的本质价值。

总之，非遗保护政策与实践之间的脱节是一个需要深入研究和解决的问题。为了有效地保护和传承非遗，需要在政策制定和实施过程中更加重视传承人的声音和需求，确保政策能够真正反映非遗的活态特性。同时，应当避免过分强调形式和程序，重视非遗的内在价值和动态性，以及其在当地区域社群中的文化和社会功能。只有这样，非遗保护政策才能真正发挥其应有的作用，促进非遗的活态传承和可持续发展。

第三节 非物质文化遗产活态传承的生态环境问题

（一）生态环境与非物质文化遗产的相互影响

生态环境与非物质文化遗产之间的相互作用是一个复杂而微妙的过程，涉及文化与自然之间的深层次联系。在这一过程中，生态环境不仅为非物质文化遗产提供了必要的物质基础和生存空间，而且在很大程度上影响着其形成、发展和传承的方式。

首先，生态环境为非物质文化遗产的形成提供了基本的物质条件。许多非物质文化遗产，如传统手工艺、民间音乐和舞蹈，以及口头传统和表达，都是在特定的自然环境中孕育而生的。例如，某些地区的传统编织技艺直接依赖于当地特有的植物资源；一些民间歌曲和故事则反映了对特定自然景观的感知和体验。这些文化表达形式不仅是对自然环境的直接反应，也是人类与自然环境互动的结果。

其次，自然环境的变化对非物质文化遗产的存续产生直接影响。随着气候变化、生态退化和自然资源的减少，依赖于特定自然条件或资源的非物质文化遗产面临着严峻的挑战。例如，全球气候变暖导致的海平面上升可能会淹没一些岛屿，这不仅会导致物理环境的消失，同时也会导致与这些环境紧密相关的文化实践和传统知识的丧失。此外，生物多样性的减少也会影响到那些依赖特定动植物资源的传统技艺和仪式。

最后，人类对生态环境的干预改变了传统文化的传承路径。随着工业化和城市化的推进，许多自然环境被改造，这不仅改变了非物质文化遗产的物质基础，也影响了其社会和文化背景。例如，城市化进程中的土地利用变化可能导致传统节庆活动场所的丧失，或是改变了社会成员的生活方式，从而影响到传统文化的实践和传承。此外，现代化进程中的技术变革也可能导致传统技艺和知识的边缘化。

反观之，非物质文化遗产对生态环境也产生影响。许多传统文化实践包含了对自然资源的可持续利用和生态保护的智慧。例如，某些传统农业实践不仅保持了生物多样性，也有助于土壤保护和水资源管理。这些传统知识和实践在现代环境管理中具有重要价值，可以为应对生态挑战提供独特的视角和解决方案。

总之，生态环境与非物质文化遗产之间的相互作用是动态的，既包括生态环境对文化遗产的影响，也包括文化遗产对生态环境的影响。在这个过程中，重要的是认识到非物质文化遗产不仅是文化的表达，也是人类与自然环境互动的一部分。因此，在保护非物质文化遗产的同时，也应考虑生态环境的保护，以及如何利用这些文化遗产中蕴含的生态智慧来促进可持续发展。在当前全球面临的生态危机背景下，这种综合性的视角尤为重要。

（二）现代化进程中的生态环境变迁

现代化进程中的生态环境变迁，包括自然生态系统的改变和城市化进程，对非物质文化遗产的活态传承构成了重大挑战。

首先，随着工业化和城市化的推进，传统的生活空间和自然资源遭受破坏，许多依赖于特定自然环境或地理位置的文化实践和技艺面临着生存的威胁。例如，某些传统农业仪式和节庆活动，它们的存在和实践往往与特定的自然周期和地理环境密切相关，但在现代化的推进下，这些自然周期和环境已经发生了显著变化，从而影响了这些文化形式的传承。

其次，现代化进程中的技术发展和经济增长也带来了生活方式的变化，这些变化反过来影响了非物质文化遗产的传承。随着现代通信技术的普及和信息时代的到来，传统文化在传播方式上发生了根本变化。一方面，这为非物质文化遗产的传播提供了新的平台和机会，另一方面，也可能导致传统文化的同质化，甚至是文化的消失。传统文化在面对现代媒体和文化产品的竞争时，往往处于不利地位，尤其是那些较为脆弱和地域性强的文化形式。

最后，文化观念的变革也是现代化进程中不可忽视的一个方面。随着教育水平的提高和全球化的影响，人们的价值观和文化认同发生了变化。这种变化在一定程度上削弱了传统文化的影响力和传承基础。年轻一代可能更倾向于接受和实践现代文化形式，而对传统文化的兴趣和参与度逐渐减少。这种情况在一些文化传承中表现得尤为明显，如某些传统手工艺、民间艺术和口头传统等。

但是，现代化进程也为非物质文化遗产的活态传承提供了新的可能性。例如，现代技术可以用于记录和保存非物质文化遗产，为其提供一个更广泛的传播平台。互联网和社交媒体的发展使得传统文化能够触及更广泛的受众，甚至在全球范围内传播。此外，现代化也带来了对传统文化的新认识和评价，许多传统文化形式被重新发现和赋予新的意义，成为文化多样性和身份认同的重要来源。

所以，现代化进程中的生态环境变迁对非物质文化遗产的活态传承既是挑战也是机遇。这要求我们在保护和传承非物质文化遗产时，不仅要关注传统文化本身，还要关注它们所处的环境和社会背景的变化。通过对这些变化的理解和适应，我们可以更好地保护和传承这些宝贵的文化遗产，使其在现代社会中继续发挥其独特的价值和作用。

（三）生态环境保护与非物质文化遗产的可持续传承

在当代社会，非物质文化遗产的可持续传承与生态环境保护之间的关系日益受到重视。这种关系不仅体现在两者之间的相互影响，还体现在如何在保护生态环境的同时促进非物质文化遗产的活态传承。在可持续发展的框架下，平衡生态保护和文化传承的需求，以及利用非物质文化遗产促进生态环境的保护，成了一个重要的研究议题。

非物质文化遗产与生态环境之间存在着深刻的内在联系。许多非物质文化遗产，如传统农业技术、渔猎习俗、草药知识等，都是在特定的生态环境中形成和发展起来的。这些文化形式不仅反映了人类对自然环境的适应和利用，也蕴含了丰富的生态智慧和可持续利用自然资源的方法。因此，非物质文化遗产的保护和传承，实际上也是对这些生态智慧和可持续生活方式的保护。在现代化和全球化的进程中，许多传统的生态环境遭受破坏，与之相应的非物质文化遗产也面临消失的风险。例如，由于城市化和工业化，传统的农耕文化和与之相关的节令庆典、民间歌舞等文化形式逐渐衰落。这不仅导致了文化多样性的丧失，也是历史长期积累下来的生态智慧的损失。因此，非物质文化遗产的保护不仅是文化问题，也是生态和环境问题。

在生态环境保护的框架下实现非物质文化遗产的可持续传承，要求我们重新审视传统文化与现代生态环境之间的关系。一方面，需要认识到许多传统文化实践对于生态环境的保护有着积极的作用。例如，传统的土地利用方式往往更加注重生态平衡和资源的可持续利用。在这种情况下，保护和传承这些文化遗产，实际上是在促进生态环境的保护。另一方面，也需要意识到在现代社会条件下，一些传统文化实践可能需要适当的调整和创新，以更好地适应现代生态环境的要求。

非物质文化遗产的保护和传承也可以成为促进公众对生态环境保护重要性认识的有效途径。通过非物质文化遗产，人们可以更直观地理解和体验与自然和谐共生的生活方式，从而增强对生态环境保护的意识和行动。例如，通过节庆活动、工艺展示、传统知识的传授等方式，有效地传播生态保护的理念。

总之，非物质文化遗产的可持续传承与生态环境保护是相辅相成的。在可持续发展的框架下，我们不仅需要保护那些能够促进生态平衡和可持续资源利用的传统文化形式，也需要创新和调整那些在现代生态环境下可能不再适用的传统实践。通过这种方式，非物质文化遗产不仅能够得到有效的保护和传承，也能成为促进生态环境保护的重要力量。

第四节　非物质文化遗产活态传承的法治建设问题

（一）法制建设的现状与挑战

在当今社会，非物质文化遗产的活态传承已成为文化保护和发展的重要议题。法制建设在非遗保护中扮演着关键角色，但其现状和面临的挑战亟须深入分析与探讨。法律框架的建立和完善是非遗保护的基石，然而，在实际操作中，这一体系常常显得力不从心，面临着多方面的挑战。

第一，当前的法律法规在非遗保护方面存在不完善之处。虽然多数国家已经认识到非遗保护的重要性，并据此制定了基本的法律框架，但这些法律往往在具体内容、操作性和适用性方面存在缺陷。例如，一些法律可能只是笼统地声明了非遗的重要性和保护的必要性，却未能提供具体的操作指南或明确的保护措施。此外，法律法规在涵盖非遗保护的多样性和复杂性方面也常常显得不足，特别是在面对快速变化的社会和文化环境时，现有的法律体系往往难以适应新出现的保护需求和挑战。

第二，执法力度的不足也是一个突出问题。即便存在相关法律法规，但在实际执行过程中，执法机构往往缺乏足够的资源和权威，导致法律法规难以得到有效实施。这种情况在资源有限的地区尤为明显，执法机构可能因人手不足、资金匮乏或缺乏专业知识而难以有效执行法律。此外，非遗保护的特殊性要求执法人员不仅要有法律知识，还需对非遗的文化背景有深入了解，这对执法人员的专业培训提出了更高要求。

第三，非遗传承人的法律意识普及程度也是一个不容忽视的问题。非遗的传承和保护很大程度上依赖于传承人和相关社会成员的积极参与。然而，这些群体对法律法规的了解往往有限，特别是在偏远地区，传承人可能对非遗保护的法律框架一无所知。这种缺乏法律意识的现象不仅影响了非遗的有效保护，也使得传承人在面对文化剽窃、非法商业化等问题时处于不利地位。

除此之外，非遗保护法律体系在适应全球化和现代化的挑战方面也面临诸多困难。随着全球化的深入发展，非遗面临着来自不同文化和经济体系的冲击和影响。在这样的背景下，法律体系需要不断更新和调整，以适应这些新出现的挑战。

（二）法律保护与活态传承的矛盾

非物质文化遗产的活态传承与法律保护之间的矛盾，是当前文化遗产保护领域面临的一大挑战。这种矛盾的核心在于：如何在保护非物质文化遗产的原始特性和促进其自然演变与创新之间找到平衡点。法律保护机制在确保非物质文化遗产不受商业化、滥用或失传威胁的同时，也可能无意中限制了这些文化实践的自然发展和适应现代社会的能力。

一方面，法律保护为非物质文化遗产提供了一个必要的保障框架。在全球化和现代化的压力下，许多传统文化实践面临着被边缘化和遗忘的风险。商业化的浪潮可能会导致非物质文化遗产失去其原有的文化意义和价值，变成仅仅为了迎合市场和旅游业的表演。法律保护措施，如版权法、传统知识保护法和特定的非物质文化遗产保护法，旨在防止这种情况的发生，确保非物质文化遗产得以保持其真实性和完整性。

另一方面，法律保护的过度干预也可能带来负面影响。

第一，非物质文化遗产是一种“活态”的文化表达，它不仅是过去的遗产，更是当前和未来社会实践的一部分。这意味着非物质文化遗产需要有一定的空间来适应社会变化和技术发展。过于严格的法律框架可能会限制这种自然的演变过程，阻碍创新和适应性的发展。例如，某些法律可能过于强调保护传统的“原始”形式，而忽视了文化实践随时间演变的必然性和价值。

第二，法律保护措施在实施过程中可能会与区域社群的实际需求和期望不符。非物质文化遗产的传承和保护是一个涉及多方利益的复杂过程，包括传承人、社会成员、政策制定者和学者等。过度的法律干预可能会忽视社会成员的主体性和参与权，导致保护措施与区域社群的实际需求脱节。例如，某些保护措施可能限制了传统艺术形式的商业利用，而这恰恰是许多区域社群维持其文化实践的重要途径。

所以，解决非物质文化遗产活态传承与法律保护之间的矛盾，需要一个更加灵活和动态的法律框架。这样的框架应当既能够保护非物质文化遗产免受不当的商业化和滥用，又能够为其自然演变和创新提供足够的空间。这要求法律制定者、文化遗产保护专家和社会成员之间进行深入的对话和合作，共同探索既能保护非物质文化遗产的真实性和完整性，又能促进其创新和可持续发展的策略。

需要注意的是，法律框架应当更加注重区域社群的参与和赋权。非物质文化遗产的保护和传承应当以区域社群为中心，尊重和利用社会成员的知识、经验和需求。这意味着法律和政策制定过程中应当充分听取区域社群的声音，确保保护措施符合区域社群的实际情况和需求。同时，应当鼓励和支持社会成员参与非物质文化遗产的保护和传承活动，例如通过提供培训、资源和平台，使社会成员能够有效地参与到非物质文化遗产的保护和传承中。

（三）国际性与地方性法律框架的协调

非物质文化遗产的保护是一个复杂而多维的任务，涉及文化、社会、经济和法律等多个层面。在全球化的背景下，非遗保护已经超越了国家边界，成为国际社会共同关注的议题。这一过程中，法律框架的国际与地方协调显得尤为重要。国际法律框架，尤其是联合国教科文组织的相关公约，为非遗保护提供了一系列基本原则和指导方针。这些国际公约不仅强调了非遗的重要性和保护的紧迫性，还提出了保护非遗的基本方法和策略。

但是，非遗的保护并非一个单一的、标准化的过程。由于非遗本身具有鲜明的地域性和文化特色，不同地区和国家的非遗项目在性质、形式和可能面临的威胁方面都有所不同。因此，虽然国际法律框架为非遗保护提供了总体指导，但各地区和国家需要根据自身的文化特点、社会需求和法律环境，制定和实施具体的法律法规。这些法律法规不仅需要与国际公约的原则保持一致，还应考虑到本地的文化传统、社会结构和经济条件，以确保非遗保护措施的有效性和适应性。

具体来说，在制定本地法律法规的过程中，需要综合考虑多种因素。

首先，需要对本地的非遗项目进行全面的调查和评估，了解其独特性、现状以及面临的威胁。在这一过程中，不仅要关注非遗本身，还要考虑非遗与当地区域社群的关系，以及非遗在当地社会和文化中的作用。其次，需要与当地区域社群密切合作，确保法律法规的制定和实施能够得到社会成员的理解、支持和参与。这一点尤为重要，因为非遗的活态传承往往依赖于社会成员的日常实践和传承活动。最后，还要考虑法律法规的可执行性和实际效果，确保其既能有效保护非遗，又不会给当地区域社群带来不必要的负担。

在国际与地方法律框架的协调过程中，还需要关注几个关键的问题。一是如何在保护非遗的同时，尊重和保护当地区域社群的权利和利益。这包括确保社会成员能够参与到非遗保护的决策过程中，以及保护他们的知识产权和文化表达的自由。二是如何处理不同法律框架之间的冲突和矛盾。在某些情况下，国际公约的要求可能与本地法律法规或实际情况不完全一致，需要通过对话和协商，找到平衡各方利益和需求的解决方案。三是如何评估和监测法律法规的实施效果，及时调整和完善相关政策和措施。

第五节 非物质文化遗产活态传承的机制构建问题

（一）机制构建的现实挑战

非物质文化遗产的活态传承在当今社会面临着一系列复杂而多元的挑战，这些挑战不仅从根本上威胁到非物质文化遗产的存续，也显著增加了构建有效传承机制的复杂性和紧迫性。在深入探讨这些挑战的本质和影响时，我们可以从以下几个关键方面进行分析。

第一，传统知识的断层问题是非物质文化遗产活态传承面临的主要挑战之一。随着全球化的加速和现代化的推进，传统知识和技能的传承受到了严重的影响。年轻一代在教育和生活方式上越来越倾向于现代化的知识体系，导致对传统知识和技能的兴趣和理解逐渐减少。这种断层不仅影响了非物质文化遗产的传承，也导致了文化多样性的丧失。传统知识的丢失不仅是文化遗产的损失，更是人类共同记忆和智慧的流失。

第二，传承人数量的减少也是一个严峻的挑战。传承人是非物质文化遗产传承的关键，他们不仅是技艺和知识的承载者，也是文化传播的主要途径。然而，由于现代化进程中的各种因素，如经济发展的需要、生活方式的改变等，许多传统技艺的传承人面临着生计问题，年轻一代对成为传承人的兴趣减少。这导致了传承人的数量急剧下降，进而影响了非物质文化遗产的持续传承。

第三，商业化压力是非物质文化遗产面临的另一个重要挑战。在市场经济的大环境下，非物质文化遗产往往被视为一种可以被开发利用的资源。这种商业化趋势虽然在一定程度上促进了非物质文化遗产的传播，但也带来了诸多问题，如文化的异化、过度商业化导致的文化内涵丢失等。商业化的过程中，非物质文化遗产往往被剥离出其原有的文化和社会背景，变成了简单的商品和娱乐项目，这种情况严重损害了非物质文化遗产的真实性和完整性。

第四，现代生活方式的冲击也是一个不容忽视的挑战。随着科技的发展和生活节奏的加快，传统的生活方式和文化实践正在迅速变化甚至消失。现代媒体和网络技术的普及使得人们接触到更多的文化形式和生活方式，这虽然在一定程度上促进了文化的交流和融合，但也对传统文化造成了冲击。特别是对于一些依赖特定社会结构和生活方式的非物质文化遗产而言，现代生活方式的改变直接影响了它们的传承环境和条件。

面对这些挑战，构建有效的非物质文化遗产活态传承机制显得尤为重要。这需要从政策制定、教育体系、区域社群参与、经济支持等多个层面进行综合考虑和策略部署。例如，政府可以制定相关政策和法规，为非物质文化遗产的保护和传承提供法律保障；教育体系中应加强对传统文化的教育和普及，激发年轻一代对传统文化的兴趣和认同；区域社群的积极参与是非物质文化遗产传承的关键，应鼓励和支持区域社群在非物质文化遗产的保护和传承中发挥主体作用；此外，经济支持对于传承人的生计和非物质文化遗产的活态传承同样重要，应通过各种方式为传承人提供经济上的支持和激励。

（二）关键机制构建领域

在应对非物质文化遗产保护和传承中所面临的挑战时，构建关键机制是至关重要的。这些机制不仅涉及法律与政策框架的建立，还包括教育和培训机制的强化，以及经济激励机制的创新。这些领域的综合发展对于确保非物质文化遗产的有效保护和活态传承具有决定性意义。

第一，法律与政策框架的建立是非物质文化遗产保护的基石。这要求制定和实施一系列明确的法律法规，以提供保护和传承非物质文化遗产的法律依据。这些法律法规不仅需要明确非物质文化遗产的定义和分类，还应包括对传承人和相关区域社群权益的保护，以及对非法侵犯和过度商业化的限制。此外，政策支持也是至关重要的，这包括但不限于财政资助、税收优惠、技术支持和国际合作。这些政策的目的是为非物质文化遗产的保护和传承提供一个支持性的环境，同时促进其与现代社会的融合。

第二，教育和培训机制的强化是非物质文化遗产传承的关键。在学校教育中，应将非物质文化遗产的知识和技能纳入课程体系，通过正规教育传授给年轻一代。这不仅有助于提高学生对本国及其他文化遗产的认识和尊重，还能激发他们对传统文化的兴趣和保护意识。同时，区域社群教育也同样重要。通过工作坊、讲座、展览和实践活动，社会成员可以直接参与到非物质文化遗产的学习和传承中。这种教育方式有助于加强区域社群内部的文化联系，同时也为非物质文化遗产的传承提供了一个更为广泛和多元的平台。

第三，经济激励机制的创新对于鼓励更多人参与和支持非物质文化遗产的传承至关重要。这可以通过多种方式实现，如给那些致力于非物质文化遗产保护的个人和组织提供资金支持，或为从事传统手工艺和表演艺术的艺术家提供补贴。此外，可以通过市场机制促进非物质文化遗产的合理利用，例如通过发展与非物质文化遗产相关的旅游产品和文化商品，既能为传承人和区域社群带来经济收益，又能增加公众对非物质文化遗产的认识和兴趣。然而，这种经济激励应当谨慎进行，以确保不会导致文化遗产的过度商业化或失真。

（三）多元主体的参与与合作

非物质文化遗产的活态传承是一个复杂而多维的过程，涉及众多参与者的协作与互动。在这一过程中，不同的主体各自扮演着特定的角色，共同构成了一个多层次、互动性强的保护与传承网络。

政府机构在非物质文化遗产保护和传承中起着至关重要的作用。政府不仅是制定相关政策和法规的主体，还负责提供必要的财政支持和资源配置。政府的政策制定和实施直接影响非物质文化遗产的保护范围、保护方式以及保护效果。例如，政府可以通过立法保护特定的文化遗产，提供资金支持传承活动，或者设立专门的文化遗产管理机构。此外，政府还可以通过教育体系推广对非物质文化遗产的认识和尊重，培养公众的文化意识和保护意识。

区域社群是非物质文化遗产传承的基础和核心。非物质文化遗产往往根植于特定的区域社群，是社会成员共同的文化记忆和身份象征。社会成员不仅是文化遗产的创造者和传承者，也是保护和发展这些遗产的主要力量。区域社群的参与不仅能确保文化遗产传承的真实性和连续性，还能增强社会成员对自身文化的认同感和自豪感。区域社群内部的老一辈传承人对技艺和知识的传授尤为关键，他们是连接过去与未来，传承文化遗产的桥梁。

非政府组织（NGO）在非物质文化遗产的保护和传承中扮演着补充政府工作的角色。许多 NGO 专注于特定类型的文化遗产或特定地区的文化保护，它们通常更灵活、更接近区域社群，能够更直接地响应区域社群的需求和挑战。NGO 在动员区域社群参与、提高公众意识、开展教育项目、甚至直接参与文化遗产的保护和恢复工作中发挥着重要作用。此外，NGO 还可以作为政府与区域社群之间的桥梁，促进政策的实施和区域社群需求的反馈。

学术机构，包括大学、研究所和博物馆等，是非物质文化遗产研究、教育和传播的重要场所。这些机构通过科学研究揭示文化遗产的历史、文化和社会价值，为政策制定和保护实践提供理论支持和数据依据。学术机构还负责培养非物质文化遗产领域的专业人才，通过教育和培训提高社会对非物质文化遗产重要性的认识。此外，学术机构通过展览、出版和公共讲座等方式，向公众传播非物质文化遗产的知识，提高公众的文化意识。

公众的参与对于非物质文化遗产的活态传承至关重要。公众不仅是文化遗产的观众和受益者，也是传承和保护的参与者。公众对非物质文化遗产的兴趣和参与可以提高文化遗产的社会影响力，为其保护和传承提供社会基础。公众的参与形式多样，可以是参加文化活动、学习传统技艺、支持传统产品，也可以通过社交媒体和其他平台展现非物质文化遗产的价值和魅力。

第六节 非物质文化遗产活态传承的科学保护问题

（一）保护与发展的平衡

科学保护非物质文化遗产是一项复杂而微妙的任务，它要求我们在保护传统的真实性和促进其在现代社会中的发展之间找到一个恰当的平衡点。这种平衡的实现不仅关系到非遗本身的生存和传承，也关系到文化多样性的维护和社会的可持续发展。

在探讨保护与发展的平衡时，我们需要认识到非遗不是一成不变的。它们是随着时间和社会环境的变化而演进的活态文化现象。因此，保护非遗并不意味着将其固化在某个历史时刻，而是要保持其作为一种活生生的文化实践继续存在和发展。这就要求保护措施能够灵活应对时代变迁，支持非遗在保持核心价值和特性的同时，适应新的社会环境和文化需求。保护非遗的过程中也存在着过度商业化和简化的风险。在全球化和市场经济的大背景下，非遗往往被视为一种可以被开发利用的资源。这种趋势虽然在一定程度上增加了非遗的曝光度和影响力，但也可能导致其原有的文化内涵和价值被忽视或扭曲。例如，为了吸引游客和消费者，某些非遗项目可能被过度简化或重新包装，以适应市场需求，这种做法虽然短期内看似有利于非遗的传播和保护，但长期来看却可能削弱非遗的文化深度和真实性，使其失去作为一种文化遗产的意义。

另一方面，非遗的保护也需要防止其被孤立于现代社会，失去活态传承的生命力。非遗是社会文化生活的一部分，它的生命力来源于人们的日常实践和传承。如果非遗被过度保护，与现代社会的联系被切断，那么它可能会变成博物馆里的展品，失去其作为活态文化的活力和意义。因此，非遗保护不应仅仅是对过去的保存，更应是对未来的投资，使非遗能够在现代社会中找到自己的位置，为当代人的生活增添文化深度和多样性。

要实现这种平衡，科学保护非遗应当注重非遗与现代社会的互动和融合。这意味着保护措施需要考虑非遗在现代社会中的功能和意义，支持其在保持传统特性的同时，与现代生活方式、技术和价值观相适应。例如，可以通过教育和公共项目提高公众对非遗的认识和欣赏，鼓励区域社群参与非遗的保护和传承，利用现代技术记录和传播非遗知识，或者探索将非遗元素融入现代设计和艺术创作中。

非遗的保护还需要一个多方参与的框架，包括政府、区域社群、学者、非政府组织和私营部门的合作。这种多方参与不仅可以集合不同资源和知识，形成更有效的保护策略，也能确保保护措施充分考虑到不同利益相关者的需求和观点，从而更好地服务于社会和文化的整体利益。

（二）传承人的角色与培养

在非物质文化遗产的保护与传承过程中，传承人的角色至关重要。他们不仅是文化遗产的守护者，更是活态传承的关键载体。传承人的选拔、培养和激励机制的科学化，是非遗保护工作的核心环节，这不仅涉及对传统知识和技能的保护，更关乎非遗的活态发展和创新。

首先，传承人的选拔过程应当基于对非遗本质的深刻理解和尊重。选拔不仅要考虑技艺的精湛程度，还要评估候选人对文化遗产的理解、对传统价值的尊重以及传承意愿。这一过程应当是开放和包容的，旨在发现那些真正有能力和热情将非遗传承下去的个体。

其次，培养传承人不仅是技能传授的过程，更是文化价值和精神传递的过程。这要求培养机制不仅要注重技艺的教授，更要强调文化内涵的传达和思想的启发。在这一过程中，传统与现代教育方法的结合尤为重要。传统的师徒制可以深入传授技艺和经验，而现代教育方法则可以帮助传承人更好地理解非遗在当代社会的意义，增强其创新和适应现代社会的能力。

对年轻一代传承人的培养尤为关键。年轻传承人是非遗未来的希望，他们的培养不仅要注重技艺的传授，更要引导他们理解非遗的深层文化意义和社会价值。这需要在教育体系中融入非遗内容，让年轻人从小接触和了解非遗，激发他们对传统文化的兴趣和热爱。同时，也要为年轻传承人提供展示自己才华的平台，让他们能够在实践中学习和成长。

在传承人的培养过程中，还需注意非遗的活态性。非遗不是僵化的文化遗产，而是需要不断发展和创新的活态文化。因此，在尊重和保护传统的基础上，鼓励传承人进行适度的创新，使非遗能够适应时代的变迁，更好地融入现代社会，增强其生命力和影响力。

最后，激励机制的建立对于保证传承人的积极性和持续性至关重要。这不仅包括物质激励，如经济补贴、生活保障等，也包括精神激励，如社会认可、荣誉称号等。物质激励可以解决传承人在生活和创作过程中的基本需求，而精神激励则能提升他们的社会地位和自我价值感，从而增强其传承非遗的动力和责任感。

（三）财政支持、政策支持与法律保障

政策支持与法律保障是非物质文化遗产科学保护的基石，它们为非遗的保护、传承和发展提供了必要的制度框架和资源保障。在全球化和现代化的背景下，非遗面临着前所未有的挑战和机遇，因此，政府的政策支持和法律保障显得尤为重要。

首先，政府的财政支持是实施保护政策和法律的前提。这包括为非遗保护提供必要的资金支持，如设立非遗保护基金、提供非遗项目的资助、支持非遗传承人的生活和创作、改善非遗保护的基础设施等。同时，政府还应通过税收优惠、技术支持、培训提升等政策措施，激励和引导社会力量参与非遗保护，形成政府主导、社会参与的非遗保护格局。

其次，政策支持体现在政府对非遗保护的重视和承诺。这不仅是口头声明，更是实际行动和具体政策的制定和实施。政府可以通过制定专门的非遗保护规划和政策，明确非遗保护的目标、原则、策略和措施，为非遗保护提供指导和依据。这些政策不仅需要关注非遗本身的保护，还应关注非遗传承人的权益保护、非遗传承活动的支持、非遗与社会经济发展的协调等多个方面。

最后，法律保障则是通过立法手段确立非遗保护的法律地位和法律责任。这包括制定专门的非遗保护法律，如《中国人民共和国非物质文化遗产法》，以及在其他相关法律中增加非遗保护的条款。这些法律法规应明确非遗的定义、分类、登记、保护、管理、利用等关键问题，规定政府的责任、社会组织的角色、公民的权利和义务，以及违反法律的法律后果。法律保障为非遗保护提供了强制力，是确保非遗保护得以实施的关键。

政府的政策支持和法律保障还应具有前瞻性和适应性。随着社会经济的发展和文化环境的变化，非遗保护面临的问题和任务也在不断变化。因此，政府的政策和法律不应是一成不变的，而应根据实际情况的变化进行及时调整和完善。这需要政府加强对非遗保护的研究和监测，及时掌握非遗保护的新情况、新问题，借鉴国内外的成功经验和教训，不断提高非遗保护的科学性和有效性。

政府的政策支持和法律保障还应具有全面性和协调性。非遗保护不是一个孤立的领域，而是与经济发展、社会稳定、文化传承、环境保护等多个领域密切相关。因此，政府的政策和法律不应仅仅局限于文化部门，而应涉及教育、旅游、商业、城乡规划、民族事务、外交等多个部门，形成一个跨部门、跨领域的非遗保护政策体系。同时，政府的政策和法律还应与国际的非遗保护标准和趋势相衔接，参与国际非遗保护的合作和交流，提升非遗保护的国际影响力和水平。

第三章　非物质文化遗产活态传承的保护策略

在探讨非物质文化遗产的保护策略之前，我们必须先认识到非物质文化遗产的独特性和脆弱性。非物质文化遗产不仅是历史的见证，还是活生生的文化实践，是人类智慧和创造力的结晶。它的传承和保护不仅关乎文化多样性的维护，更是对人类共同记忆的尊重和保存。然而，非物质文化遗产面临着众多挑战，包括现代化进程中的文化同质化、传承人老龄化，以及市场经济对传统文化的冲击等。这些挑战使得非物质文化遗产的保护显得尤为迫切和复杂。本章将深入探讨非物质文化遗产的几种保护策略。我们将从抢救性保护的紧迫性出发，探讨如何在保持其活态传承的同时，有效地保护和传播这些宝贵的文化遗产。我们还将讨论生产性保护的重要性与可行性，以及如何在文化生态建设中实现非物质文化遗产的整体性保护。通过这些讨论，我们希望为非物质文化遗产的保护提供实用的策略和方法，同时也为未来的研究和实践提供新的视角和思考。

第一节　非物质文化遗产的抢救性保护策略

（一）抢救性保护的实践挑战

抢救性保护作为非物质文化遗产保护的一种重要方式，其核心在于对那些面临消失风险的文化形式进行紧急干预。然而，这一过程却充满了复杂性和挑战性。在实施抢救性保护的过程中，首要的挑战是如何准确地识别出那些处于风险之中的非物质文化遗产。这不仅需要对文化遗产本身有深入的了解，还需要对其所处的社会、历史和文化背景有全面的认识。识别风险的过程涉及对文化遗产现状的细致观察，包括其传承人数的减少、传承方式的改变，以及社会环境对其存续的影响等。这一过程需要跨学科的合作，包括人类学、社会学、历史学等多个领域的专家共同参与。

在准确识别风险之后，抢救性保护的另一大挑战是如何在保护与发展之间找到平衡点。一方面，保护工作需要确保文化遗产的原生态和真实性不受破坏；另一方面，为了适应现代社会的变化，某些适度的发展和创新又是必要的。这种平衡的寻求是一个复杂的过程，需要充分考虑文化遗产的特性、社会的需求以及社会环境的变化。例如，在某些情况下，为了保护某种传统手工艺，可能需要引入新的材料或技术，但这又不能破坏其传统的核心价值和意义。

社会的广泛参与和保护者的文化敏感性也是实施抢救性保护时面临的重要挑战。非物质文化遗产的保护不仅是专家的任务，更是整个社会的共同责任。社会的参与对于保护工作的成功至关重要，因为社会成员是这些文化遗产的直接传承人和实践者。他们对文化遗产的深刻理解和情感联系是任何外部干预所无法替代的。因此，保护工作需要充分尊重和利用社会的知识、经验和需求，确保保护措施能够得到社会成员的广泛接受和积极参与。同时，文化敏感性也是实施抢救性保护时不可忽视的要素。这要求保护者对不同文化的特性和价值观持开放和尊重的态度，避免将外部的价值观和标准强加于待保护的文化之上。

资源的有限性和保护行动的紧迫性是实践中的另一大挑战。非物质文化遗产的抢救性保护往往需要大量的人力、物力和财力投入，而这些资源在许多情况下是有限的。如何在有限的资源条件下制定出最有效的保护策略，是保护工作的关键。同时，由于许多文化形式面临着消失的风险，保护行动的开展迫在眉睫，常常需要迅速展开。这就要求保护者能够快速做出决策，同时保证决策的科学性和合理性。在紧迫的时间压力下，如何平衡速度和质量，确保保护措施既迅速又有效，是一个极具挑战性的问题。

（二）抢救性保护的方法论

抢救性保护作为非物质文化遗产保护的一种重要方式，其核心在于对那些面临严重消失风险的文化遗产进行及时和有效的干预。在这一过程中，综合性的文化遗产调查、深入的风险评估以及制定具有针对性的保护计划成为实施抢救性保护的关键步骤。这些步骤不仅要求相关人员对文化遗产本身有深刻的理解，还需要对其所处的社会、文化和自然环境有全面的认识。

全面的文化遗产调查是抢救性保护的基础。这一调查不仅包括对文化遗产的形式、内容和表达方式的记录，还涉及对其历史背景、传承过程、社会功能以及在当代社会中的地位和作用的深入分析。此外，文化遗产调查还应关注其传承人群的特点，包括他们的社会结构、文化习俗和生活方式。这种全方位的调查能够为后续的风险评估和保护计划提供坚实的数据支撑。

深入的风险评估是确定保护优先级和策略的关键。风险评估需要识别和分析那些对文化遗产存续构成威胁的各种因素，这些因素可能包括社会经济变迁、自然环境变化、政策法规调整、文化观念转变等。通过评估这些风险因素对文化遗产可能产生的影响，可以确定哪些文化遗产最为脆弱，急需采取保护措施。此外，风险评估还应考虑文化遗产的传承人和社会的态度和意愿，因为他们是文化遗产传承的主体，他们的参与和支持对抢救性保护的成功至关重要。

制定针对性的保护计划是抢救性保护的核心。保护计划应基于前两步的调查和评估结果，设计出既能有效应对风险，又能尊重文化遗产原有特性和传承人需求的保护策略。这些策略可能包括但不限于：记录和文档化、传承人的培训和支持、公众教育和意识提升、法律和政策的支持等。在制定保护计划时，还需要考虑社会和文化环境的变化，确保保护措施具有足够的灵活性和适应性，能够应对未来可能出现的新挑战。

社会的广泛参与是抢救性保护成功的关键。社会成员不仅是文化遗产的传承人，也是保护工作的重要参与者。他们对文化遗产的深刻理解和实际需求是制定有效保护计划的重要依据。因此，在整个抢救性保护过程中，应充分利用社会的知识、技能和资源，鼓励他们积极参与保护活动。同时，保护计划应反映出文化遗产的真实价值和社会的需求，确保保护活动既能保持文化遗产的真实性和完整性，又能促进社会经济的可持续发展。

（三）抢救性保护的未来方向

可持续性在非物质文化遗产的抢救性保护中扮演着至关重要的角色。这不仅意味着保护措施应当考虑环境、社会和经济因素的长期影响，还意味着需要确保文化遗产的传承方式能够适应不断变化的社会环境，同时保持其文化核心的稳定。在这个过程中，社会的参与尤为重要。社会成员不仅是文化遗产的传承者，也是保护活动的受益者。因此，保护策略应当鼓励和支持社会成员的积极参与，确保保护活动能够满足他们的需求，并与他们的生活方式相协调。

创新是实现非物质文化遗产可持续保护的另一个关键因素。在数字时代，新技术的应用为文化遗产的记录和传播提供了前所未有的机会。数字化技术，如三维扫描、虚拟现实（VR）和增强现实（AR），不仅能够以高保真度记录文化遗产，还能够帮助人们以全新的方式体验这些文化。例如，通过 VR 技术，人们可以跨越地理和时间的限制，亲身体验不同文化的传统仪式和节庆活动。此外，社交媒体和在线平台的发展也为文化遗产的传播提供了新的途径。通过这些平台，文化遗产可以触及更广泛的受众，增强公众对其价值的认识和保护的支持。

国际合作与交流在非物质文化遗产保护中同样占据重要地位。在全球化的背景下，文化遗产越来越多地成为跨国界的共享资源。国际合作不仅可以促进不同国家和地区间的文化理解和尊重，还可以为文化遗产的保护提供技术和资金支持。通过国际组织和跨国项目的合作，可以分享保护经验，协调保护策略，从而更有效地应对全球化带来的挑战。

将非物质文化遗产融入现代生活是实现其活态传承的另一个重要方向。这要求我们不仅要保护文化遗产的传统形式，还要探索其在当代社会中的新应用。例如，传统手工艺可以与现代设计相结合，创造出既具有传统特色又符合现代审美的产品。传统音乐和舞蹈可以与现代艺术形式相融合，创造出新的艺术表现形式。通过这种方式，非物质文化遗产不仅能够得到保护，还能够在新的社会和文化环境中焕发新生。

第二节 非物质文化遗产的生产性保护策略

（一）生产性保护的重要性分析

在非物质文化遗产的保护与传承领域，生产性保护作为一种创新的理念，正逐渐受到国际社会的广泛关注。这种保护方式的核心思想在于，将传统文化元素与现代生产活动相结合，使其在当代社会中发挥实际的功能和作用。生产性保护不仅是对非物质文化遗产形式和内容的保护，更是对其内涵和精神的传承与发展。

非物质文化遗产的生产性保护，是对传统保护方式的重要补充和发展。传统的保护方式往往侧重于对非物质文化遗产的记录、保存和展示，这虽然在一定程度上保留了文化遗产的物理形态和表现形式，但往往忽视了其生产性和实用性。生产性保护则是在保护的基础上，更加注重非物质文化遗产在现代社会中的应用和发展，使其不仅仅成为历史的见证，更是活生生的社会实践。

这种保护方式的重要性在于，它能够有效地将非物质文化遗产融入现代社会生活，增强其社会功能和实用价值。通过生产性保护，非物质文化遗产不再是封存于博物馆或书本中的历史遗迹，而是转化为具有生命力的文化实践，成为人们日常生活的一部分。例如，传统的手工艺技能可以通过创新设计，融入现代产品的生产中，既保留了传统技艺的精髓，又满足了现代消费者的审美和实用需求。

生产性保护还能够促进非物质文化遗产的创新和发展。在传统文化与现代生活的交融中，非物质文化遗产有机会与新技术、新材料、新理念相结合，产生新的文化形式和表达方式。这种创新不仅丰富了非物质文化遗产的内涵，也使其更加适应现代社会的发展需求。

生产性保护还具有重要的经济价值。通过将非物质文化遗产融入现代生产活动，可以开辟新的经济增长点，为相关产业提供新的发展机遇。例如，传统的民间艺术可以通过与现代设计的结合，开发出新的产品线，吸引更多的消费者，从而为传统艺术家和手工艺人提供更多的就业和创收机会。

同时，生产性保护对于促进文化多样性和文化交流也具有重要意义。在全球化的背景下，不同文化之间的交流和融合日益加深，生产性保护可以作为一种有效的途径，促进不同文化之间的相互理解和尊重。通过将非物质文化遗产的元素融入全球化的生产和交流中，可以增强不同文化的可见性和影响力，促进文化多样性的保护。

（二）生产性保护的可行性分析

生产性保护作为非物质文化遗产保护的一种方式，其核心在于将传统文化与现代生产力相结合，实现文化遗产的活态传承和经济价值的提升。这种保护方式的可行性，源自非物质文化遗产本身的特性，以及现代社会和技术的发展趋势。

非物质文化遗产，如传统手工艺、民间音乐和舞蹈，通常具有显著的适应性和可塑性。这些文化形式在长期的发展过程中，已经展现出了在不同社会、经济背景下的兼容性。例如，传统手工艺不仅仅是历史的遗产，它们也能够根据现代市场的需求进行创新，如将传统图案和技艺应用于现代时尚和家居设计中。这种创新不仅保留了传统技艺的核心元素，同时也使其更加符合现代消费者的审美和实用需求。

全球化和信息技术的发展为非物质文化遗产的传播和推广提供了新的机遇。互联网和社交媒体平台使得文化遗产能够跨越地理和文化界限，被全球范围内的人们所了解和欣赏。这种广泛的传播不仅增加了非物质文化遗产的曝光度，也为其创造了新的市场机会。例如，通过在线平台，传统工艺品可以直接销售给全球消费者，而不仅限于本地或旅游市场。

公众对传统文化的兴趣和尊重在不断增长。这一趋势反映在消费者对具有文化意义和故事的产品的偏好上。人们越来越倾向于购买那些能够体现文化身份和传统价值的商品，这为非物质文化遗产的市场化提供了良好的土壤。例如，手工制作的传统服饰和饰品因其独特性和文化寓意而受到追捧，这不仅促进了相关产品的销售，也有助于传统技艺的传承。

（三）生产性保护的关键点

1. 传承与创新的平衡

在非物质文化遗产的生产性保护中，坚持传承与创新的平衡是一项至关重要的任务。这种平衡的核心是在保护与发展、传统与现代之间找到一个恰当的结合点。这不仅要求我们深刻理解和尊重非物质文化遗产的原有特性，同时也要积极探索其在当代社会中的新用途和表现形式。这一过程涉及对传统知识和技能的深入理解，以及对现代社会需求和审美趋势的敏感把握。

在非物质文化遗产的传承中，保持其原有特性是基础。这意味着在任何创新活动中，都必须首先确保对传统文化的深刻理解和尊重。这包括对其历史背景、文化意义、传统技艺和表达方式的全面认识。例如，传统手工艺不仅仅是一种技能，它还承载着特定文化的历史、信仰和价值观。因此，任何创新尝试都应该在不破坏这些核心元素的前提下进行。

探索非物质文化遗产在现代社会中的新用途和表现形式是实现其生产性保护的关键。这要求我们不仅要理解传统文化，还要对现代社会的需求和审美有充分的认识。现代社会的快速变化带来了新的生活方式、审美标准和消费需求，这为非物质文化遗产的创新提供了广阔的空间。例如，传统手工艺品可以通过与现代设计理念的结合，转化为既具有传统特色又符合现代审美的产品。这不仅有助于传统技艺的传承，还能增强其市场竞争力，从而实现可持续发展。

在这一过程中，创新不应被视为对传统的替代或破坏，而应被视为一种与传统相互融合、相互促进的过程。创新可以是对传统材料、技术或形式的新诠释，也可以是将传统元素融入现代产品和服务中。例如，传统织物的图案可以被用于现代服装设计，或者传统的食品制作技艺可以被用于开发新的美食产品。这种融合不仅保留了传统的精髓，还赋予了它新的生命力和市场价值。

实现传承与创新的平衡还需要建立一个支持性的环境。这包括政策支持、市场机制的建立和公众意识的提高。政府和相关机构可以通过制定有利于非物质文化遗产保护和发展的政策，提供资金支持，以及建立相关的教育和培训项目来支持这一过程。市场机制的建立，如公平贸易和品牌建设，可以帮助传统艺人获得公正的报酬，增强其维持和发展传统技艺的动力。同时，提高公众对非物质文化遗产价值的认识也是至关重要的。这可以通过教育、展览、媒体宣传等方式实现，让更多人了解和欣赏这些传统文化，从而为其创新和发展创造更广阔的社会基础。

2. 市场机制的引入与调控

市场机制的引入首先体现在非遗项目的经济价值提升上。通过市场化运作，非遗项目可以转化为具体的产品或服务，从而在市场上获得经济回报。这种转化不仅为传承人和相关区域带来经济利益，还能增加非遗项目的曝光度，使更多人了解和欣赏这些文化遗产。例如，传统手工艺品的市场化，不仅能为工匠带来收入，还能让这些技艺在现代社会中找到新的生存空间。

市场机制的引入必须谨慎进行，以确保非遗的文化价值不被破坏。过度商业化的风险在于，市场需求可能导致非遗项目的本质和内涵被改变，以适应市场的口味。例如，为了迎合市场的审美或消费习惯，一些传统工艺可能会改变其原有的制作工艺或设计，从而失去其文化的真实性和历史意义。因此，市场机制的引入需要在保护非遗项目的文化本质和促进其经济价值之间找到平衡点。

市场机制的引入还应考虑非遗项目的社会影响力。非遗项目的市场化不仅是经济活动，也是文化传播和社会教育的机会。通过市场机制，非遗项目可以更广泛地传播到社会各个层面，增强公众对非遗价值的认识和尊重。例如，通过文化旅游或文化体验活动，非遗项目可以吸引更多人的关注，提高公众对传统文化的认识和兴趣。

市场机制的调控是确保非遗保护成功的关键。这需要政府、市场和区域社群三方的共同努力。政府在这一过程中扮演着重要的角色，需要制定相应的政策和法规，以指导和监管非遗项目的市场化过程。这些政策和法规应旨在保护非遗项目的文化价值，防止其被过度商业化。同时，政府还可以通过补贴、税收优惠等手段，鼓励和支持非遗项目的合理市场化。

市场和区域社群也需要在非遗保护中发挥作用。市场机构，如企业和商业组织，应负责开发和推广非遗项目，同时尊重其文化价值和传统。区域社群和传承人则是非遗保护的核心，他们不仅是文化遗产的守护者，也是其传播者。他们需要积极参与非遗项目的市场化过程，确保其文化本质得到保护和传承。

3. 区域社群参与和利益共享

区域社群参与和利益共享在非物质文化遗产的生产性保护中扮演着至关重要的角色。

区域社群不仅是非遗传承的发源地，也是其生命力的源泉。在非遗的保护和发展过程中，社群居民的积极参与是实现文化遗产可持续发展的关键。社群居民对非遗的认同感是非遗传承的基石。当地社群对其文化遗产的认同感和归属感，是非遗保护工作能否成功的决定性因素。这种认同感来源于对文化遗产的深刻理解和情感联系，这种联系往往根植于共同的历史、语言和生活经验。因此，鼓励社群居民参与非遗的保护和传承活动，不仅有助于保护文化遗产，更能加深他们对本土文化的理解和尊重。

区域社群参与的另一个重要方面是利益共享。非遗的保护和传承不应仅仅被视为文化活动，它还应该为社群居民带来实际的经济和社会利益。这种利益共享可以通过多种方式实现，例如，通过将非遗项目与旅游、手工艺品销售、文化节庆活动等相结合，为社群居民创造收入来源。这样不仅能提高社群居民对非遗保护的积极性，还能促进当地经济的发展。

实现区域社群参与和利益共享的过程中，以下几点非常重要。

第一，需要确保社群居民在非遗保护和发展过程中的声音被充分听取和尊重。这意味着在制定保护策略和实施项目时，必须考虑区域社群的需求和意愿。

第二，利益共享机制的建立需要公平和透明，确保所有成员都能从非遗保护和发展中受益，避免利益集中在少数人手中，导致区域社群内部的不平等和矛盾。

第三，需要政府、非政府组织、学术机构等的合作。这些不同的利益相关者可以提供资金支持、专业知识、市场渠道等资源，帮助区域社群有效地保护和传承非遗文化。通过这种多方合作，可以建立一个支持性的环境，使非遗的生产性保护成为可能。

区域社群参与还应包括对非遗传承人的支持和培养。传承人是非遗文化的活生生的载体，他们的技艺和知识是非遗文化得以延续的关键。因此，支持和培养传承人，不仅是对个人的尊重和肯定，也是对整个区域社群文化遗产的保护。这包括提供技术培训、资金支持、市场推广等多方面的帮助，使他们能够在现代社会中继续发展和传承自己的文化。

（四）生产性保护的实践案例

生产性保护作为非物质文化遗产保护的一种方式，其核心在于将传统文化与现代生产力相结合，旨在实现传统文化遗产的活态传承和经济可持续性。在全球范围内，生产性保护的实践案例展示了这一理念的多样性和有效性。

以传统织布技艺为例，这种技艺在许多文化中都有悠久的历史，是当地文化身份和技术智慧的重要体现。在现代社会，这些技艺面临着由工业化生产方式和变化的消费模式带来的挑战。然而，通过将传统织布技艺与现代设计理念相结合，一些地区成功地开发出了新的产品线。这种结合不仅保留了传统技艺的核心元素，如使用传统图案和手工技术，同时也融入了现代设计的新颖性和实用性，从而满足了现代消费者对于美观、实用和文化内涵的需求。这种创新不仅为传统技艺带来了新的生命力，也为当地经济带来了新的增长点。例如，一些地区的传统织物因其独特的文化价值和艺术美感，在国际市场上获得了认可，成为高端时尚产品的一部分。

再如，传统节日和仪式的生产性保护体现在其与旅游业的结合上。许多传统节日和仪式具有深厚的文化内涵和独特的视觉吸引力，是展示当地文化特色和历史传统的重要方式。通过与旅游业的结合，这些文化活动不仅得以保留和传承，还成为吸引国内外游客的重要元素。例如，一些地区的传统节日通过组织特色活动、展示传统艺术表演、提供地方特色美食等方式，成为旅游的亮点，吸引了大量游客。这不仅为当地区域社群带来了显著的经济效益，还增强了当地居民对自身文化遗产的自豪感和保护意识。

生产性保护在实践中也面临着挑战。一方面，需要确保在追求经济效益的过程中不会损害文化遗产的真实性和完整性。例如，在传统织布技艺的现代化过程中，必须注意保持传统技艺的核心特征，避免过度商业化导致文化内涵的流失。另一方面，需要平衡好旅游业发展与文化遗产保护之间的关系，避免过度商业化和旅游化，导致文化遗产的异化和环境的破坏。

第三节　非物质文化遗产的整体性保护策略

（一）非物质文化遗产的生态环境

非物质文化遗产的生存和发展，作为一种文化现象，深刻地植根于其所处的生态环境之中。这种生态环境不仅仅是自然的或物理的，更是一个包含社会结构、经济条件、自然环境和文化政策等多个方面的复合体。在这个复合体中，各个要素相互作用，共同塑造着非物质文化遗产的生存状态和发展趋势。

社会结构对非物质文化遗产具有深远的影响。社会的组织方式、价值观念、传统习俗和社会阶层构成等因素，直接决定了非物质文化遗产的传承方式和传承群体。例如，一个重视长辈和传统的社会结构，可能更有利于口头传统和习俗的保持和传播；相反，一个过度强调现代化和个人主义的社会结构可能会对传统文化的传承构成挑战。因此，社会结构的稳定性和对传统的尊重程度，是非物质文化遗产得以持续传承的关键因素。

经济条件也是影响非物质文化遗产生态环境的重要因素。经济的发展水平、资源分配的公平性，以及经济活动的类型，都会对非物质文化遗产的保护和发展产生影响。经济繁荣可以为非物质文化遗产的保护提供资金支持，但同时可能带来商业化和市场化的压力，导致文化的同质化和失真。因此，经济发展的方式和方向需要与文化遗产保护的需求相协调，以确保非物质文化遗产在经济发展中得到合理的利用和有效的保护。

自然环境对非物质文化遗产的影响同样不容忽视。许多非物质文化遗产，如民间歌舞、传统节庆、习俗等，都与特定的自然环境密切相关。自然环境的变化，如气候变化、环境污染、生态系统的破坏等，都可能对这些文化遗产构成威胁。例如，某些依赖特定自然景观或物种的传统节庆，可能因为环境的变化而难以继续。因此，保护自然环境的稳定性和多样性，是保护非物质文化遗产的重要前提。

文化政策的制定和实施，是非物质文化遗产生态环境中的另一个关键要素。政府和相关机构的文化政策，如非物质文化遗产的识别、记录、保护和传承政策，直接影响着文化遗产的保护效果。有效的文化政策应当能够识别和保护文化多样性，支持传统文化的传承，同时也要适应社会变迁和文化发展的需要。此外，文化政策还应该与教育、旅游、经济等其他政策相协调，形成一个全面支持文化遗产保护和发展的政策体系。

（二）整体性保护的实践策略

整体性保护的实践策略是非物质文化遗产保护工作的核心，旨在通过全面的方法来维持和弘扬非遗的内在价值和意义。这种策略认识到非物质文化遗产不仅仅是一种物质形态的展现，而是一个包含深厚文化价值、传统知识、社会实践和精神表达的复杂系统。因此，整体性保护的实践策略强调在保护过程中必须全面考虑文化遗产的各个方面，包括其创造、实践、传承和发展的各个环节。

在实施整体性保护策略时，区域社群参与被视为基石。区域社群不仅是非物质文化遗产的承载者，也是其生生不息的源泉。因此，保护工作需要确保社会成员能够积极参与遗产的识别、保护和传承。这包括鼓励和支持区域社群内部的教育和培训活动，使传统知识和技能得以在区域社群内部代代相传。同时，区域社群参与还意味着要尊重和支持区域社群内部的决策过程，确保保护措施能够反映和满足社会成员的需求和愿望。

保护传承环境是整体性保护策略的另一个重要方面。非物质文化遗产的传承和实践往往与特定的自然和文化环境密切相关。例如，某些传统节庆活动可能与特定的地理标志或自然周期有关，某些工艺技能的传承可能依赖于特定的自然资源。因此，保护非物质文化遗产的同时，也需要关注和保护这些相关的自然和文化环境。这不仅有助于保持非物质文化遗产的真实性和完整性，也有助于维护生态平衡和促进可持续发展。

促进文化多样性是实现整体性保护的另一关键。非物质文化遗产的丰富多样性是人类文化宝库的重要组成部分。每一种文化形式都是人类智慧的结晶，都有其独特的价值和意义。因此，保护工作不仅是数量上的保护，更是质量和多样性的保护。这意味着要认识不同文化遗产之间的平等性，避免对某些文化形式的偏见或忽视。同时，也意味着要关注和保护那些可能处于边缘化或忽视状态的文化形式，确保文化多样性得以真正实现。

整体性保护还涉及对非物质文化遗产内在价值的认识和尊重。非物质文化遗产不仅是一种文化表达形式，更是社会成员身份和文化认同的重要组成部分。它们承载着区域社群的历史记忆、价值观念和世界观。因此，保护工作需要深入理解这些文化遗产的内在价值和意义，而不是仅仅从外在的物质形态或商业价值来考虑。这要求保护者具有深厚的文化敏感性和理解力，能够从社会成员的视角理解和评价这些文化遗产。

整体性保护的实践策略还需要考虑非物质文化遗产的动态性。非物质文化遗产不是静止不变的，它们在不断地发展和变化中保持着活力。因此，保护工作不应该是将非物质文化遗产固定在某个特定的状态，而是应该支持和促进其健康、有序的发展。这包括鼓励创新和适应，同时确保这些变化不会损害文化遗产的真实性和完整性。

（三）区域社群参与和文化自主性

区域社群参与和文化自主性在非物质文化遗产的整体性保护中扮演着至关重要的角色。在这一过程中，社群成员的双重身份——既是文化遗产的保护者，也是传承者——尤为关键。区域社群的参与不仅是一种保护行为，更是一种积极的文化自我认同和传承的过程。这种参与方式强调了社群成员在保护和传承非物质文化遗产中的主体地位，体现了对区域社群文化自主性的尊重和强化。

社群成员对本地文化遗产的深刻理解和亲身体验使他们成为保护这些遗产的最佳人选。他们不仅继承了丰富的传统知识和技能，而且对当地文化有着深厚的情感联系。这种情感联系和文化认同是推动文化遗产保护的强大动力。社群成员的参与确保了文化传承活动的真实性和连续性，使非物质文化遗产得以在原生区域社群中得到有效的保护和传承。

那么，强化区域社群的文化自主性就意味着要赋予社群成员在保护过程中的决策权和主导权。这种自主性不仅体现在保护活动的规划和实施中，还体现在对文化遗产的解释和表达上。社群成员应有权决定哪些部分的文化遗产需要被保护，如何进行保护，以及如何向外界展示他们的文化。这种自主性的强化有助于保护文化遗产的多样性和独特性，避免了外来观点和价值观的强加。

因此，区域社群参与的自主性强化需要依靠有效的机制和平台。这包括但不限于建立区域社群文化委员会、组织文化活动、提供培训和教育项目等。通过这些机制，社群成员可以更好地组织和协调保护活动，传承技能和知识，以及促进文化的创新和发展。此外，这些平台也为社群成员提供了与外界交流和合作的机会，从而增强了他们的能力和信心，促进了文化遗产更广泛的传播和认可。

其中，区域社群参与还需要考虑和解决区域社群内部的不同利益和观点。在多元化的区域社群中，不同群体可能对同一文化遗产有不同的理解和态度。因此，保护过程中需要充分沟通和协商，以确保各方的利益和需求得到平衡和尊重。这种包容性的对话和协商过程有助于加强区域社群内部的团结，促进对文化遗产的共同认识和保护。

区域社群参与的另一个重要方面是对年轻一代的培养和教育。年轻人是文化遗产未来的传承者，他们的参与对文化遗产的长期生存至关重要。因此，需要通过教育和培训，激发年轻人对本地文化遗产的兴趣和热情，传授他们相关的知识和技能。同时，也应鼓励年轻人将传统文化与现代生活相结合，创新和发展传统文化，使其更加符合当代社会的需求。

第四节　非物质文化遗产的综合性保护策略

（一）综合性保护策略的构建

在非物质文化遗产的保护领域，构建一个多元化和综合性的保护策略是实现有效保护和传承的关键。这种策略的核心在于它的全面性，涉及法律、政策、教育、区域社群参与等多个层面，形成一个相互支持的保护网络，确保非物质文化遗产得到全方位的保护和传承。

法律层面的保护是综合性保护策略的基石。通过立法，可以为非物质文化遗产的保护提供明确的法律框架和保障。这包括制定专门的非物质文化遗产保护法律，明确保护范围、责任主体、保护措施以及违法行为的法律后果。此外，法律还应涵盖对传承人的权益保护，确保他们的知识、技能和表达方式得到尊重和保护。通过法律的制定和实施，非物质文化遗产保护不仅成为政府的责任，也成为社会公众的共同责任。

政策层面的介入为非物质文化遗产的保护提供了战略指导和实施路径。政策制定应考虑非物质文化遗产的多样性和复杂性，制定具体、可行的保护措施。这些措施可能包括财政支持、税收优惠、技术援助等，旨在为非物质文化遗产的保护和传承提供必要的资源和支持。同时，政策还应鼓励跨部门合作，如文化、教育、旅游等部门的协同工作，以实现资源共享和保护效果的最大化。

教育层面的参与对提升公众的认知和保护意识至关重要。将非物质文化遗产的内容纳入教育体系，不仅可以在学生中培养对传统文化的尊重和理解，还可以激发他们对文化遗产保护的兴趣和责任感。此外，教育还应包括对传承人的培训和支持，确保他们的技能和知识得到传承和发展。通过教育，非物质文化遗产可以更深入地融入社会文化生活，成为人们日常生活的一部分。

区域社群参与是综合性保护策略中不可或缺的一环。非物质文化遗产的活态传承往往与特定区域社群紧密相关，因此社群成员的参与对于保护工作的成功至关重要。区域社群参与可以通过多种形式实现，如管理非遗项目、参与决策过程、组织相关文化活动等。通过鼓励和支持区域社群参与，可以确保保护措施更加贴近非物质文化遗产的实际需要，同时增强社群成员对保护工作的归属感和责任感。

综合性保护策略的构建还需要考虑国际合作和交流。在全球化背景下，非物质文化遗产的保护不仅是国内的任务，也是国际社会的共同责任。通过国际合作，相关人员可以交流保护经验，共享保护资源，潜移默化地促进不同文化之间的理解和尊重。国际合作还可以为非物质文化遗产的保护提供更广阔的视野和更多样的解决方案，以应对全球化带来的挑战。

（二）区域社群参与和文化自觉性

区域社群参与和文化自觉性在非物质文化遗产的保护和传承中扮演着至关重要的角色。区域社群不仅是非物质文化遗产的发源地，也是其生存和发展的基础。在这个基础上，增强社群成员对本地非物质文化遗产的认识和参与成为保护工作的核心。这种参与不是被动地接受，而是一种主动的、自觉的文化行动，它涉及对文化遗产价值的认识、对传统的尊重以及对未来传承的责任感。

社群成员对本地非物质文化遗产的认识是文化保护的起点。这种认识不仅包括对非物质文化遗产历史和形式的了解，更重要的是对其文化意义和价值的深刻理解。这种深刻的理解能够激发社群成员对文化遗产的自豪感和归属感，从而促进他们的积极参与。然而，这种认识的增强并非一蹴而就，它需要通过教育、交流和体验等多种方式逐步建立。

组织文化活动是增强社群成员文化认识的有效途径。节日庆典、工艺展示、传统表演等不仅可以展示非物质文化遗产的独特魅力，还能提供一个让社群成员亲身参与和体验的平台。这些活动不仅能够增强区域社群内部的文化认同感，还能吸引外部游客的关注，从而提高非物质文化遗产的社会地位和影响力。此外，这些活动还能为社群成员提供展示自己才能和技艺的机会，进一步激发他们参与文化传承的热情。

建立文化中心或博物馆是另一种促进区域社群参与和文化自觉的有效方式。这些文化设施不仅是展示非物质文化遗产的场所，更是教育和交流的中心。通过展览、讲座、工作坊等形式，文化中心能够为社群成员提供深入了解本地文化遗产的机会。同时，它们也可以成为区域社群文化活动的组织者，促进区域社群内外的文化交流和合作。通过这些活动，社群成员不仅能够增强对本地文化遗产的认识，还能学习保护和传承这些遗产的技能和知识。

然而，要实现区域社群参与和文化自觉，还需要解决一些挑战和障碍。例如，现代生活节奏的加快和文化全球化的影响可能会削弱区域社群对传统文化的兴趣和参与。此外，资源的有限性也可能限制文化活动的组织和文化设施的建立。因此，政府和非政府组织在这一过程中扮演着重要的角色。他们不仅可以提供必要的资金支持，还可以通过政策制定和宣传推广等方式，为区域社群参与和文化自觉创造有利条件。

（三）科技在保护中的应用

在非物质文化遗产的保护与传承中，科技的应用已成为一种不可或缺的手段。随着科技的迅速发展，尤其是数字化技术的广泛应用，非物质文化遗产的记录、保存、传播和再现有了新的可能性。这种科技与文化遗产保护的结合，不仅为传统文化的保存提供了更为高效和精确的方法，也为其在全球范围内的传播和普及开辟了新的渠道。

数字化技术在非物质文化遗产保护中的应用主要体现在几个方面。

第一，对传统表演艺术的记录。通过高清视频录制、三维动画重现等技术，可以精确地捕捉表演艺术的每一个细节，包括表演者的动作、表情、服饰等细节，这些都是传统文字和图片记录方式难以达到的。此外，这种记录方式还能捕捉表演的氛围和观众的反应，为研究者提供更为全面的研究资料。

第二，对工艺技能的数字化记录。传统工艺技能往往包含了丰富的手工技巧和复杂的制作流程，通过高清摄像和三维建模技术，可以将这些技能详细记录下来。这不仅有助于技能的传承，也为后人提供了学习和研究的便利。例如，对濒临失传的手工艺，通过数字化技术的记录，可以确保这些珍贵的技艺得以保存并传承给下一代。

第三，除了记录和保存，数字化技术还极大地促进了非物质文化遗产的传播和展示。通过互联网和各种数字平台，这些文化遗产可以被更广泛地传播到全球各地。人们不再受地理空间的限制，就能够接触和了解到来自世界各地的非物质文化遗产。这种传播方式不仅提高了非物质文化遗产的知名度，也促进了不同文化之间的交流和理解。

第四，数字化技术还为非物质文化遗产的教育和学习提供了新的途径。通过虚拟现实（VR）、增强现实（AR）等技术，可以创造沉浸式的学习体验，使学习者仿佛置身于真实的文化场景之中。这种互动性和沉浸感是传统教育方式难以比拟的，能够激发学习者对非物质文化遗产的兴趣和热情。

第四章　非物质文化遗产活态传承的具体保护措施

在探讨非物质文化遗产的活态传承的措施时，我们首先需要认识到这一领域的复杂性和多样性。非物质文化遗产不仅是历史的遗留，它是活生生的文化实践，是人类智慧和创造力的体现。在全球化和现代化的浪潮中，这些传统面临着前所未有的挑战。如何在保护和传承中找到平衡点，既不让这些文化遗产失去其原有的魅力和意义，又能适应现代社会的发展，是我们必须面对的问题。本章将深入探讨如何有效地保护和培养传承人，利用新闻媒体提高公众意识，通过文化活动提升公众参与度，以及如何通过专家指导和学术研究提高非物质文化遗产的价值。此外，我们还将讨论建立健全相关政策、法律法规和制度的重要性。通过这些对策和措施，我们旨在为非物质文化遗产的活态传承提供一个更加全面和可持续的框架。

第一节　重视对传承人的保护与培养

（一）传承人培养的策略与方法

在非物质文化遗产的保护和传承中，传承人的培养是一个核心环节，它直接关系到文化遗产能否有效地传递给未来后代。因此，采取多元化策略对传承人进行培养，不仅是保护非遗的需要，也是文化多样性和文化可持续发展的重要保障。

教育体系在传承人培养中扮演着至关重要的角色。通过将非遗知识和价值纳入中小学教育，可以在学生心中种下文化遗产的种子。这一过程不仅是知识的传授，更是对学生进行文化认同和价值观塑造的过程。通过教育，学生可以了解非遗的历史背景、文化意义和传承重要性，从而激发他们对保护和传承本土文化的兴趣和责任感。此外，教育体系还可以通过组织参观和实践活动，让学生直接接触和体验非物质文化遗产，从而增强他们的实践技能和创新能力。

建立非遗传承人的培训和支持体系也是培养传承人的重要策略。这一体系应包括专业培训、技术支持、资金援助和政策倾斜等多个方面。专业培训可以帮助传承人系统地学习和掌握非遗技艺，提高其专业水平和创新能力。技术支持则可以帮助传承人利用现代科技手段保护和传承非遗，如数字化记录、虚拟现实体验等。资金援助和政策倾斜则可以为传承人提供必要的经济支持和社会认可，激励他们投身非遗传承工作。此外，这一体系还应包括对传承人社会地位和权益的保护，确保他们能够在一个公平和尊重的环境中进行文化传承。

鼓励和支持传承人参与非遗的现代化转型，是适应当代社会和经济需求的必要策略。随着社会的发展和变化，非物质文化遗产也需要不断地创新和发展，以适应新的社会环境和人们的需求。传承人应被鼓励去探索非遗与现代生活、现代艺术和现代市场的结合点，创造出既保持传统精髓又符合现代审美和实用需求的文化产品和服务。这不仅可以增强非遗的生命力和影响力，也可以为传承人带来经济收益和社会认可，从而激发他们更大的传承热情和创新动力。

非遗的现代化转型并不意味着对传统的任意改造或商业化。这一过程应以对非遗本质和价值的深刻理解为基础，尊重传统规则和精神，避免文化的异化和失真。因此，传承人的培养也应包括对其进行文化伦理和责任感的教育，引导他们在传承与创新、保护与发展之间找到恰当的平衡。

（二）传承人的社会地位与激励机制

在非物质文化遗产的保护与传承中，传承人扮演着核心角色。他们不仅是文化遗产的活体载体，更是文化传递与创新的主要动力。因此，提升传承人的社会地位和认可度，不仅是对他们个人价值的肯定，也是非遗保护工作成功的关键因素。

在物质层面，对传承人的奖励和补贴是一种直接的激励机制。这种物质支持不仅可以减轻他们在传承过程中的经济负担，还能在一定程度上提升其从事非遗传承工作的积极性。例如，政府和相关机构可以设立专项基金，为传承人提供必要的生活和创作支持，包括但不限于创作材料费用、生活补贴、医疗保障等。此外，对于那些在非遗传承与创新方面做出突出贡献的传承人，可以通过设立奖项、发放奖金等形式，给予物质上的奖励和鼓励。

在精神层面，对传承人的尊重和认可同样重要。这种尊重和认可不仅来自政府和专业机构，更来自社会公众。在这方面，媒体发挥着不可或缺的作用。通过电视、广播、网络等多种媒体平台，传承人的故事、工作和成就可以被广泛传播，从而提高他们在社会中的知名度和影响力。例如，纪录片、专题报道、访谈节目等形式，都可以用来展示传承人的生活状态、工作过程和艺术成就，让公众更加直观地了解非遗及其背后的文化价值。

除了媒体宣传，文化活动的展示也是提升传承人社会地位的有效途径。通过组织各类文化展览、演出、讲座等活动，传承人可以直接与公众互动，展示他们的技艺和作品。这种面对面的交流不仅能增强公众对非遗的认识和兴趣，也能增加传承人的自豪感和归属感。此外，这些活动还为传承人提供了展示自己才华的平台，有助于他们在社会中建立更加积极和正面的形象。

在提升传承人社会地位的过程中，还需要注意文化多样性和地域差异。不同地区的非遗项目和传承人面临的挑战和机遇各不相同，因此，激励机制的设计和实施也需要因地制宜，充分考虑地域文化特色和社会经济条件。例如，对于那些位于偏远地区的传承人，可能更需要的是基础设施的改善和市场的连接，而对于那些位于城市地区的传承人，则可能更加注重知识产权保护和市场竞争力的提升。

（三）传承人与区域社群的互动

传承人与区域社群的互动在非物质文化遗产的活态传承中占据核心地位。这种互动不是单向的传授过程，而是双向的沟通和共享机制，它涉及广泛的社会层面和多样的文化实践。传承人是非遗文化的承载者，他们不仅拥有深厚的艺术造诣和实践经验，而且承担着将这些文化遗产逐渐引入公众视野的任务。他们的工作并非孤立存在，而是需要区域社群的理解、支持和参与。

区域社群参与是指社群成员积极参与非遗文化的保护和传承活动，这包括但不限于理解、欣赏、保护和传播非遗文化。通过区域社群参与，非遗活动能够获得更广泛的社会支持和更深入的文化传播，同时也为社群成员提供了认识和学习本土文化的机会。在这个过程中，传承人的角色异常重要，他们是技艺的传播者，更是文化的使者和桥梁，通过他们的努力，非遗文化能够被更多人所了解和欣赏。

在传承人和区域社群的互动中，一方面，传承人通过各种方式向社群成员传授知识和技能，使非遗文化在区域社群中得以生动传播。他们可能通过开设工作坊、组织讲座、参与节日庆典等形式，将非遗技艺直接带给社群成员，使非遗活动成为区域社群生活的一部分。这些活动不仅为传承人提供了展示和实践的舞台，也让社群成员有机会近距离感受非遗文化的魅力，从而激发他们对本土文化的兴趣和热爱。

社群成员的参与为非遗的活态传承提供了活力和创新的机会。社群成员通过参与非遗活动，不仅能够学习传统技艺，还能提出新的想法和建议，这对于非遗文化的创新发展至关重要。例如，在一些非遗项目中，社群成员的新鲜视角和创新尝试已经成为推动传统文化传承的重要力量。此外，区域社群的参与还能增强其成员对本土文化的认同感和保护意识，形成良好的文化自觉和社会氛围。

在推动区域社群参与的过程中，需要考虑到多元化的社会结构和文化背景。不同的社群成员可能有不同的文化需求和兴趣点，因此，非遗活动的组织和实施应该尽可能地包容和多样化。同时，也需要考虑区域社群内部的文化动态，如代际间的文化传递、区域社群内外的文化交流等，这些都是非遗活态传承的重要组成部分。

第二节　发挥媒体的宣传作用，增强民众的传承与保护意识

（一）新闻媒体在非物质文化遗产保护中的角色

新闻媒体在非物质文化遗产保护中的角色是多维且复杂的，具体包括信息传播、公众教育、文化保存与创新等多个层面。在探讨这一角色时，需要从媒体的功能、非物质文化遗产的特性，以及二者之间的相互作用等几个方面进行深入分析。

媒体作为信息传播的工具，其本质功能在于传递信息、塑造舆论和影响公众认知。在非物质文化遗产的保护领域，这种功能有了特殊而深入的体现。媒体通过报道非物质文化遗产，不仅传递了关于该遗产的基本信息，比如历史背景、艺术特征和现存状况，更重要的是，它通过塑造故事、传播价值观念，引导公众形

成对非物质文化遗产的正面认知和评价，从而增强社会对这些遗产的保护意识。

媒体对非物质文化遗产的报道不是孤立的，而是需要依托于媒体自身的发展和创新。随着科技进步和社会变迁，新闻媒体的形式和手段也在不断演变。从传统的报纸、广播到数字媒体、社交网络，这些多样化的传播渠道极大地丰富了非物质文化遗产的传播手段。同时，互动性、多媒体和个性化等新媒体特性，也为非物质文化遗产的展示提供了更为生动、立体的效果。这种媒体创新不仅提高了非物质文化遗产传播的效率和效果，更重要的是，它们使得这些文化遗产能够以更加符合现代公众审美和接受习惯的方式被呈现和理解。

值得注意的是，非物质文化遗产自身的特性也决定了新闻媒体在其保护过程中所扮演的独特角色。非物质文化遗产通常包括传统歌舞、民俗、手工艺、口头传统等，这些文化形态往往深植于特定社群、地域和历史背景中，具有鲜明的地方性和时代性。媒体在传播这些遗产时，不是传递一个个孤立的文化事项，而是在传播一个民族或社群的文化记忆和身份标志。因此，新闻媒体在此过程中承担着连接过去与现在，乃至不同文化和群体的桥梁作用。通过敏感而精准的报道，媒体能够帮助公众理解和欣赏这些文化的独特价值，同时也为保护工作争取到更广泛的社会支持和资源。

媒体在非物质文化遗产保护中的作用并非没有挑战和限制。如何在保持文化真实性和原汁原味的同时，做到创新性传播；如何在全球化背景下保护本土文化的独特性，同时促进不同文化的交流和理解；如何平衡商业利益和文化教育责任，等等，都是媒体在实践中需要不断探索和解决的问题。此外，媒体报道的选择性、观点的倾向性以及市场驱动下的商业模式，也可能对非物质文化遗产的传播和保护产生不利影响。因此，媒体机构、文化保护者和政策制定者需要共同努力，建立有效的合作机制和伦理标准，确保非物质文化遗产保护工作的公正性、全面性和深远性。

（二）增强民众保护意识的策略

新闻媒体作为信息传播的重要工具，对于塑造和引导公众意识具有不可替代的作用。有效的舆论引导，可以通过多种途径来实现。

利用相关故事是一种有效的策略。通过故事叙述，将非物质文化遗产背后的文化和历史介绍给公众，这种策略可以激发公众的兴趣和好奇心，增强他们深入了解和保护非物质文化遗产的动机。例如，通过专题纪录片、人物报道等展现非物质文化遗产背后的历史演变、艺术价值和社会意义，让公众感受到这些文化遗产的独特魅力和重要价值。

情感共鸣则是通过激发公众的情感参与，增强他们对非物质文化遗产保护的自觉性和积极性。这可以通过展示非物质文化遗产在当代生活中的应用，让公众理解保护文化遗产并非遥远和抽象的任务，而是与他们的日常生活密切相关。同时，也可以通过讲述那些致力于文化遗产保护的个人或组织的故事，展示他们的情感投入和努力，从而激发公众的共鸣和支持。

区域社群参与则是一种更为直接和有效的策略。它鼓励和支持公众直接参与到非物质文化遗产的保护和传承中来，通过实践、体验增强他们的保护意识和能力。这可以通过组织文化节、讲座和展览等活动，让公众有机会近距离接触和了解非物质文化遗产，同时提供平台让他们分享自己的经验和想法。在这种方式中，公众不仅是文化遗产保护的受益者，更成为参与者和传承者。

有效的舆论引导策略还需要考虑到多样性和包容性。不同的公众群体可能对非物质文化遗产有不同的认知和态度，因此策略的设计需要考虑这些差异，通过定制化的内容和活动来满足不同群体的需求和兴趣。同时，也需要强调文化遗产保护的普遍性和全人类的共同责任，促进不同文化、国家和地区之间的交流与合作。

（三）媒体责任与伦理

在深入探讨媒体责任与伦理时，尤其针对非物质文化遗产的推广，我们首先需要明晰媒体在当代社会中的角色与影响力。媒体，作为信息传播的主要渠道，不仅承担着信息传递者的角色，还肩负着塑造公众意识、影响文化传承的重要任务。

媒体在报道非物质文化遗产时必须确保信息的准确性。这一点不仅是新闻职业道德的基本要求，更是对文化遗产本身的尊重和负责。非物质文化遗产往往承载着丰富的历史信息和文化价值，任何误传或歪曲都可能导致公众对这些文化遗产的误解，甚至可能对文化遗产本身造成伤害。因此，媒体在报道这类信息时应进行充分的调查研究，确保报道内容的真实性、准确性和完整性。

尊重文化多样性是媒体报道非物质文化遗产时必须遵循的另一重要伦理准则。世界各地的非物质文化遗产呈现出丰富的多样性，这些文化遗产不仅是其所在区域社群或民族的文化标志，更是人类共有的文化财富。媒体在报道这些文化遗产时，应尊重其独特性和原生态，避免将其简单归类或刻板化。此外，媒体还应注意在报道中呈现文化的多元性和包容性，反映不同文化间的交流与融合，而不是加剧文化的隔阂和偏见。

避免文化剽窃是媒体在推广非物质文化遗产时不可忽视的伦理责任。文化剽窃通常指的是未经授权或不当使用他人文化元素，尤其是在没有准确认知或尊重原文化背景的情况下进行的文化借用。这不仅侵犯了原创文化的知识产权，也可能导致文化意义的扭曲和消解。因此，媒体在报道或推广非物质文化遗产时，应严格遵守知识产权法律，尊重原文化的所有权和使用权，避免无意识或有意识的文化剽窃行为。

媒体在推广非物质文化遗产的过程中还应注意维护文化遗产的持续性和活力。非物质文化遗产的活力在于其不断的传承和发展，而媒体的报道应能激发公众对这些文化遗产的兴趣和参与，进而促进其传承和发展。媒体可以通过创新的报道方式，如利用多媒体技术、互动性内容等，使非物质文化遗产更加生动和有吸引力，同时也更易于被公众理解和接受。

强化媒体从业者的专业素养和伦理意识也是推动媒体有效履行责任的关键。媒体从业者应具备对非物质文化遗产的基本认知和敏感性，能够理解和尊重不同文化的特点和价值。同时，媒体机构应通过持续的培训和指导，加强从业者的专业技能和职业道德，确保其在报道非物质文化遗产时能够遵循相应的伦理传统，有效地传播和保护这些珍贵的文化资源。

第三节　广泛开展文化活动，提高民众的参与度

（一）文化活动的多样化创新

在探讨文化活动的多样化创新之前，我们必须首先认识到文化活动在现代社会中的重要性。文化活动不仅是娱乐和消遣的手段，它们深深植根于一个社会的

身份和价值观中，是传承和发展文化遗产的重要途径。在全球化和数字化的大背景下，文化活动的形式和内容都面临着前所未有的机遇和挑战，如何通过多样化的文化创新来提高民众的参与意识，成了一个重要的议题。

文化活动的多样化是对传统文化活动形式的一种拓展和丰富。传统的文化活动形式往往围绕着戏剧、音乐会、书画展览等展开，这些活动虽然有其独特的魅力和价值，但在当今多元化的社会环境中，人们对文化活动的需求已经不再局限于此。多样化的文化活动，旨在引入更多的形式和内容，比如街头艺术、电子游戏竞技、文化主题的社交活动等，以此来吸引不同年龄、背景、兴趣的群体参与其中。

创新则是要在传统文化活动的基础上，引入新元素、新技术、新理念，创造出全新的文化体验。例如，数字技术的运用可以使艺术展览不再局限于物理空间，通过虚拟现实技术，观众可以跨越地域限制，体验其他文化艺术作品的魅力。互动技术的引入，也使得观众可以从被动的接受者转变为活动的参与者，这种参与感和互动性大大提高了文化活动的吸引力。

要实现文化活动的多样化创新，需要考虑的因素远不止形式和内容本身。首先，文化活动的设计和实施需要考虑目标群体的特点和需求。不同的群体可能对文化活动的形式和内容有不同的偏好和接受度，因此在设计活动时，要充分考虑这些差异性，尽可能地设计出能够覆盖更广泛群体的活动形式。

文化活动的多样化与创新也需要一定的资源支持，包括资金、技术、人才等。尤其是引入新技术和新理念的创新活动，初期往往需要较大的投入。因此，如何在有限的资源条件下，有效地设计和实施多样化和创新的文化活动，是一个需要解决的问题。

文化活动的多样化与创新还应该建立在对本土文化深刻理解的基础上。每个社会和群体都有其独特的文化传统和价值观，文化活动如果能够与这些传统和价值观相结合，不仅能够更好地吸引当地民众参与，还能够在全球化的背景下展现出独特的文化魅力和价值。

（二）教育与宣传

教育与宣传可以提升民众的参与意识，尤其是在非物质文化遗产保护领域的核心。这一过程不是信息的单向灌输，而是一种双向互动，旨在引发人们对文化遗产的认同感和保护意识。通过教育系统、媒体渠道以及区域社群活动，这些策略相互交织，构成了一个多层面、多渠道的传播网络。

在教育系统中，非物质文化遗产的传播可以从基础教育开始，融入课程和教学活动中。通过教科书的修订、专题讲座、实地考察等方式，使学生从小就认识并了解本土及世界各地的非物质文化遗产。教育不应该局限在知识的传授，更重要的是培养学生的批判性思维，使其能够理解文化多样性的价值，并在未来成为文化遗产保护的积极参与者。此外，终身教育和公共教育也是推广非物质文化遗产的重要途径，通过区域社群学院、在线课程、公开讲座等形式，使全民皆有机会接触和学习相关知识。

媒体作为信息传播的快速渠道，在非物质文化遗产的宣传中扮演着至关重要的角色。电视纪录片、广播节目、报刊文章以及社交媒体等都是传播的有效工具。通过这些平台，可以将非物质文化遗产的故事、价值及其面临的挑战迅速传达给大众。然而，媒体在传播过程中也需要注意避免简化或曲解文化遗产的复杂性，应当力求真实、全面地展现其多维度的价值。此外，媒体还应该鼓励公众参与对话和讨论，形成良好的互动机制，从而提高公众的参与度和意识。

区域社群活动作为非物质文化遗产传播的另一重要途径，它使文化遗产的保护与传承活动更加贴近民众的日常生活。节庆、展览和表演等都是常见的形式。这些活动不仅仅是展示文化遗产，更让社群成员亲身参与，经历文化实践的过程。参与者在这一过程中能够亲身体验文化遗产的独特魅力，从而激发他们的兴趣和保护意识。此外，区域社群活动还能促进不同文化之间的交流与理解，增进社会的文化多样性和包容性。

在教育与宣传时，还需要考虑具体措施在不同社会群体中的效果和适用性。不同年龄、性别、教育水平和文化背景的人们对非物质文化遗产的认知和态度可能有所不同。因此，活动设计需要灵活多变，能够根据不同群体的特点和需求进行调整。例如，针对年轻人可以利用数字媒体和社交网络进行互动式学习，而针对老年人则可能更注重传统的讲座和展览形式。同时，应当注重策略的包容性，确保各个群体都能获得信息，参与到文化遗产的保护中来。

（三）民众参与的挑战与对策

在促进民众参与文化活动的过程中，我们也面临一些挑战。

第一，资源限制是影响文化活动推广的重要因素之一。资源在此语境下既包括经济资金，也涵盖物理空间、专业人才等。在有限的资源条件下，如何有效利用并最大化其效益成为首要任务。策略上，可以考虑多元化资金筹措方式，例如，通过政府资助、私人赞助以及区域社群众筹等形式，增加文化项目的资金来源。此外，通过技术创新和创意策划，可以在不增加成本的前提下，提升活动的质量和吸引力。例如，利用数字媒体和虚拟现实技术，创造低成本但高质量的文化体验。

第二，面对民众兴趣的多样性，需要精准识别不同群体的需求并提供符合他们兴趣的文化产品。这要求组织者进行市场调研，了解不同年龄、性别、教育背景以及文化背景的群体所倾向的文化内容。在此基础上，设计包容性强并能够满足多元需求的文化活动，如主题多样化的展览、互动性强的工作坊等。同时，引入个性化推荐系统，根据参与者的历史喜好和行为模式，推送他们可能感兴趣的文化活动，从而提升参与度。

第三，文化差异带来的挑战不容忽视。在全球化背景下，社会成员可能有不同的文化背景，他们的价值观、行为习惯及审美差异可能导致对文化产品的接受程度不同。对此，必须采取文化敏感性和包容性策略。一方面，可以通过跨文化交流和教育活动，加深民众对不同文化的理解和尊重，减少文化隔阂。另一方面，创造跨文化融合的文化产品，如将不同文化元素融入艺术创作、表演等，不仅能够吸引更广泛的受众，也能促进不同文化之间的对话和理解。

实施这些策略的过程中，还需要考虑如何建立和完善持续性的评估和反馈机制。通过收集参与者的反馈，定期评估文化活动的效果，及时调整和优化策略。同时，积极与其他文化机构进行交流合作，分享经验和资源，有效提升文化活动的质量和影响力。

第四节　开展专家指导和学术研究，提高精品意识

（一）专家指导的重要性

专家学者在非物质文化遗产保护中扮演着研究者、顾问、教育者和传播者的多重角色，对于非遗的保护和传承至关重要。

专家们通过其深厚的理论知识和方法论的支持，为非物质文化遗产的传承提供了坚实的学术基础。他们通常拥有在特定文化领域的深入研究和实践经验，能够有效地将理论与实践相结合，指导传承工作的开展。

专家的深入研究和实地考察活动为非物质文化遗产的保护提供了科学和系统的建议。这种实地研究不仅有助于深入了解文化遗产的本质，也能够揭示其在现代社会中的生存状态和面临的挑战。例如，通过考察一种传统手工艺的现状，专家们可以识别出导致该技艺衰落的各种因素，如现代化进程、市场需求变化或传承链条的断裂等。

专家的参与对保证传承活动的准确性和深度也至关重要。在非物质文化遗产的保护和传承中，保持其原有形态和精神是一个核心挑战。专家们通过对文化遗产的深刻理解和对传承过程的严谨把控，能够确保这些文化形式不会在传承过程中被误解或曲解。他们还能指导传承者在保持传统的同时，适应现代社会的变化，使非物质文化遗产在新的时代背景下焕发新的活力。

专家的参与不仅提升了非物质文化遗产传承活动的学术价值，还增强了其文化品质。专家对非物质文化遗产的深刻洞察和高水平的研究，能够提升公众对这些文化形式的理解和欣赏，从而提高其在社会中的地位和影响力。此外，专家的参与还有助于培养下一代传承者和研究者，他们通过举办讲座、研讨会和培训课程培养更多对非遗保护感兴趣的人才，提高公众对非遗价值的认识。

专家可以通过深入研究，记录非遗项目的历史、传统、表现形式等，为非遗的保护和传承提供翔实的学术资料。这些研究对于理解非遗的文化价值和意义至关重要。专家学者可以通过科学方法评估非遗项目的保护状况，监测其发展变化，为制订更有效的保护措施提供依据。

但是，专家指导的实施也面临着一些挑战。例如，专家的观点可能会与传统

传承者的看法存在差异，这要求在尊重传统的基础上寻求平衡和调和。非遗项目通常深植于特定的地理和文化环境中。专家在不同地区工作时，可能会遇到语言障碍、文化差异和地方习俗的挑战。此外，专家资源的有限性也是一个问题，特别是在资源较少的地区，专家的缺乏可能成为文化遗产保护的瓶颈。

（二）学术研究的必要性

非物质文化遗产，作为一种历史深沉、文化独特且多样化的表现形式，蕴含着丰富的人类智慧和深厚的历史文化价值。因此，深入的学术研究对于揭示非物质文化遗产的核心价值和独特魅力至关重要。

系统的理论研究是构建非物质文化遗产认知框架的基石。通过对相关理论的深入剖析和综合整合，研究者能够建立起一套科学合理的非物质文化遗产研究体系。这不仅有助于厘清非物质文化遗产的概念边界和分类标准，而且有助于探索其生成机制、传承途径以及与社会、经济、环境等多方面的互动关系。在此过程中，理论研究的更新与深化，能够不断提升人们对非物质文化遗产内涵的理解和认识，进而更有效地指导实践活动。

历史文献的梳理为非物质文化遗产研究提供了宝贵的信息资源。通过对历史资料的挖掘和整理，研究者可以追溯非物质文化遗产的源流，了解其发展演变的脉络，揭示其历史变迁的内在逻辑。这种历史视角的深入研究，不仅有助于恢复和重构非物质文化遗产的历史图景，而且能够深化对其时代特征、文化内涵和社会价值的理解。同时，这些历史文献资料也为非物质文化遗产的真实性和原创性提供了重要证据，增强了对其文化身份和历史地位的认同。

田野调查是接触和理解非物质文化遗产的直接方式。通过深入非物质文化遗产的生成和传承环境中，与传承人、社会成员进行面对面的交流和观察，研究者能够直观地感知非物质文化遗产的生活背景、传承状态、表现形式以及其与当代社会的互动方式。田野调查的深入进行，不仅能够丰富和完善理论研究的实证基础，而且有助于捕捉非物质文化遗产生动的现实面貌，增强研究的时代感和现场感。

通过这三个层面的深入研究，学术界能够揭示非物质文化遗产的深层价值，这包括其在维护文化多样性、促进社会凝聚力、传递传统知识和技能，以及促进文化创新等方面的重要作用。特别是在全球化和现代化的背景下，非物质文化遗产面临着保护和传承的双重挑战。学术研究有助于从文化内涵、传承机制、保护策略等多维度对这些挑战进行深入分析，为制订科学合理的保护措施、传承策略和利用路径提供坚实的理论支撑。

（三）提升精品意识的策略

提升非物质文化遗产的精品意识是一个复杂而多维的过程，涉及对传统与现代的深入理解和创新性融合。在全球化的大背景下，非物质文化遗产作为民族文化的重要组成部分，其传承与发展受到了前所未有的关注。为了保护和弘扬这些珍贵的文化资源，需要从教育、宣传、创新保护等多个层面进行努力。

在教育和培训层面，重点应放在对传承人的培养上。传承人不仅是技艺的承载者，更是文化的传播者。因此，培养他们不仅要着重于技艺的熟练掌握，更要强化对非物质文化遗产深层文化意义的理解。这涉及对传承人进行系统的文化教育和实践指导，使其能够在传统基础上有所创新，同时能够深刻理解和表达非物质文化遗产背后的文化精神和价值。这不仅要求传承人具备较高的文化素养和艺术修养，还要求他们能够与时俱进，适应现代社会的文化交流方式。

在宣传和推广方面，需要利用多样化的传播渠道和方法，以提高公众对非物质文化遗产的认知度和欣赏能力。这包括但不限于通过现场展览、图书出版、网络宣传、社交互动等方式进行内容的创造和分享。通过高质量的视觉展示和深入的文化解读，使公众不仅看到非物质文化遗产的表层美，更能感受到其中蕴含的深厚文化底蕴和时代价值。此外，还可以通过教育系统，将非物质文化遗产的知识和价值观念融入课程和教学活动中，培养学生对本国及其他国家非物质文化遗产的兴趣和尊重。

在创新性保护方面，数字化保存是一种重要手段。随着技术的进步，通过数字化技术对非物质文化遗产进行记录和保存，不仅可以有效地保护这些易逝的文化资源，还可以使其更容易被公众接触和理解。例如，虚拟现实技术可以让人们沉浸式体验非物质文化遗产，增强其体验感和共鸣。此外，创意再现也是一种重要的创新保护方法。这涉及在尊重和保留原有文化精髓的基础上，结合现代审美和技术进行创新性的文化产品开发。这不仅有助于提高非物质文化遗产的市场活力和文化影响力，也有助于激发更多人的兴趣和参与感。

除此以外，我们还需要对非遗保护和发展项目进行持续的监测和评估，确保策略的有效性和适应性。通过上述这些方法，不仅可以保护和传承非遗项目，还能提升其在现代社会中的活力和吸引力，从而提高精品意识。

第五节　建立健全相关的政策框架、法律法规和制度保障

（一）政策框架的重要性与构建原则

政策框架在非物质文化遗产的保护工作中扮演着举足轻重的角色。有效的政策框架确保了传承活动能够沿着可持续和系统的方向前进。为此，构建一个既坚固又灵活的政策框架显得至关重要，这一框架需要基于几个核心原则：包容性、灵活性、可持续性以及参与性。

包容性原则，强调政策框架应广泛覆盖所有非物质文化遗产的类别，无论其文化背景、历史时期或区域社群特性。这意味着政策制定者需深入理解各类非物质文化遗产的独特性和价值，确保所有形式的文化表达都能得到公平的考虑和保护。此外，包容性还涉及对不同利益相关者，包括传承人、社群成员、学者和政府机构的广泛协商，以充分吸纳和反映他们的意见和需求。

灵活性原则，体现在政策框架需要能够适应不断变化的社会文化环境和需求。非物质文化遗产的本质是活态的，这就要求政策能够灵活调整，以适应文化遗产在不同时间、空间背景下的演变。灵活性的实现依赖于政策的不断更新和修订，以及对新兴问题的迅速响应。同时，政策应鼓励创新和实验，允许多元化的保护和传承方法，从而适应多变的现实。

可持续性原则，强调在保护和传承非物质文化遗产的同时，需确保资源的有效利用和长期规划。这包括物质资源、人力资源以及环境资源的合理分配和利用。政策框架需考虑非物质文化遗产保护活动对社会、经济和环境的长远影响，力求在保护文化多样性的同时，促进社会经济的发展和环境的可持续利用。

参与性原则，指政策框架应鼓励和促进所有利益相关者，特别是社群成员的积极参与。非物质文化遗产的生命力在于其与区域社群的紧密联系，因此区域社

群的参与对于遗产的保护和传承至关重要。通过让社群成员参与到决策过程中，不仅可以增强他们对文化遗产保护的归属感和责任感，还能确保政策的制定和实施更加贴近区域社群的实际需求和期望。此外，参与性也涉及跨学科和跨部门的合作，通过整合不同领域的知识和资源，为非物质文化遗产的保护提供更为全面和有效的支持。

（二）法律法规的制定与实施

在当今全球化的社会背景下，非物质文化遗产作为一种珍贵的文化资源，其保护已经成为国际社会普遍关注的议题。非物质文化遗产的保护不仅仅是为了保存历史文化，更是为了维护文化多样性，促进社会的可持续发展。因此，制定专门针对非物质文化遗产保护的法律法规成为确保其有效管理的关键。

首先，有必要明确非物质文化遗产的法律界定。非物质文化遗产涵盖了广泛的内容，包括口头传统、表演艺术、社会实践、节庆活动，以及与自然界和宇宙相关的知识和实践等。这些遗产形式多样，具有丰富的地域性和民族性特征，因此其法律界定需兼顾普遍性与特殊性，确保涵盖所有相关形式的同时，又能够体现出其特殊的文化价值。

其次，制定的法律法规需要明确保护的责任主体。这包括国家、区域社群，以及非物质文化遗产的传承人等。国家作为主要的责任主体，需要通过立法和政策的制定，为非物质文化遗产的保护提供法律框架和政策支持。同时，区域社群作为非物质文化遗产的直接承载者，其在保护过程中的作用不可或缺。区域社群的参与可以增强非物质文化遗产保护的实效性和可持续性。传承人作为非物质文化遗产的直接传播者和实践者，确保其权益的保护同样至关重要。这不仅包括传承人的知识产权保护，还包括其在传承过程中的社会经济权益的保障。

再次，法律还须规定对违反行为的处罚措施。这些措施包括但不限于罚款、吊销许可证，甚至刑事责任的追究。这些措施的制定，需要充分考虑非物质文化遗产的特殊性，确保既能有效震慑违法行为，又不会因为过度严苛的处罚措施而影响非物质文化遗产的正常传承和发展。同时，处罚措施的实施也需要建立在全面、公正的司法审判和行政执法基础之上，确保法律的公正性和执行力。

最后，在法律法规的实施方面，需要建立和完善相应的执行机制。这包括建立专门的非物质文化遗产保护机构，配备专业的保护人员；制定详细的保护计划和操作手册，确保保护工作的系统性和规范性；开展定期的监测和评估，确保保护措施的有效性和适时性。同时，还需要通过教育和宣传活动，提高公众对非物质文化遗产保护重要性的认识，培养公众参与保护工作的意识和能力。

（三）制度建设与完善

在全球化和现代化的浪潮下，非物质文化遗产面临着前所未有的挑战，包括文化同质化、传统知识的流失以及原生文化环境的破坏等。因此，建立一套科学、系统和动态的制度框架，对于保障这些文化遗产的传承和活化具有重大意义。

非物质文化遗产的制度建设需要建立专门的管理机构，这些机构在政策制定、资金投入、人才培养和项目执行等方面发挥着核心作用。管理机构的建立不仅负责行政命令的下达，更重要的是要形成一个具有文化敏感性和高效运转能力的组织体系。这些机构应该具备深厚的文化理解力和专业的管理能力，能够深入研究和把握非物质文化遗产的特性，制定出既保护传统又促进创新的策略。

详细的操作程序是制度建设中的关键。这包括但不限于非物质文化遗产的识别、登记、保护、传承和推广等环节的规范化管理。操作程序应当明确每一环节的责任主体、操作标准和流程，确保整个保护工作的透明性和有效性。例如，非物质文化遗产的申报和评定过程，就需要有一套科学合理的标准和程序来保障其公正性和权威性。

监督和评估机制的确立对于非物质文化遗产的有效保护至关重要。监督机制应该涵盖对保护工作实施的监控、对政策执行的审查以及对资金使用的跟踪，确保每一项政策都能得到有效实施，每一笔资金都真正地用于保护工作。评估机制则需要定期对保护效果进行评价，分析保护措施的成效和存在的问题，及时调整和优化保护策略。

非物质文化遗产的保护不应仅仅是政府部门的责任，还需要区域社群、非政府组织和个人的共同参与。区域社群是非物质文化遗产的传承基地，社群成员是传承人和实践者，他们对本土文化有着深厚的感情和独到的理解。非政府组织和个人则可以提供更为灵活多样的保护模式和资金支持，以及更为广泛的国际合作机会。形成政府、区域社群、非政府组织和个人协同作用的多元化保护网络，可以更有效地动员和利用各方资源，形成强大的保护合力。

（四）政策与法规的地方适应性

中国是一个拥有极其丰富多样文化背景的国家。这种多样性不仅体现在语言、习俗、宗教信仰和历史传统上，而且反映在地域间的显著差异上。正因如此，非物质文化遗产的保护工作就不能采用“一刀切”的策略，而需要根据各地的具体情况来调整和优化。

在中国，非物质文化遗产的保护尤为重要。中国地域广阔，拥有 56 个民族，每个民族都有其独特的文化传统。这些传统在地理环境、历史背景和社会结构的影响下，形成了丰富多彩的非物质文化遗产。然而，随着全球化的影响和社会经济的快速发展，许多传统文化面临着消失的风险。

鉴于这种情况，地方适应性的保护政策和法规显得尤为重要。地方政府应深入了解本地区的文化特点和保护需求，因地制宜地制定保护措施。这不仅包括传统文化的直接保护，如传统节庆、民间艺术的维护，也包括对相关知识和技能的传承，以及提高当地区域社群对保护工作的认识和参与度。

例如，在保护某一地区的民间音乐传统时，除了举办音乐会和节庆活动外，还可以设立特色学校或工作坊，培养年轻一代的传统音乐技能。同时，通过纪录片、书籍和网络媒体，对这些传统进行记录和宣传，可以提高公众的关注度和参与度。此外，还可以通过政策支持，鼓励艺术家和手工艺人继续从事相关的文化活动，确保这些技艺不会随时间流逝而消失。

制定地方适应性的政策和法规时，还需考虑当地的经济和社会环境。在经济较为落后的地区，可能需要更多的财政支持和技术指导，以保护那些可能因经济原因而被忽视的传统文化。在社会结构快速变化的城市，可能需要更多的教育和宣传工作，以提高市民对非物质文化遗产价值的认识。

地方政府在制定保护政策时，还应考虑非物质文化遗产的活态保护，即保护的不仅是传统本身，更重要的是保护传统在现代社会中的活力和相关性。这意味着，在尊重和保护传统的同时，也需要探索如何将这些传统融入现代生活，使其不仅作为历史的见证，也成为当代文化的一部分。

第五章　非物质文化遗产活态传承的重要意义

在探讨非物质文化遗产的活态传承时，我们不仅要关注其保护和传承的技术与方法，还要理解其背后的深远意义。本章将从多个维度入手，探讨非物质文化遗产活态传承的重要性，其中包括它对民族情感的影响、对民族文化的自觉和认同感的增强，以及其在打造文化品牌和促进文化产业发展中的作用。在本章中，我们将首先探讨非物质文化遗产在维护少数民族情感和文化认同方面的独特作用，然后分析非物质文化遗产是如何通过增强民族的文化自觉和认同感来促进社会的和谐与进步的。此外，我们还将探讨非物质文化遗产在经济领域的重要作用。最后，我们将讨论非物质文化遗产在缓解现代社会危机、促进社会健康发展中的角色，以及它在促进国际文化交流与合作、维护世界和平发展中的潜在贡献。本章旨在揭示非物质文化遗产活态传承的重要意义，因为其不仅是发展我国民族文化的需求，更是社会发展和国际交流中不可或缺的重要部分。

第一节　关于民族情感方面的重要意义

（一）情感与文化认同

情感与文化认同间的联系，需要通过一系列复杂且微妙的心理和社会动态实现，这一点在少数民族群体中表现得尤为明显。情感是人类经验的核心维度，它通过情绪、价值观和记忆等多种形式，深刻影响个体和群体的文化认同感。在少数民族中，文化认同不仅是对其传统和习俗的认同，更是对一种历史连续性和现代身份认同的追求，这种认同深植于个体的情感经历和集体记忆中。

在全球化的背景下，少数民族面临着文化同化和失落的压力，这种情境使得情感在文化认同的构建中变得尤为重要。通过参与非物质文化遗产活动，如节庆、舞蹈、音乐和口头传统等，少数民族同胞们不仅能够复现和体验到祖先的生活方式，更能在这一过程中强化对本民族文化的情感联系。自豪感、尊重感和归属感属于深层情感体验，这种体验构成了个体文化认同的重要基础，让个体能够在保持传统的同时，也能在更广泛的社会文化环境中明确自我定位。

在强化文化认同过程中，情感的作用属于动态作用，它会随着时间和环境的变化而演变。在一代代的传承中，非物质文化遗产活动不仅是历史和传统的再现，它也开始逐渐融入新的元素和意义，这也反映了少数民族在现代社会中是不断适应和发展的。这种动态性意味着在情感和文化认同之间的联系并非静态不变，它是一个不断发展和重塑的过程。因此，情感不仅在保护和传承文化中发挥着重要作用，也在新的社会文化环境中强化着文化认同。

除此之外，少数民族的文化认同与情感之间的关系也会受到外部因素的影响，具体因素包括政策、教育和媒体等。这些因素可以通过塑造人们的情感反应和价值观来间接影响文化认同的形成和变化。积极的文化政策和教育可以促进对少数民族文化的尊重和理解，从而增强个体对自己文化的自豪感和归属感。相反，如歧视和文化同化压力等消极的影响则可能削弱个体的文化认同感，导致文化断裂和情感疏远。

（二）情感的传承与演变

非物质文化遗产的情感传承属于深层的精神继承，它不仅仅是简单的技能或知识的复制，而是将某一文化背景下的情感经验、审美趣味、道德理念等先内化于心，再外化于行。这种情感的传递往往需要一个共同体的语境，然后通过仪式、节日、艺术表现等形式，将个体的情感经验上升为集体的情感体验。在这个过程中，情感则起到了文化认同的关键作用。

随着时间的推移和社会环境的变化，非物质文化遗产中的情感和价值观也会随之演变。这种演变并不是简单的丢弃或更替，而是一种适应性的调整。在新的社会文化语境中，一些原有的情感表达和价值观念可能不再适应，因此，它们会通过创新、融合或转化等方式与时俱进地发展。但值得注意的是，尽管具体形态可能发生改变，这些情感和价值观的核心部分——即那些深层的、定义文化身份和凝聚共同体的元素——往往是稳定的，这种稳定性也是文化连续性和稳定性的重要保障。

活态传承的实践中，保持情感和价值观核心部分的稳定，推动其适应性演变，往往需要一个包容开放的态度以及多元互动的机制。毕竟，传统与创新并不是对立的，而是相互依存的。在传承过程中应当鼓励创新，并且允许个体或社群根据自身的实际需要和审美倾向去重新解读和创造文化，使之更加生动且具有意义，同时也要有相应的社会制度和文化政策去引导和保护这一过程，确保文化传承既不会失去根本的连续性，也不会陷入僵化和脱节。

（三）情感在非物质文化遗产保护中的作用

非物质文化遗产不同于有形的建筑和艺术品，它是指那些通过世代传承下来的文化的特殊表现形式，如传统的歌曲、舞蹈、戏剧、仪式、工艺技术及其他生活习俗，这些文化形式通常根植于特定社群，与其成员的身份、历史和情感紧密相连。

第一，情感在非物质文化遗产保护中的作用首先体现在其对个体认同感的增强。每个文化实践都是某个社群历史的一部分，它们承载着共同的记忆和情感。当个体参与到这些文化实践中时，他们就不仅仅是在简单重复一个动作或仪式，而是在体验与先辈相连的情感纽带，这种体验感能增强他们对文化遗产的归属感和保护意识。此外，情感还能促进社群内部的凝聚力，共同的文化记忆和情感体验能让人们感到紧密相连，这能促进强大的集体认同感的形成，这一点对动员社群成员共同参与文化遗产的保护工作来说，是至关重要的。

第二，情感还是非物质文化遗产得以传承的动力。在多元化和全球化的背景下，传统文化面临着巨大的挑战。然而，情感的力量仍然能够激发人们对传统的珍视和尊重，让他们愿意投入时间和资源去学习、实践和传承这些文化形式。当一首古老的民歌或一个传统节日通过与现代生活的融合重新获得意义，它不仅是对过去的回忆，更是对未来的传承。

第三，情感也是非物质文化遗产教育和传播的重要工具。通过情感共鸣，非物质文化遗产的教育和传播工作得以更加深入人心，让人们不仅理解知识，更能体会到与之相关的精神价值。在这一过程中，故事讲述、文化节庆活动或者艺术表演等形式，都可以成为强有力的媒介，这些内容不仅能传递知识，更能激发听众和观众的情感共鸣，从而增强对文化遗产的理解和珍视。

当然，情感在非物质文化遗产保护中的作用并非没有挑战。情感的个体性和多变性意味着不同的人可能对相同的文化遗产有着不同的情感反应。此外，随着时间的推移，即便是同一社群内部，其对于传统文化的情感态度也有可能发生变化，这对文化遗产的持续保护也提出了全新的要求。因此，非物质文化遗产保护工作需要不断地适应和调整，要确保文化遗产在保持其原有意义的同时，也能与现代社会发展相融合。

第二节　增强民族的文化自觉和文化认同感

（一）文化认同感的形成机制

文化认同感是一个复杂的社会心理现象，它根源于个体或群体对于所属文化的深刻感知和情感归属。在探讨文化认同感的形成机制时，我们必须认识到这一过程是多方面、多层次互动的结果，也必须认识到其涵盖了语言、传统、习俗、宗教信仰等多个维度。

作为文化传达的基本载体，语言是文化认同感形成的首要因素。通过语言，个体能够理解和参与文化传统，体验共同的历史和记忆，从而形成对特定文化的归属感。语言中蕴含的价值观念、世界观和历史故事，则是构建个体和集体文化认同的重要基石。

传统和习俗则是文化认同感形成的另一重要方面。它们是历史长河中沉淀下来的生活方式和思想精华，并且代表了一个群体的共同记忆和身份标志。通过节日庆典、风俗习惯、艺术形式等，个体能够感受到与先祖的联结和对传统的尊重，从而加深对所属文化的认同感。也就是说，传统和习俗的传承和发展能为个体提供文化认同的情感联结，也是文化多样性和创新的重要源泉。

宗教信仰通常会提供一套完整的世界观和价值体系，这对个体和集体的文化认同的形成有着深远影响。宗教信仰通过神话、教义、仪式等形式，构建了一个可共享的精神家园，这也使得人们得以在宗教的框架下找到归属感和认同感。在多元宗教文化交融的社会中，宗教信仰的多样性本身也成为文化认同感形成的重要因素，这点也能反映文化交流和融合的深度。

在现代社会中，教育、媒体和文化交流已成为强化文化认同感的重要途径。

教育不仅仅传授知识技能，更能实现文化传承和塑造文化认同。通过教育，个体能够深入了解本土文化，并形成开放包容的文化视野和深刻的文化自省能力。

媒体作为信息传播的主要渠道，能够通过影视作品、新闻报道、文化节目等塑造公众的文化认知和情感取向，并且促进个体文化认同感的形成和变迁。艺术展览、学术研讨、国际交流等文化交流活动，也能为不同文化之间的相互理解和尊重提供平台，并且促进跨文化认同的形成。

总之，强化文化认同感对于非物质文化遗产保护具有深远的意义。非物质文化遗产是一个民族文化身份和记忆的重要组成部分，其具体包括传统音乐、舞蹈、戏剧、手工艺等。在全球化和现代化的浪潮中，许多非物质文化遗产都面临着消失的风险。因此，加强对非物质文化遗产的认识和保护不仅是对历史和传统的尊重，更是对文化多样性和人类共同遗产的维护。通过教育和传播来强化公众对非物质文化遗产的认同感，也能激发社会各界对其保护的责任感和紧迫感，共同推动文化遗产的传承与发展。

（二）非物质文化遗产与民族文化自觉的互动

非物质文化遗产与民族文化自觉的互动是一个复杂的现象，其在促进文化认同感、激发民族自觉方面发挥着至关重要的作用。非物质文化遗产包括口头传统、表演艺术、社会实践、节庆活动、自然知识和手工艺技术等，其不仅仅是民族文化的灵魂，也体现了一个民族的历史、价值观、生活方式和对世界的认知方式。在全球化的背景下，非物质文化遗产成为民族文化自觉的关键媒介，也帮助了个体认识并珍视自己独特的文化身份。

非物质文化遗产的核心在于其“非物质”特性，即它不是物质形式的文化表达，而是一种通过口头传统、表演和社会实践等形式传递的产物。这种遗产随着传承者的实践而变化和发展，并且不断地适应新的社会环境和需求。因此，非物质文化遗产不仅是过去的遗产，更是活生生的现实，与民族文化的自觉性息息相关。

一方面，激发民族文化自觉性的关键方式之一，就是进行非物质文化遗产的保护与传承。随着现代化和全球化进程的推进，许多传统文化都面临着消亡的威胁。在这种情况下，非物质文化遗产的保护不仅是对历史的尊重，也是对民族文化自觉性的激发。当一个民族开始保护和传承其非物质文化遗产时，它实际上就是在对自身文化进行反思和批判，这种行为本身就是一种文化自觉的体现。

另一方面，非物质文化遗产在增强文化认同感方面也发挥着重要作用。每个民族都有其独特的文化遗产，这些文化遗产是构筑民族认同感的基石。通过参与非物质文化遗产的实践，个体能够更加深入地理解自己的文化根源和文化身份。这种认同感是构建稳定、和谐社会的基础，对促进社会的多元性和包容性颇有助益。

通过具体案例，我们可以更直观地理解非物质文化遗产在激发民族文化自觉方面的作用。比如中国的春节庆典、印度的古典舞蹈、非洲的传统故事等都是非物质文化遗产的例证。这些非物质文化遗产不仅为人们提供了共享文化经验的平台，而且促进了对自身文化传统的深入理解和尊重。通过参与这些文化活动，个体和群体也能发现、理解并传承他们独特的文化传统。

（三）增强民族文化自觉和文化认同感

要增强民族文化自觉和文化认同感，我们需从多个维度实施策略。这是一种对于民族精神和生活方式的深刻反思与积极建构。文化自觉是对本民族文化的深刻理解和自觉维护，文化认同感则是个体或集体对自身文化的归属感和认同。这两者是民族的凝聚力、向心力，在全球文化交流中占据了主体地位。

第一，在政策支持方面，政府需制定相应的法律法规，以保护和发展本民族文化。对于那些濒临消失的文化形式，政府更应当做到投入文化资金，申报和保护非物质文化遗产，同时扶持民族文化产业。同时，政府还应鼓励民间组织和社区都参与到文化保护和传承中来，以合力的形式增强民族文化自觉和文化认同感。

第二，教育体系的整合也至关重要。学校教育需包括民族文化教育的内容，通过课程设置，让学生能够了解和尊重本民族文化，同时开阔学生们的视野，使其能够学习和理解其他文化。除了学校教育外，社区教育和终身教育也应覆盖与之相关的文化教育，激发人们对自身文化的兴趣和探索。同时，高等教育中的文化研究和人文学科也应当加强对本民族文化的研究和国际交流，培养文化研究和传播的相关人才。

第三，社区参与是文化传承和发展的基石。通过举办社区节庆活动、成立文化工作坊、口述历史项目等形式，社区成员能积极参与到文化实践中来。这些活动不仅是加深居民对本民族文化的了解和认同的好方法，也是活化历史、传承技艺的有效途径。此外，社区博物馆、文化中心等也可以作为展示和体验民族文化的平台，辅助个体参与文化的传承和发展。

第四，媒体宣传同样重要。传统媒体和新媒体都需承担起文化传播的责任，通过纪录片、文化专题、在线课程等节目和内容普及文化知识，展示文化魅力。这不仅能够增强个体对本民族文化的自豪感和认同感，还能够提升国际社会对该民族文化的认识和尊重。

非物质文化遗产的保护和传承是激发民族文化自觉的重要途径，政府和社会需要共同努力，发掘和记录这些文化遗产，并且创造条件，使它们在现代社会中得以持续生存和发展。通过教育、展示和实践活动，也能让更多人参与到非物质文化遗产的保护中来。

第三节　打造文化品牌，促进文化产业发展

（一）文化品牌的构建与非物质文化遗产的价值提升

当代社会，非物质文化遗产的保护与传承呈现出新的挑战和机遇。作为一种重要的文化资源，非物质文化遗产涵盖了包括传统技艺、仪式、民间传说、音乐、舞蹈等在内的多个领域，它们是人类智慧和创造力的结晶，也是文化多样性的重要体现。在全球化的大背景下，如何有效地保护和利用这些文化遗产并提升其价值成了一个重要课题。其中，文化品牌的构建则是提升非物质文化遗产价值的关键策略之一。

文化品牌构建是一个系统的工程，它需要深入挖掘非物质文化遗产内涵，理解其历史背景、文化特色和社会价值，同时结合现代市场的需求进行创新性转化。这一过程不仅是对原有文化的包装，而且需要通过专业的品牌策略，使其既保持文化的原真性和连续性，又展现出新的时代价值和市场潜力。如此一来，非物质文化遗产才能在现代社会中焕发新生，被更多人所了解、欣赏和传承。

首先，构建文化品牌要对非物质文化遗产进行深入研究和解读，具体包括对历史演变、文化内涵、艺术特征及其在当代社会中的意义进行全面分析。基于这种深入理解，我们能够捕捉到非物质文化遗产的独特之处和核心价值，这也是品牌构建的基础。随后，我们要围绕其核心价值设计品牌战略，如品牌定位、品牌形象设计、市场推广等，使之形成独特的品牌识别系统。

其次，在实践中，文化品牌的构建既要尊重传统又要注重创新。一方面，我们需要保留非物质文化遗产中的核心元素和精神内涵，保证其连贯性和真实性；另一方面，我们需要根据现代社会的审美趋势和市场需求，在形式和内容方面进行适度的创新和改造。例如，我们可以通过现代设计手法重新诠释传统图案，或者将传统技艺与现代产品相结合，以此开发出既有文化内涵又符合现代生活需求的商品和服务。

最后，文化品牌的推广也是至关重要的方面。通过展览、工作坊、文化节等形式，让公众能够亲身体验和感知非物质文化遗产的魅力，提高其社会影响力和市场知名度。利用数字媒体和网络平台，扩大传播范围，也能吸引更多年轻人的关注和参与。通过上述形式，文化品牌能够不断提升其影响力，吸引更多的资源与合作，进一步促进非物质文化遗产的保护和传承。

（二）文化产业的发展模式与非物质文化遗产的融合

当代社会，文化产业的发展和非物质文化遗产的保护与传承之间形成了一种紧密的互动关系。这种互动关系不仅为非物质文化遗产的保存提供了新的思路和方法，也为文化产业的发展提供了新的方向。文化产业的快速发展，特别是数字技术的广泛应用，为非物质文化遗产的传播和创新提供了前所未有的机会。

首先，非物质文化遗产的融合发展模式重视的是传统文化与现代产业的有效结合。在这一模式下，非物质文化遗产不再是孤立和静态的保护对象，而是一种动态发展的文化资源。通过现代科技手段和市场经济机制的介入，传统文艺、手工艺等非物质文化遗产也将焕发出新的生机与活力。如今，传统文艺、手工艺等非物质文化遗产已经能够将传统刺绣、陶瓷、木雕等手工艺与现代设计理念结合，开发出既具有传统文化特色又符合现代消费者需求的生活用品的例子，而且，现代科技还能通过数字化技术将传统戏剧、民俗、音乐等内容制作成数字内容，供全球观众在线观看和学习。

其次，非物质文化遗产的融合发展也促进了文化产业的多元化和深入发展。其中，文化产业覆盖了旅游、教育、娱乐等多个领域，而非物质文化遗产在这些领域中的应用则极大地丰富了文化产品和服务的内涵。

从旅游方面看，开发以非物质文化遗产为主题的旅游产品可以增强旅游业的吸引力，也促进了当地文化的保护和传承；从教育方面看，非物质文化遗产的元素融入课程和教材中，成为增强学生文化认同和创新能力的重要资源；从娱乐方面看，传统节日、习俗、表演艺术等通过现代传媒手段进行创新性展示，吸引了更多年轻人参与进来。

但是，非物质文化遗产与文化产业的融合发展还面临着一系列的挑战和问题。而如何在保护与发展、传承与创新之间找到平衡，则是目前最为关键的问题。保护非物质文化遗产的真实性和完整性，防止其在商业化过程中的失真和异化，需要建立健全相关的法律法规和管理体系。此外，我们还需加强对非物质文化遗产价值的宣传和公众教育，提高整个社会的文化保护意识，这也是推动非物质文化遗产与文化产业融合发展的重要条件。

总之，在全球化和信息化的背景下，非物质文化遗产与文化产业的融合发展不仅是文化多样性保护的需要，也是推动经济社会发展的重要途径。通过有效的政策引导和合理的市场机制，能够让非物质文化遗产在现代社会生活中发挥出更大的作用，使其成为能够联结过去与未来的桥梁。融合发展模式也将促进文化的创新和多样性，也能为人们提供更加丰富多彩的文化选择和体验。因此，积极探索和推动非物质文化遗产与文化产业的融合，对提升国家文化软实力、促进文化和谐、实现文化繁荣具有非常重要的现实意义。

（三）创新驱动与文化产业的可持续发展

作为一个涵盖艺术、传媒、娱乐等多个方面的领域，文化产业的发展不仅促进了经济增长，也加强了社会的文化认同感。然而，随着全球化和技术进步的挑战日益严峻，文化产业的可持续发展也成了一个无法回避的议题。

技术创新在文化产业的可持续发展中扮演着关键角色。随着信息技术的飞速发展，数字化开始成为文化产品分发和消费的新常态。数字技术使得非物质文化遗产如民间音乐、舞蹈和手工艺得以通过网络平台传播，触达更广泛的受众，与此同时，技术创新也带来了不小的挑战，比如版权保护问题和文化同质化风险等。

管理创新在文化产业发展方面的作用是不可忽视的。随着市场环境的不断变化，有效的管理策略对确保文化产业的健康发展也变得至关重要。这其中包括了对文化项目的资金管理、人力资源管理以及市场营销策略的创新。例如，众筹模式的引入能为小型文化项目提供新的融资途径，同时也加强公众对文化产业的参与和认同。

市场创新对于文化产业的长期生存和发展同样重要。这一点涉及文化产品的定位、推广以及与消费者互动等方面。在全球化背景下，文化产品不仅要满足本土市场的需求，还要具备跨文化的吸引力。这就要求文化产业能够灵活调整其市场策略，捕捉不同文化背景消费者的兴趣和需求。

可持续发展则是文化产业发展中的另一个关键概念。其要求在发展文化产业的同时，确保非物质文化遗产得到合理的保护。这意味着在推广和利用文化遗产时，要保持其核心价值和独特性，防止文化的过度商业化和同质化。同时，可持续发展也强调对环境资源的负责任使用和对社会公平的重视。例如在文化产业的物理基础设施建设中，我们也应当考虑其对环境的影响，并力求将这种影响做到最小化。

第四节　缓解现代危机，促进社会健康发展

（一）非物质文化遗产在促进心理健康和社会福祉中的角色

在心理健康方面，非物质文化遗产也发挥着重要的作用，它不仅维系了文化的持续性，也在个体和集体层面上促进了心理健康和社会凝聚力。

非物质文化遗产的实践和体验，如参与传统艺术、音乐、舞蹈和戏剧等，能够为个体提供独特的情感表达方式。这种表达不仅是艺术性的，更是兼具治愈性和解放性的，它能帮助人们传达复杂的情感，如快乐、悲伤、恐惧和希望等。在这个过程中，个体能够通过艺术欣赏和创造的方式，与自身的内心世界进行对话，

促进心理平衡和自我认识的深化。

节庆、仪式和传统庆典等非物质文化遗产的社区实践不仅能强化社区成员之间的联系，还能提供一种集体的参与感和归属感，这对心理健康来说也是至关重要的。共同的文化实践和庆典活动都能增强个体的社会支持网络，缓解个体的孤独感并提高生活满意度。在共同庆祝和参与传统活动的过程中，个体也能够感受到社区的支持和认同。

非物质文化遗产还与多代传承和身份认同紧密相关。通过故事讲述、传统技艺的学习和传承，个体能够在更宏观的文化背景中理解自己的位置。这种跨代的联系和对文化根源的认识，对个体的自尊、自我效能感以及对生活的意义感都有积极影响。在快速变化的现代社会中，非物质文化遗产作为一种连接过去和未来的纽带，也能为个体提供稳定性和连续性的感觉。

在治疗和康复领域，非物质文化遗产的价值也逐渐被认识和利用。音乐疗法、舞蹈疗法和戏剧疗法等都是借鉴了传统艺术形式的现代治疗方法，这些方法都被证实，确实能够有效地帮助人们处理情绪障碍、减轻心理压力，以及改善认知和社交功能。通过参与这些活动，个体不仅能够享受创造和表达的乐趣，也能在治疗过程中体验文化的力量与美好。

当然，非物质文化遗产的维护和传承也面临诸多挑战。全球化、城市化以及现代生活方式的变化，都对传统文化实践构成了威胁。因此，如何在保持文化多样性和适应现代社会需求之间找到平衡就成了一个重要课题。只有通过积极的政策支持、教育推广和社区参与，才能确保这些宝贵的文化遗产得到有效的保护和传承，继续为人类的心理健康贡献力量。在此过程中，重视和利用非物质文化遗产在促进心理健康和福祉方面的潜力不仅能够丰富我们的文化生活，也能够为解决现代人类面临的心理健康问题提供新的视角和方法。

（二）非物质文化遗产在社会教育和青少年发展中的作用

作为一种跨世纪的文化传承和创新载体，非物质文化遗产在社会教育和青少年发展方面的重要性不容忽视。非物质文化遗产包含了广泛的内容，如口头传统、表演艺术、社会实践、节庆活动、传统工艺等，这些多元化的文化形式共同构成了人类社会的文化基因库。

在教育领域中，非物质文化遗产的应用不仅是对青少年知识结构的一种补充，更是其认知发展、情感培养和价值观塑造的重要资源。通过与非物质文化遗产的互动，青少年能够深入理解和体验到人类历史长河中的智慧结晶和精神追求。通过学习和练习某一地区的传统舞蹈，青少年也能理解这一舞蹈的历史背景和艺术特色，并且能够在模仿和创新中培养自己的身体协调性和艺术表达力。

非物质文化遗产教育对于青少年的全面发展具有多维度的作用。首先，非物质文化遗产在知识层面涵盖了丰富的历史、艺术和文化知识，这些知识的学习有助于青少年开阔视野，加深对人类文化多样化的理解和尊重。其次，非物质文化遗产在技能层面往往需要动手实践，如制作传统工艺品、学习民族乐器等，这些活动能够锻炼青少年的动手能力和创新能力。最后，非物质文化遗产在情感层面能够激发青少年对美的感知和追求，培养其良好的审美情感和人文关怀。

非物质文化遗产教育还对青少年的社会认同感和文化自信有着积极的影响。在全球化和信息化的背景下，青少年面临着来自多元文化的冲击和诱惑，非物质文化遗产的教育能够帮助他们建立对本土文化的认同感和自豪感，从而形成坚定的文化自信和积极的社会责任感。通过参与非物质文化遗产的保护和传承活动，青少年也能深刻体会到文化多样性和文化可持续发展的重要价值，这不仅有利于个人素质的提升，也对促进社会的和谐与进步具有重要意义。

在实际操作中，非物质文化遗产的教育应当注重内容的选择和方法的创新，例如，可以选择与青少年生活密切相关且能激发其学习兴趣和创造激情的非物质文化遗产内容，同时，教育方法应多样化，例如，结合数字媒体等现代教育技术和手段，让非物质文化遗产教学变得更加生动有趣、富有吸引力。

（三）非物质文化遗产在促进跨文化理解和包容中的作用

作为人类文化多样性的重要组成部分，非物质文化遗产承载着深厚的历史与文化价值。在全球化时代，非物质文化遗产在促进跨文化理解与包容方面扮演着至关重要的角色。这一角色可从多个维度深入探讨。

作为一种文化表达，非物质文化遗产通常包括了传统艺术、习俗、仪式、民间传说等形式。这些形式不仅仅是历史的存档，更是反映了一个社区或民族的生活方式、价值观和世界观。如中国的春节和印度的胡里节，都是各自文化独特性的具体体现。在全球化的背景下，这些文化实践越来越多地被其他文化圈所了解和接纳，成为文化间对话与交流的桥梁。

非物质文化遗产的交流与传播有助于打破文化隔阂和偏见。在不了解他人文化的情况下，人们往往容易形成刻板印象和误解。然而，通过对非物质文化遗产的学习和体验，人们能够更深入地理解其他文化的内涵和价值，从而培养对不同文化的尊重和欣赏。例如，非洲的鼓舞、拉丁美洲的探戈等，都能在全球范围内引起共鸣，并促进人们对这些文化背后深层次意义的理解。

非物质文化遗产还作为解决冲突和促进和平的工具。在多元文化共存的环境中，文化冲突往往是不可避免的。然而，通过非物质文化遗产的交流和共享，不同文化群体之间可以相互理解和尊重。这不仅有助于减少冲突和矛盾，还能够在更广泛的层面上促进社会的和谐与稳定。例如，联合国教科文组织的非物质文化遗产项目就能通过保护和促进各国的非物质文化遗产，增进国际间的理解和尊重。

非物质文化遗产的保护与传承本身就是一种跨文化合作与交流的过程。在全球化和现代化的影响下，许多非物质文化遗产面临着消失的风险。因此，保护这些文化遗产需要国际社会的共同努力。这种合作不仅有助于保存文化多样性，也是一种促进不同国家和民族之间理解和尊重的实践。

第五节　促进文化交流与合作，维护和平与发展

（一）文化交流的桥梁作用

作为历史长河中人类智慧和生活方式的结晶，非物质文化遗产承载着深厚的文化价值和社会意义，在跨文化交流和理解方面，非物质文化遗产的作用同样不容小觑。非物质文化遗产通过多种方式，成为连接不同文化和民族的桥梁，也促进了不同文化在全球范围内的交流与认识。

在细究非物质文化遗产促进跨文化交流方面的作用时，首要注意到的是它独特的表现形式。非物质文化遗产包括语言、音乐、舞蹈、游戏、神话、习俗、工艺技术等多种形式，这些都是文化身份和历史记忆的重要载体。当这些遗产形式被分享给其他文化时，就传递了一种文化的内在精神和价值观，同时，这种形式

也能为接受方提供一种全新的文化视角和理解途径。通过艺术展览、举办文化节、工艺展示和学术交流等活动，非物质文化遗产被有效地传播到世界各地，激发了人们对异国文化的好奇心和兴趣，架设起了文化交流的桥梁。

非物质文化遗产的交流和分享也有助于提高公众对文化多样性的认识和尊重。在全球化的背景下，人们越来越容易接触到来自世界各地的文化，但同时也面临着文化同质化的压力。非物质文化遗产的保护和传播强调了每种文化的独特价值和不可替代性，鼓励人们发现并欣赏不同文化之间的差异和特色。这种文化的认识和尊重是建立跨文化理解的基础，对于促进民族间的和平与合作、构建包容和谐的世界共同体都具有深远的意义。

非物质文化遗产的跨文化交流也是一个动态的互动过程。在这个过程中，不同文化的接触和碰撞不仅保留了文化的原有特色，也催生出了新的文化形态和表现方式。这种文化的创新和融合是文化多样性发展的重要动力，它促进了文化的持续演进和创新。因此，非物质文化遗产的跨文化交流不仅是一种文化传播，更是文化创新和发展的催化剂。

（二）全球性的文化合作与团结发展

在探讨全球性的文化合作与团结发展的语境中，特别是在非物质文化遗产的保护和传承领域，我们必须深入理解国际社会共同努力的必要性和这种合作的深远意义。非物质文化遗产是人类文明多样性和创造力的重要体现。它们不仅具有历史和文化价值，而且是社区认同和连续性发展的关键。因此，保护这些非物质文化遗产是维护全人类共有记忆和促进可持续发展的重要组成部分。

国际社会在非物质文化遗产的保护方面采取了一系列合作项目，其中，最显著的就是联合国教科文组织的《人类非物质文化遗产代表作名录》。此名录的建立旨在认可和保护那些对人类具有突出普遍价值的文化表现形式。通过这一机制，不同国家和地区的政府、民间团体以及利益相关者被鼓励共同参与到非物质文化遗产的保护工作中来，实现信息的共享、资源的共享和最佳实践的共享。

非物质文化遗产的保护不仅仅是一项保存历史的任务，也是一种促进全球公民团结和理解的有效方式。在全球化的背景下，文化间的接触和交流越来越频繁，这种交流既是一种挑战，也是一种机遇。非物质文化遗产的跨文化共享和交流可以帮助不同文化背景的人们增进了解和尊重，促进共生共存。

为了加强文化合作与全球团结，国际社会需要采取更为积极的措施，具体包括加强国际法律框架等。此外，公众意识的提高也是一件至关重要的事。人们可以通过教育和媒体等手段增强公众对非物质文化遗产价值的认识，激发他们对保护工作的参与和支持。

（三）文化遗产与和谐社会

作为一个国家或民族历史、文化及其社会发展的体现，文化遗产不仅是过去遗留给今天的宝贵资源，也是当代社会对未来的郑重承诺。这种遗产可以是物质的，如建筑物、艺术品、文献等，也可以是非物质的，比如传统习俗、语言、音乐、舞蹈等。非物质文化遗产的活态传承在全球化和快速变化的当代世界，对于维护世界和平具有不可估量的重要性。

在多元文化共存的国际社会中，非物质文化遗产的保护和传承能够促进对不同文化传统的深入了解和尊重。每一种文化都有其独特的价值和意义，这种多样性本身就是人类共同遗产的重要组成部分。通过对不同文化传统的学习和欣赏，可以有效减少因文化不了解或误解而产生的冲突，增进不同民族和国家间的相互理解和尊重。

非物质文化遗产的传承和交流，尤其是在全球化背景下，为建立跨文化对话和合作提供了良好契机。这种跨文化的交流不仅可以促进文化遗产的保护，而且可以为解决如环境保护等全球性问题提供创新的思路和方案。文化的多样性和交流促进了创新思维的产生，这对于应对全球性挑战至关重要。

在此背景下，文化遗产的共享和交流成为构建一个更加包容和谐的国际社会的关键。文化遗产不仅是一个国家或民族的身份和自豪感的源泉，而且是促进各个国家相互理解的工具。通过共享各自的文化遗产，不同国家和民族可以在尊重和理解的基础上构建长久的友谊和合作关系。要实现这一目标，就需要国际社会共同努力，具体包括制定有效的国际法律和政策，以保护和促进非物质文化遗产的传承；投资于教育和研究领域，以增强公众对其价值的认识；鼓励国际交流和合作项目，以促进不同文化间的相互理解和尊重。

第二部分

非物质文化遗产活态传承分析——以贵州省为例

第六章　贵州省非物质文化遗产资源调查与生存环境分析

在探索非物质文化遗产的活态传承和发展的广阔天地时，贵州省以其独特的文化多样性和丰富的非物质文化遗产资源，提供了一个极具研究价值的案例。本章将聚焦于贵州省非物质文化遗产的现状，探讨其在独特的自然地理和复杂的社会经济环境中的生存与发展。通过深入分析贵州省的非物质文化遗产类型、分布、特征与功能，我们旨在揭示这些文化遗产如何在当地社会的历史脉络和现代变迁中保持其活力和意义。贵州，作为一个历史悠久且民族众多的地区，其非物质文化遗产不仅承载着丰富的历史信息，也反映了多元文化的交融与发展。本章将通过对贵州省非物质文化遗产资源的全面调查，结合对其生存环境的深入分析，探讨如何在保护和传承这些珍贵文化遗产的同时，促进其在现代社会中的可持续发展。通过这一研究，我们希望为理解和保护中国乃至全球的非物质文化遗产提供新的视角和思考。

第一节　贵州省非物质文化遗产概况

（一）贵州省省情简介

贵州省位于中国西南部，以其独特的地理位置和丰富的文化遗产而闻名。历史上，贵州一直是中国古文化的重要发源地之一。旧石器时代就有人类在此繁衍生息，至今已发现多处文化遗址。明永乐十一年（1413 年）贵州建立布政使司，标志着其作为一个独立行政区域的确立。抗战时期，贵州成为国家大后方，承担了重要的历史使命。总的来说，贵州是一个经济发展活跃、生态环境优美、文化多样性和生物多样性并存的宝地，是中国首个国家级大数据综合试验区，是世界知名的山地旅游目的地和山地旅游大省，是国家生态文明试验区，是内陆开放型经济试验区。

1. 地理位置

贵州省位于中国西南云贵高原，东临湖南，南靠广西，西毗云南，北连四川和重庆。地理坐标介于东经 103° 36′ ~ 109° 35′ 、北纬 24° 37′ ~ 29° 13′ ，东西长约 595 千米，南北相距约 509 千米，总面积约 17.62 万平方千米，占全国总面积的 1.8%。

2. 地形地貌

贵州地貌属于中国西南高原山地，地势西高东低，平均海拔在 1100 米左右。以“八山一水一分田”为特征，包括高原、山地、丘陵和盆地四种基本类型，其中 92.5% 的面积为山地和丘陵。贵州拥有众多山脉，如大娄山、苗岭、武陵山、乌蒙山，后者是贵州境内最高点的所在地。

3. 气候环境

贵州气候温暖湿润，属亚热带湿润季风气候，四季分明，冬无严寒，夏无酷暑，为人们提供了一个舒适宜人的生活环境。降水量较多，季风影响使得雨季集中在夏季。但也面临多种灾害性天气，如干旱、秋风、凌冻和冰雹。

4. 水文

贵州河流众多，处于长江和珠江两大水系上游交错地带。分布有 69 个县属长江防护林保护区，是长江、珠江上游地区的生态屏障。苗岭是两大流域的分水岭，北属长江流域，南属珠江流域。河川纵横交错，水能资源丰富，水文资源蕴藏量为 1874.5 万千瓦，居全中国第六位。

5. 矿产资源

贵州矿产资源丰富，涵盖 110 多种矿产，其中 76 种探明了储量。煤炭、铝土矿、磷矿、重晶石等矿产在国内占有重要地位。

6. 生物资源

贵州拥有丰富的生物资源，植物包括维管束植物 9982 种，其中可食用的有 700 多种，国家一级保护的珍稀植物有冷杉、银杉、珙桐等。动物方面，脊椎动物有 1053 种，国家一级保护的珍稀动物有黔金丝猴、黑叶猴、黑颈鹤等。

7. 人口和民族

贵州是一个多民族共居的省份，全省共有民族成分 56 个，其中世居民族有汉族、苗族、布依族、侗族、土家族、彝族、仡佬族、水族、回族、白族、瑶族、壮族、畲族、毛南族、满族、蒙古族、仫佬族、羌族等18个。

据全国第五次人口普查，全省人口超过10万的有汉族（2191.17万，占62.2%）、苗族（429.99万，占12.2%）、布依族（279.82万，占7.9%）、侗族（162.86万，占4.6%）、土家族（143.03万，占4.1%）、彝族（84.36万人，占2.4%）、仡佬族（55.9万，占1.6%）、水族（36.97万，占1.0%）、白族（18.74万，占0.53%）和回族（16.87万，占0.5%）。

2009年末，贵州少数民族人口占全省总人口的39%。全省有3个民族自治州、11个民族自治县，地级行政区划单位占全省的30%，县级行政区划单位46个，占全省的52.3%；少数民族自治地区国土面积9.78万平方公里，占全省面积的55.5%。还有253个民族乡。千百年来，各民族和睦相处，共同创造了多姿多彩的贵州文化。

8. 行政区划

截至2023年9月30日，贵州省共有6个地级市、3个自治州；50个县、11个自治县、10个县级市、16个市辖区、1个特区，共88个县级政区；122个乡、192个民族乡、831个镇、365个街道，共1510个乡级政区。

（二）贵州省非物质文化遗产项目总览

2006年5月20日，国务院发布了《国务院关于公布第一批国家级非物质文化遗产名录的通知》，批准命名了第一批国家级非物质文化遗产名录，至今已命名五批。

贵州省及各市州、县也按照文件要求陆续命名了各自层级的非物质文化遗产名录。截至2021年5月24日，贵州省共有国家级名录98项159处（其中民间文学8项11处，传统音乐11项20处，传统舞蹈10项17处，传统戏剧9项14处，曲艺3项3处，传统体育、游艺与杂技3项4处，传统美术6项12处，传统技艺18项31处，传统医药6项9处，民俗24项38处），省级名录628项1023处，统计结果见表6–1。

表 6-1　贵州省省级非遗项目类型及数量

（单位：项）

批次	民间文学	传统音乐	传统舞蹈	传统戏剧	曲艺	传统体育、游艺与杂技	传统美术	传统技艺	传统医药	民俗	合计
第一批	3	6	15	8	1	4	0	18	0	36	91
第二批	14	30	28	20	7	11	6	40	9	92	257
第三批	15	31	15	20	3	15	12	38	2	69	220
第四批	7	18	11	12	2	8	5	33	5	39	140
第五批	18	18	18	33	1	21	15	103	20	68	315
合计	57	103	87	93	14	59	38	232	36	304	1023

从表中的数据可以看出，民俗类别数量最多，有 304 项，反映了贵州多民族文化的深厚底蕴和多样性。传统技艺类别的项目紧随其后，共有 232 项，表明贵州省在手工艺和传统制作技术方面有着丰富的遗产。传统音乐、传统舞蹈和传统戏剧也占据了相当的比例，分别有 103 项、87 项和 93 项，展示了贵州地区在表演艺术方面的独特魅力。民间文学和曲艺类别相对较少，分别只有 57 项和 14 项，可能反映了这些领域的非遗项目较为稀缺或者在传承上面临着挑战。传统体育、游艺与杂技和传统美术类别的项目也有一定数量，分别为 59 项和 38 项，显示了贵州在体育游戏和美术领域的传统文化价值。传统医药有 36 项，这一数字表明贵州省在传统医疗知识和技能方面拥有丰富的遗产，这些知识和技能往往蕴含了对自然界的深刻理解和利用。通过归纳，我们可以看到贵州省非遗项目不仅种类多样，而且在某些领域如传统技艺和民俗方面尤为丰富。这些非遗项目不只是文化遗产的重要组成部分，也是贵州省文化多样性和民族特色的重要体现。它们的保护和传承对于维护文化多样性、促进文化交流和提高人们对传统文化价值的认识至关重要。

（三）非物质文化遗产传承人

国家级非物质文化遗产代表性传承人在中国非物质文化遗产保护中扮演着关键角色。他们不仅肩负着传统文化传承的使命，还在确保非物质文化遗产的持续传承中发挥着不可替代的作用。这些传承人通过个人的实践活动，将非物质文化遗产保持为一种“活”的文化形态。他们不仅展示了遗产实践能力的最高水平，还不断地将个性化的创造融入传承实践活动中。保护这些代表性传承人，是非物质文化遗产保护工作的重要内容。截至 2022 年 11 月，我国国家级非物质文化遗产代表性传承人共 3057 人。其中，70 岁以上的传承人占比高达 71.4%，百岁以上的传承人有 40 位，50 岁以下的传承人仅占 1%。中国文化主管部门截至 2021 年 5 月 24 日已经命名了五批国家级非物质文化遗产代表性项目代表性传承人，这些批次分别在 2007 年、2008 年、2009 年、2012 年和 2018 年公布。贵州省共有 94 名国家级非物质文化遗产代表性传承人获得认定（第一批 12 名、第二批 24 名，第三批 8 名，第四批 11 名，第五批 39 名），贵州省的 94 名国家级传承人分布于 9 个项目类别，对照已有的国家级目，传统体育、游艺与杂技类没有传承人得到认定。统计明细见表 6–2。9 个类别中有两个类别的传承人超过 20 人：一类是传统技艺类，21 名，其中“苗族银饰锻制技艺”项目人数最多，4 名；另一类是传统戏剧类 19 名，其中“花灯戏”项目有 4 名，“布依戏”和“安顺地戏”也都各有 3 名，传承项目比较集中。人数在 10 余名的有 3 个类别：传统音乐、民间文学和传统美术类。传统音乐类的 16 名中，“侗族大歌”项目有 5 名，“侗族琵琶歌”项目有 4 名，可见侗族音乐传承人占比非常高；民间文学类的 12 名中，“苗族古歌”项目有 6 名，占了名单的 50%；传统美术类的 11 名中，“苗绣”项目有 5 名。传统舞蹈类虽只有 5 名，其中 4 名传承的是“苗族芦笙舞”项目。曲艺类仅有 2 名，传承的都是“布依族八音坐唱”项目。

表 6–2　贵州省国家级非物质文化遗产项目传承人统计表

序号	姓名	性别	民族	项目分类	项目名称	申报地区或单位	批次
1	王安江	男	苗族	民间文学	苗族古歌	贵州省台江县	第一批
2	刘永洪	男	苗族	民间文学	苗族古歌	贵州省台江县	第一批
3	龙通珍	女	苗族	民间文学	苗族古歌	贵州省黄平县	第一批
4	王明芝	女	苗族	民间文学	苗族古歌	贵州省黄平县	第一批
5	石光明	男	苗族	民间文学	刻道	贵州省施秉县	第一批
6	吴治光	男	苗族	民间文学	刻道	贵州省施秉县	第一批
7	莫厌学	男	苗族	传统技艺	苗族芦笙制作技艺	贵州省雷山县	第一批

续表

序号	姓名	性别	民族	项目分类	项目名称	申报地区或单位	批次
8	刘泽松	男	汉族	传统技艺	玉屏箫笛制作技艺	贵州省玉屏侗族自治县	第一批
9	姚茂禄	男	侗族	传统技艺	玉屏箫笛制作技艺	贵州省玉屏侗族自治县	第一批
10	杨光宾	男	苗族	传统技艺	苗族银饰锻制技艺	贵州省雷山县	第一批
11	罗守全	男	布依族	传统技艺	皮纸制作技艺	贵州省贵阳市	第一批
12	刘世阳	男	汉族	传统技艺	皮纸制作技艺	贵州省贞丰县	第一批
13	吴品仙	女	侗族	传统音乐	侗族大歌	贵州省黎平县	第二批
14	吴家兴	男	侗族	传统音乐	侗族琵琶歌	贵州省榕江县	第二批
15	吴玉竹	女	侗族	传统音乐	侗族琵琶歌	贵州省黎平县	第二批
16	王芳仁	男	布依族	传统音乐	铜鼓十二调	贵州省镇宁布依族苗族自治县	第二批
17	王永占	男	布依族	传统音乐	铜鼓十二调	贵州省贞丰县	第二批
18	李金英	女	苗族	传统舞蹈	苗族芦笙舞（锦鸡舞）	贵州省丹寨县	第二批
19	余贵周	男	苗族	传统舞蹈	苗族芦笙舞（锦鸡舞）	贵州省丹寨县	第二批
20	王景才	男	苗族	传统舞蹈	苗族芦笙舞（滚山珠）	贵州省纳雍县	第二批
21	万政文	男	苗族	传统舞蹈	木鼓舞（反排苗族木鼓舞）	贵州省台江县	第二批
22	秦治凤	女	苗族	传统戏剧	花灯戏（思南花灯戏）	贵州省思南县	第二批
23	刘　芳	女	侗族	传统戏剧	花灯戏（思南花灯戏）	贵州省思南县	第二批
24	张启高	男	侗族	传统戏剧	侗戏	贵州省黎平县	第二批
25	吴胜章	男	侗族	传统戏剧	侗戏	贵州省黎平县	第二批
26	罗国宗	男	布依族	传统戏剧	布依戏	贵州省册亨县	第二批
27	黄朝宾	男	布依族	传统戏剧	布依戏	贵州省册亨县	第二批
28	文道华	男	彝族	传统戏剧	彝族撮泰吉	贵州省威宁彝族回族苗族自治县	第二批
29	张月福	男	土家族	传统戏剧	傩戏（德江傩堂戏）	贵州省德江县	第二批
30	安永柏	男	土家族	传统戏剧	傩戏（德江傩堂戏）	贵州省德江县	第二批
31	顾之炎	男	汉族	传统戏剧	安顺地戏	贵州省安顺市	第二批
32	詹学彦	男	汉族	传统戏剧	安顺地戏	贵州省安顺市	第二批
33	饶世光	男	仡佬族	传统戏剧	木偶戏（石阡木偶戏）	贵州省石阡县	第二批

续表

序号	姓名	性别	民族	项目分类	项目名称	申报地区或单位	批次
34	付正华	男	侗族	传统戏剧	木偶戏（石阡木偶戏）	贵州省石阡县	第二批
35	梁秀江	男	布依族	曲艺	布依族八音坐唱	贵州省兴义市	第二批
36	吴天玉	男	布依族	曲艺	布依族八音坐唱	贵州省兴义市	第二批
37	张定强	男	苗族	民间文学	苗族古歌	贵州省台江县	第三批
38	吴仁和	男	侗族	传统音乐	侗族大歌	贵州省从江县	第三批
39	潘萨银花	女	侗族	传统音乐	侗族大歌	贵州省从江县	第三批
40	吴仕恒	男	侗族	传统音乐	侗族琵琶歌	贵州省黎平县	第三批
41	季克良	男	汉族	传统技艺	茅台酒酿制技艺	贵州省	第三批
42	王兴武	男	苗族	传统技艺	皮纸制作技艺	贵州省丹寨县	第三批
43	欧海金	男	水族	民俗	水书习俗	贵州省黔南布依族苗族自治州	第三批
44	潘老平	男	水族	民俗	水书习俗	贵州省黔南布依族苗族自治州	第三批
45	吴廷贵	男	布依族	民间文学	布依盘歌	贵州省盘县	第四批
46	陈兴华	男	苗族	民间文学	亚鲁王	贵州省紫云苗族布依族自治县	第四批
47	胡官美	女	侗族	传统音乐	侗族大歌	贵州省榕江县	第四批
48	刘胜杨	男	汉族	传统戏剧	花灯戏（思南花灯戏）	贵州省思南县	第四批
49	吴通英	女	苗族	传统美术	苗绣	贵州省台江县	第四批
50	宋水仙	女	水族	传统美术	水族马尾绣	贵州省三都水族自治县	第四批
51	韦桃花	女	水族	传统美术	水族马尾绣	贵州省三都水族自治县	第四批
52	陈显月	女	侗族	传统美术	侗族刺绣	贵州省锦屏县	第四批
53	王阿勇	女	苗族	传统技艺	苗族蜡染	贵州省丹寨县	第四批
54	吴水根	男	苗族	传统技艺	苗族银饰锻制技艺	贵州省台江县	第四批
55	杨光成	男	布依族	传统技艺	枫香印染技艺	贵州省惠水县	第四批
56	龙女三九	女	苗族	传统美术	苗绣（剑河苗绣）	贵州省剑河县	第五批
57	王登书	男	苗族	传统美术	泥塑（苗族泥哨）	贵州省黄平县	第五批
58	龙令香	女	侗族	传统美术	侗族刺绣	贵州省锦屏县	第五批
59	杨芳	女	苗族	传统技艺	苗族蜡染技艺	贵州省丹寨县	第五批

续表

序号	姓名	性别	民族	项目分类	项目名称	申报地区或单位	批次
60	王月圆	女	苗族	传统技艺	蜡染技艺	贵州省安顺市	第五批
61	杨光锦	男	侗族	传统技艺	侗族木构建筑营造技艺	贵州省从江县	第五批
62	杨正贵	男	苗族	传统技艺	银饰制作技艺（苗族银饰制作技艺）	贵州省黄平县	第五批
63	郃引岩	男	苗族	传统技艺	银饰锻制技艺（苗族银饰锻制技艺）	贵州省剑河县	第五批
64	潘玉华	男	苗族	传统技艺	皮纸制作技艺	贵州省丹寨县	第五批
65	张禄麒	男	汉族	传统技艺	陶器烧制技艺（牙舟陶器烧制技艺）	贵州省平塘县	第五批
66	杨万仁	男	瑶族	传统技艺	枫香印染技艺	贵州省麻江县	第五批
67	潘柔达	男	苗族	传统技艺	民族乐器制作技艺（苗族芦笙制作技艺）	贵州省凯里市	第五批
68	张子全	男	布依族	传统技艺	绿茶制作技艺（都匀毛尖茶制作技艺）	贵州省都匀市	第五批
69	赵有辉	男	瑶族	传统医药	瑶族医药（药浴疗法）	贵州省从江县	第五批
70	王增世	男	苗族	传统医药	苗医药（骨伤蛇伤疗法）	贵州省雷山县	第五批
71	杨文琴	女	苗族	民俗	苗族服饰	贵州省安顺市西秀区	第五批
72	熊光珍	女	苗族	民俗	苗族服饰	贵州省六盘水市六枝特区	第五批
73	封万明	男	汉族	民俗	农历二十四节气（石阡说春）	贵州省石阡县	第五批
74	王菁	女	布依族	民俗	布依族服饰	贵州省	第五批
75	田锦锋	男	苗族	民间文学	苗族古歌	贵州省台江县	第五批
76	吴通贤	男	苗族	民间文学	刻道	贵州省施秉县	第五批
77	李会堂	男	苗族	民间文学	苗族贾理	贵州省黔东南苗族侗族自治州	第五批
78	贾福英	男	侗族	传统音乐	侗族大歌	贵州省从江县	第五批
79	杨月艳	女	侗族	传统音乐	侗族琵琶歌	贵州省黎平县	第五批
80	方少保	女	苗族	传统音乐	多声部民歌（苗族多声部民歌）	贵州省台江县	第五批
81	王科国	男	布依族	传统音乐	布依族民歌（好花红调）	贵州省惠水县	第五批
82	杨国堂	男	苗族	传统音乐	芦笙音乐（苗族芒筒芦笙）	贵州省丹寨县	第五批
83	吴天平	男	布依族	传统音乐	布依族勒尤	贵州省兴义市	第五批
84	王波	男	土家族	传统音乐	土家族民歌	贵州省沿河土家族自治县	第五批

续表

序号	姓名	性别	民族	项目分类	项目名称	申报地区或单位	批次
85	兰衡	男	苗族	传统舞蹈	苗族芦笙舞（鼓龙鼓虎－长衫龙）	贵州省贵定县	第五批
86	邵志庆	女	汉族	传统戏剧	花灯戏	贵州省花灯剧团	第五批
87	黄成珍	女	布依族	传统戏剧	布依戏	贵州省册亨县	第五批
88	杨朝忠	男	汉族	传统戏剧	傩戏（仡佬族傩戏）	贵州省道真仡佬族苗族自治县	第五批
89	陈先松	男	汉族	传统戏剧	安顺地戏	贵州省安顺市	第五批
90	朱宏	男	汉族	传统戏剧	黔剧	贵州省黔剧团	第五批
91	姜文英	女	苗族	传统美术	剪纸（苗族剪纸）	贵州省剑河县	第五批
92	张桂英	女	苗族	传统美术	苗绣（雷山苗绣）	贵州省雷山县	第五批
93	王启萍	女	苗族	传统美术	苗绣（花溪苗绣）	贵州省贵阳市	第五批
94	杨妹岩	女	苗族	传统美术	苗绣（剑河苗绣）	贵州省剑河县	第五批

需要说明的是，国家级非物质文化遗产代表性项目代表性传承人资格的认定并非一劳永逸，根据《国家级非物质文化遗产代表性传承人认定与管理办法》的规定，文化和旅游部于 2021 年和 2022 年取消了部分国家级非物质文化遗产代表性传承人资格。

根据性别分类统计（表 6–3）我们可以发现传承人中男性共计 65 人，女性共计 29 人。这一统计结果揭示了非物质文化遗产传承人群体中性别分布的不均衡性，其中男性传承人数量明显多于女性传承人。这种性别差异的原因，可能与传统文化和社会结构有关。在许多传统文化中，特定的技艺和知识往往由男性传承，这或许是由于历史上社会分工和性别角色塑造的。此外，一些传统手工艺或

表 6–3　贵州省国家级非物质文化遗产代表性项目传承人性别统计表

（单位：人）

性别 \ 项目类别	传统技艺	传统美术	传统体育、游艺与杂技	传统舞蹈	传统戏剧	传统医药	传统音乐	民间文学	民俗	曲艺	合计
男	18	1	0	4	15	2	10	10	3	2	65
女	3	10	0	0	4	0	6	2	3	0	29
总计	13	11	0	1	20	2	7	12	6	2	94

艺术形式可能要求从事者具备较高的社会流动性或在公共领域有更广泛的参与度，这在传统社会中更易于男性实现。然而，女性传承人在保持和传播非物质文化遗产方面同样发挥着重要作用，特别是在传统美术和传统音乐领域。因此，在非物质文化遗产的保护和传承工作中，需要进一步关注性别平等，确保女性传承人得到更多的认可和支持，从而促进文化多样性的保护和传播。

表 6–4 数据显示，苗族在所有民族中拥有最多的国家级传承人，总计有 40 人，这说明苗族在非物质文化遗产的传承方面起着非常重要的作用。苗族传承人在传统技艺、传统美术、传统舞蹈和传统音乐等多个领域都有广泛的分布，这反映了苗族文化的多样性和其在贵州省文化中的重要地位。侗族和布依族也分别有 17 人和 14 人成为国家级传承人，他们主要集中在传统技艺和传统音乐领域。这可能与侗族和布依族文化中特有的艺术形式和生产技巧有关，如侗族大歌和布依族的八音坐唱等。汉族虽然是中国的主体民族，但在这份统计中只有 12 人，他们主要集中在传统手工技艺和传统戏剧领域。这可能与贵州省作为多民族省份的特点相吻合，其中少数民族文化更具代表性和影响力。另外，瑶族、水族、仡佬

表 6–4 贵州省国家级非物质文化遗产代表性项目传承人民族统计表

（单位：人）

民族 \ 项目类别	传统技艺	传统美术	传统体育、游艺与杂技	传统舞蹈	传统戏剧	传统医药	传统音乐	民间文学	民俗	曲艺	合计
布依族	3	0	0	0	3	0	4	1	1	2	14
侗族	2	2	0	0	4	0	9	0	0	0	17
汉族	4	0	0	0	7	0	0	0	1	0	12
苗族	11	7	0	5	1	1	2	11	2	0	40
瑶族	1	0	0	0	0	1	0	0	0	0	2
水族	0	2	0	0	0	0	0	0	2	0	4
仡佬族	0	0	0	0	1	0	0	0	0	0	1
土家族	0	0	0	0	2	0	1	0	0	0	3
彝族	0	0	0	0	1	0	0	0	0	0	1
总计	21	11	0	5	19	2	16	12	6	2	94

族、土家族和彝族的国家级传承人数量相对较少，这可能与这些民族的人口规模、文化传播和社会经济发展程度有关。贵州省国家级传承人的民族分布显示了贵州省非物质文化遗产的丰富性和多样性。苗族、侗族和布依族在非物质文化遗产的传承上扮演着重要角色，而汉族以及其他少数民族也做出了自己的贡献。这不仅反映了各民族文化的特色和传承人在文化传承中的重要性，也提醒我们需要重视和保护所有民族的文化遗产，尤其是那些国家级传承人较少的民族文化。

有数据显示，黔东南州在所有地区中拥有最多的国家级传承人，远超其他地区。这表明黔东南州在非物质文化遗产的保护和传承方面占据着重要地位。尤其是在传统技艺、传统美术和传统音乐等领域，黔东南州的传承人数量都是显著领先的，这可能与该地区的民族构成和丰富的文化遗产有密切关系。铜仁市位居第二，尤其在传统舞蹈领域有较多的国家级传承人。这一点可能与该地区特有的民族舞蹈文化和历史传统有关。安顺市和黔南州也有较多的国家级传承人，他们主要集中在传统技艺和民间文学等领域。这可能反映了这些地区在保持和发展特定文化遗产方面的独特优势。其他地区如贵阳市、遵义市、六盘水市、毕节市的国家级传承人相对较少，这些数据可能表明这些地区在非物质文化遗产方面的活动相对较少，或者这些地区的非物质文化遗产得到的重视和资源投入相对较少。

贵州省国家级传承人的地区分布显示出显著的地域性特征，不同地区在非物质文化遗产的种类和数量上存在显著差异。这种分布可能与地区间的经济发展、文化政策、民族构成和文化传承的历史背景密切相关。黔东南州作为国家级传承人的聚集地，无疑应成为我们保护和研究非物质文化遗产的重点地区。为了全面推进贵州省非物质文化遗产的保护工作，有必要针对各地区的实际情况，制定和实施更为精准和有效的保护措施。同时，应鼓励和支持那些国家级传承人较少的地区发展自身的非物质文化遗产，以实现贵州省非物质文化遗产保护工作的全面均衡发展。

（四）贵州省非物质文化遗产的历史脉络及地域特色

贵州省非物质文化遗产的历史脉络与地域特色构成了该地区文化多样性的核心。贵州，位于中国西南部，是一个地理环境复杂、民族构成多元的省份。这一地区自古以来便是文化交融的重要地带，非物质文化遗产丰富多样，具有深厚的历史底蕴。从远古时期的神话传说，到明清时期的文化交融，再到近现代的挑战与机遇，以及当代的新篇章，贵州省的非物质文化遗产见证了时代的变迁，成为中华文化不可或缺的一部分。在远古时期，贵州地区就已孕育出了丰富多样的非物质文化遗产。从流传至今的神话传说，我们可以窥见古人们对自然现象、人类起源的独特理解。这些神话传说不仅是贵州文化的源头，更是我们研究古代社会、了解古代人民生活的重要资料。进入明清时期，随着中原文化的传播，贵州非物质文化遗产得到了进一步的发展。音乐、戏曲、工艺等领域取得了显著的进步。民间音乐和戏曲在保持本土特色的基础上，吸收了中原文化的精髓，形成了独具特色的艺术形式。同时，手工艺也得到了广泛的传播和应用，银饰制作、刺绣、传统吊脚楼的制作工艺等传统技艺逐渐崭露头角。近现代时期，贵州省的非物质文化遗产面临了外来文化和现代化进程的冲击。然而，在政府和社会各界的努力下，许多传统技艺和表演形式得以保留和传承。民族节庆、民间信仰、传统手工艺等非物质文化遗产生命力愈发旺盛，成为连接过去与未来的重要桥梁。进入当代，贵州省的非物质文化遗产保护工作取得了显著成果。政府出台了一系列政策措施，鼓励传承人开展传承活动，加强对传统技艺和表演形式的保护和传承。同时，社会各界也积极参与非物质文化遗产的保护工作，通过各种方式宣传和推广非物质文化遗产。在新的历史时期，贵州省的非物质文化遗产必将焕发出更加璀璨的光彩。总体来说，贵州省的非物质文化遗产是其历史、文化和社会的生动展现。

在贵州，苗族刺绣和银饰工艺主要分布在黔东南地区，而这一地理分布并非偶然，而是深深扎根于苗族区域社群的历史、经济和社会结构之中。苗族刺绣和银饰工艺不仅仅是日常生活的装饰品，更是族群身份的象征和文化传承的重要媒介。这些工艺品的制作技艺和样式折射出苗族对自然的深刻理解、对社会的敏锐认知以及对美学的追求。黔东南地区的自然环境为苗族提供了丰富的材料资源，成为刺绣和银饰工艺得以繁荣发展的基础。同时，该地区的历史孤立性和独特的社会结构为苗族文化特色的保持和发展提供了有利条件。这种特殊的地域性使得苗族的手工艺在创作中能够更加深刻地表达对土地和自然的依恋，体现出一种独具匠心的文化审美。苗族刺绣和银饰工艺不仅仅是物质文化的体现，更是苗族区域社群生活的一部分，与其日常生活、宗教仪式和社会交往相辅相成。这些工艺品的制作过程不仅传承了丰富的技艺，更传递了代代相传的文化内涵。因此，通过深度挖掘和理解苗族刺绣和银饰工艺，我们得以窥见苗族文化的深邃之处，探寻其在自然、社会和审美领域的独特贡献。

侗族的大歌普遍存在于黔东南的侗族聚居区。侗族大歌不仅是一种音乐表现形式，更是侗族文化的重要组成部分，它承载着侗族的历史记忆、宗教信仰和社会规范。侗族大歌的地理分布特点揭示了文化与地理环境之间的密切联系。黔东南地区的自然环境和社会条件为侗族大歌的传承和发展提供了肥沃的土壤。同时，这一地理分布也反映了侗族区域社群内部的文化交流和外部的文化互动，为我们提供了深刻理解侗族社会结构和文化动态的契机。

不同地区的节庆活动，如苗年、侗族芦笙节等，彰显了各自独特的文化特色。这些庆典不仅仅是民族文化的生动展示，更是社会成员身份认同和文化传承的重要场所。节庆活动的地理分布特点折射出贵州不同地区的文化差异和丰富的社会历史背景。以苗年节为例，它不仅仅是苗族人民的新年盛典，更是其文化特色和社会结构的显著体现。苗年节的庆祝活动包括祭祀、舞蹈、歌唱等多种形式，这些活动不仅生动展现了苗族的文化艺术之美，同时也深刻反映了苗族对自然、社会和宇宙的独特认知。苗年节的文化活动不仅在苗族区域社群内形成了浓厚的文化氛围，更通过其独特的庆祝方式成为贵州地区的文化亮点之一。这一庆典，融合了宗教信仰、社会交往和自然崇拜等多种元素，呈现出苗族对世界的深刻理解和对生命的崇高敬畏。因此，对这些节庆活动地理分布特点的深入研究，不仅有助于我们理解贵州不同地区的文化多样性，也为推动这些文化遗产的保护和传承提供了宝贵的学理支持。这样的分析不仅有助于深化我们对贵州地域文化的认知，更为文化学领域的研究和非物质文化遗产保护提供了有益的范例。

（五）贵州省民族文化的多样性与非物质文化遗产的丰富性

贵州省作为中国多民族聚居的地区，其非物质文化遗产的丰富性与民族文化的多样性之间存在着不可分割的内在联系。在这片多山的土地上，各民族群体在长期的历史进程中，不仅形成了各自独特的生活方式和社会结构，而且孕育出了丰富多彩的文化表达形式。这些文化表达形式在非物质文化遗产的框架内得以体现和传承，它们不仅是民族身份和文化特性的标志，也是人类文化多样性的宝贵资源。

在探索贵州省非物质文化遗产所依存的民族文化时，我们仿佛站在了一个多彩的文化十字路口。其中，苗族以其非物质文化遗产项目数量的领先成为这片土地上文化多样性的缩影。苗族的传统技艺和美术不仅仅是技能的展示，它们是对于世界理解的艺术性表达，是苗族世代相传的智慧和创意的结晶。侗族和布依族展现了他们在传统技艺和音乐上的深厚底蕴。侗族的大歌和布依族的八音坐唱不单是乐章，它们是一种生活方式，一种区域社群精神的凝聚，一种对天地万物深深的敬仰。汉族主导的传统手工技艺领域，展现了工匠精神的传承与创新。尽管瑶族、水族、仡佬族、土家族和彝族在数量上不占优势，但他们各自在特定的领域内独树一帜，如同文化长河中闪耀的星辰，照亮着各自的文化空间。苗族文化在非物质文化遗产项目中的显著地位，与其历史深度、地理多样性及社会结构复杂性紧密相连。而侗族的大歌传唱，布依族的歌声飘扬，都为贵州乃至世界的文化遗产贡献了独特的篇章。它们不仅是艺术的展现，也是区域社群交流与知识传承的重要渠道。贵州的民族节日，如苗族的姊妹节和侗族的侗年节，是对自然和社会理解的庆典，也是区域凝聚力和文化认同的源泉。这些节日庆典中的音乐和舞蹈，承载着历史和神话，体现了民族对生活的态度和感受。

贵州省的非物质文化遗产不仅需要数量上的保持，更需深挖每个民族文化的精神和价值。通过活态传承，这些文化遗产能在现代社会中继续发挥社会功能和文化价值，促进民族凝聚力，丰富全球文化的多样性。这一文化多样性的宝库，是我们共同的财富，需要我们用心去发现、保护和传承。

（六）贵州省非物质文化遗产的生存状态与传承问题

由于贵州省相关部门及保护单位十分重视非遗保护工作，在非遗保护方面出台了一系列的法律法规和政策措施，建立了一套完善的保护管理体系，投入了大量的人力物力，开展了广泛的普查登记、抢救性记录、传承人培训、项目保护、展示传播等工作，取得了一批标志性的保护成果，赢得了社会的广泛认可和赞誉。2002 年 7 月 30 日，贵州省颁布了具有里程碑意义的《贵州省民族民间文化保护条例》，并自 2003 年 1 月 1 日起正式实施。该条例综合规定了民族民间文化的抢救、保护、利用及法律责任等多个方面，并正在进一步完善相关的实施细则。这标志着贵州省民族民间文化保护工作迈向了系统化和法治化的新阶段。2016 年 9 月 28 日，贵州省率先在全国范围内制定并实施了《贵州省非物质文化遗产保护发展规划（2014—2020 年）》，这一举措为该省的文化遗产保护工作树立了里程碑。该规划的宏伟目标是通过系统性的调查和数据库建设，对非物质文化遗产进行全面的整理和分类，进而实施有效的保护和合理的利用。贵州省计划利用六年时间，将非物质文化遗产保护和利用提升至新高度，将保护工作与文化旅游产业、民生改善紧密结合，推动当地社群发展，同时培育专业人才以传承和利用这些珍贵的文化资源。通过这些措施，贵州旨在成为中国原生态文化的展示和交流的重要基地。在实施效果上，规划显著提升了公众对非遗的认识，扩大了非遗的社会影响。传承人的规模增长和文化品牌的构建更是规划成功的明证。这些成就的取得，得益于政策对民族文化多样性的尊重、活态传承的强调，以及将非遗保护与经济发展相结合的前瞻视角。贵州省文化和旅游厅于 2021 年 12 月 23 日发布了《贵州省“十四五”非物质文化遗产保护规划》，2022 年 5 月 25 日，贵州省通过了《贵州省优秀民族文化传承发展促进条例》，这是全国首个省级层面的专门立法，用于推动民族文化的传承与发展，自 9 月 1 日起开始施行。该条例不仅为优秀民族文化的传承划定了法律框架，还为相关文化的保护、开发、利用及法律责任提供了明确指导。此举在新时代背景下，对于促进贵州省民族工作的高质量发展意义重大，有望推动地方文化旅游产业的发展，并助力农民群众通过文化保护传承，实现经济收益，加强了对原生态民族文化的保护，并对非遗传承人的培养与支持给予了更大关注，体现了活态传承和保护、发展相结合的原则。此外，安顺市、黔东南州、铜仁市等地州也相继颁布实施了旨在保护当地非物质文化遗产项目的《非物质文化保护条例》。《安顺市亚鲁王非物质文化遗产保护条例》是安顺市在地方立法权领域的创新实践，专门用以加强亚鲁王文化遗产的保护和传承。这部法规明确了亚鲁王文化的定义、保护传承人的权利和义务，以及传统村落和特色村寨的整体保护措施。它的颁布和施行对维护苗族文化的完整性、提升民族文化自信、推动文旅产业融合发展以及帮助民众实现经济利益具有重要意义。通过法律手段，确保了文化遗产的系统性保护和利用，进一步激发了地方文化的活力与创新。《玉屏侗族自治县非物质文化遗产保护条例》是贵州省首个县级地方性非物质文化遗产保护法规，于2010年8月1日起施行。该条例旨在系统性地保护玉屏侗族自治县丰富的非物质文化遗产，包括箫笛制作技艺、侗乡赶坳、龙灯吉语、山歌酒歌、罐罐油茶制作技法、侗族服饰等，以及相关的文化载体如印山书院、古城墙、风雨桥、钟鼓楼等。这一法规的实施对于保护和传承侗族以及玉屏地区的文化遗产，促进地方文化与旅游的发展具有重要意义。

贵州省积极探索非遗的传承方式和传承机制，关注传承人的主体地位和创造性表达，着眼于激发传承人的内生动力和传承能力，着重培养传承人的现代调适能力和创新能力，强调引导传承人的合理利用和创造性转化，侧重培育传承人的后继力量和传承团队，重视促进传承人的社会地位和经济收入，关注推动传承人的交流合作和共同发展，有效提升了贵州非遗的历史延续力和现实生命力。贵州省非遗传承的现代转化展示了其时代感和创新性。国家级、省级、市（州）级、县级非遗传承人数量显著，涵盖了丰富的非遗项目。通过产业化和规模化，如赤水竹编和松桃苗绣等，非遗项目不仅得到有效保护，还促进了地方经济发展，提升了传承人的社会地位和经济收入。贵州非遗的创造性转化和创新性发展，如服装设计和彩妆产品，让非遗文化走向国际，成为设计师的灵感来源，展现了非遗与现代文化的融合。

贵州省积极推动非遗的合理利用和创造性转化，着眼非遗的文化功能和社会功能，着重发挥非遗的经济功能和生态功能，强调提升非遗的教育功能和科技功能，重视展现非遗的外交功能和国际功能，通过非遗的展示传播、教育普及、旅游开发、产品开发、文化创意、国际交流等多种方式，有效提升了贵州非遗的社会效益和经济效益，有效发挥了贵州非遗的文化赋能作用。贵州省还采取了以文化生态为核心的非物质文化遗产（非遗）保护策略，强调了对地区及项目的综合性保护，特别注重保存传统生产生活方式与人文生态，以确保非遗项目的活态传承。目前，贵州已设立了黔东南民族文化生态保护实验区等国家级保护区，并建立了多个国家级和省级非遗生产性保护示范基地与工坊，如丹寨县石桥黔山古法造纸专业合作社等，这些措施有效促进了非遗的保护与发展。近年来，贵州省通过“非遗+”模式，将非物质文化遗产与旅游、文创等多领域结合，有效促进了非遗的现代转化和创新发展。例如，在国际舞台上展示贵州非遗文化，通过科技、艺术、数字化等手段创新非遗产业，吸引了广泛关注。同时，贵州还推动非遗与旅游深度融合，推出专题旅游线路，提升非遗的社会和经济效益。数字藏品的创新开发，以及非遗文化旅游目的地的建设，都是贵州省在非遗保护和传承方面探索的新路径，展现了非遗文化的活力和魅力。从《新笑傲江湖》手游联合西江千户苗寨在游戏中加入真实苗族文化元素，再到省文化和旅游厅携手《QQ 飞车》打造贵州主题赛道展现贵州自然风貌及科技发展成果；从贵州省博物馆守护神系列·蝴蝶妈妈数字藏品上线为大众带来一场带有贵州非遗魅力的视觉盛宴，再到数藏九州平台发行数字藏品《贵》再现迷人的贵州风情……如今，“非遗 + 数字化”在贵州大地上遍地开花，为非遗的“活态化”提供了新思路。

在不断取得进步的同时，贵州非物质文化遗产保护也面临较大挑战。

1. 非物质文化遗产法律保护的困扰

2005 年我国的非物质文化保护工作开始启动，到 2011 年《中华人民共和国非物质文化遗产法》才颁布实施，作为非物质文化遗产保护领域的一部基本法，需要其他配套法规和制度的落实，也需要与现有的其他法律制度相协调才能得以有效实施。现行的法律虽然使得非物质文化遗产的保护有法可依、有法可循，但是还有一系列的理论和现实问题未予以解决。如非物质文化遗产的权利性质问题，是公权还是私权？非物质文化遗产的权利主体是谁？是集体还是个人？还是国家？非物质文化遗产的保护期限有多长？是否应和《中华人民共和国著作权法》衔接？

2. 保护意识有待加强，保护经费投入少

一是“重申报，轻保护”现象还存在，基层不够重视，即便开展了一些工作也停留在表面。二是非物质文化遗产保护经费投入不足。据了解，贵州州级除传承人补助经费列入财政预算外，主要靠国家和省级资金投入，在部分县市还存在国家、省级的保护经费不及时划拨到保护单位现象。

3. 保护工作人才缺乏

以贵州黔东南州为例，该州 16 个县市都成立了非遗中心，事业编制管理岗位少，没有专业技术岗位，业务水平参差不齐，同时存在在编不在岗位或身兼数职的情况。在现行的《中华人民共和国非物质文化遗产法》《贵州省非物质文化遗产保护条例》《黔东南州民族文化村寨保护条例》中都没有明确人才队伍建设上的法律条款，非物质文化遗产保护工作面临管理人才不足的困难。

4. 非物质文化遗产传承人的保护问题严重

第一，传承人生活困难。当前，我国已建立了系统的国家、省、州、县四级传承人认定体系，部分非遗项目的传承没有收益，传承人在传承过程中付出多收益少，传承人生活困难。第二，出现“传而不承”现象。因学习传统技艺是一项枯燥而缺少收入的活动，大部分年轻人不愿意学习，传承人在开展传习活动中遇到招收不到徒弟的困境。第三，传承人与学徒就业问题。在培养部分非物质文化遗产人才后，由于缺乏特殊的就业政策，一定程度上影响民间传承非物质文化遗产的积极性和自觉性。第四，传承人退出机制问题。由于没有具体的考核细则，无法落实极个别传承人不称职的退出问题。

5. 非物质文化遗产所依存的文化生态破坏严重

一是随着现代化、城镇化进程的不断加快，古老的传统村落现已面目全非，吊脚楼、美人靠等的非遗赖以生存的环境遭受严重破坏。如黔东南州的施秉县双井镇龙塘寨本是民族风情浓郁的苗寨，但由于缺乏保护意识及统一规划，古老的吊脚木楼被砖房取代，鹅卵石路被水泥覆盖，游方坡早已荒废。二是民族传统意识的逐渐淡化，原本一些有利于促进文化生态平衡和环境保护的民族习俗和禁忌被改变。如圣诞节、情人节等一些外来节日悄然兴起，使传统节日文化内涵逐渐削弱，传统节日文化的灵魂慢慢消失。三是部分基层政府出于安全考虑，存在禁止开展民俗活动的现象，或者政府参与开发后，经常对其民俗活动进行“打造”，使一部分非物质文化遗产出现变异，甚至失去原汁原味，也导致迅速消失。

6. 非物质文化遗产的不合理开发

合理利用“非物质文化遗产代表性项目”开发具有地方、民族特色和市场潜力的文化产品和文化服务对推进贵州旅游发展战略目标具有重要意义，但在实际工作中非物质文化遗产开发有余，保护不足，存在为了迎合旅游市场的“新、险、奇”，而忽略了保护非物质文化遗产的原真性，致使非物质文化遗产严重变质、变味的现象。直面贵州省非物质文化遗产的生存状态和传承问题，对于保护和活化非物质文化遗产项目具有重要意义。

第二节 贵州省非物质文化遗产类型与分布

（一）非物质文化遗产的分类

非物质文化遗产，作为人类文化多样性和创造力的重要体现，不仅包含了世代相传的知识和技能，也蕴含着社会、群体与个人的身份和历史记忆。在贵州省，这一文化现象表现得尤为丰富多彩，其非物质文化遗产的分类体现了该地区独特的地理环境、历史发展和民族融合的特点。

1. 民间文学

贵州民间文学作为非物质文化遗产的重要组成部分，承载着深厚的文化价值和历史记忆。这些传统的故事、歌谣和神话不仅展示了贵州各民族丰富的想象力和创造力，也反映了他们对自然、社会和宇宙的独特理解。通过这些生动的文学作品，可以窥见贵州人民的生活方式、价值观念以及与自然和谐相处的智慧。因此，保护和传承这些民间文学项目，不仅是对贵州多元文化传统的维护，也是促进文化多样性和增强民族文化自信的关键途径。表 6–5 所示是贵州省入选国家级非物质文化遗产名录的民间文学。

表 6–5 贵州省民间文学类国家级非物质文化遗产名录统计表

序号	名称	申报地区或单位	入选批次
1	苗族古歌	贵州省黄平县	第一批新增
2	苗族古歌	贵州省台江县	第一批新增
3	刻道	贵州省施秉县	第一批新增
4	仰阿莎	贵州省黔东南苗族侗族自治州	第二批新增
5	布依族盘歌	贵州省盘县	第二批新增
6	苗族贾理	贵州省黔东南苗族侗族自治州	第二批新增
7	珠郎娘美	贵州省榕江县、从江县	第二批新增
8	亚鲁王	贵州省紫云苗族布依族自治县	第三批新增
9	巴狄雄萨滚	贵州省铜仁市松桃苗族自治县	第五批新增
10	苗族古歌（簪汪传）	贵州省贵阳市清镇市	第五批扩展

此外，从 2005 年开始，贵州省人民政府先后发布了五批贵州省省级非物质文化遗产代表作名录，以下民间文学入选：

第一批 3 项（口头文学）：苗族“刻道”（施秉县）、苗族“古歌古词”神话（黄平县）、苗族古歌与古歌文化（台江县）。

第二批 8 项：苗族神话叙事歌《仰阿莎》（剑河县、黔东南州民族文化研究所）、苗族《古歌》（施秉县、普定县、龙里县）、苗族口头经典“贾”（丹寨县、黔东南州民族文化研究所）、侗族民间文学《珠郎娘美》（榕江县、从江县）、布依族摩经（贞丰县、关岭县）、苗族历法（丹寨县）、苗族民间文学《阿蓉》（榕江县）、布依族口传史诗“布依族盘歌”（六盘水市）。

第三批 9 项 (10 处)：苗族史诗《亚鲁王》(紫云苗族布依族自治县)、布依竹筒歌(关岭布依族苗族自治县)、彝族古歌(盘县)、苗族十二路酒歌(施秉县)、苗族民间故事(水城县)、布依族民间故事(望谟县)、金汉列美(黎平县、从江县)、丁郎龙女(榕江县)、布依族叙事诗(望谟县)。第一、二批省级扩展项目 4 项 (5 处)：苗族刻道(黄平县)、珠郎娘美(黎平县)、苗族古歌(凯里市、兴仁县)、布依族摩经(兴仁县)。

第四批 4 项（5 处）：簪汪古歌（清镇市、修文县）、播州杨应龙传说（汇川区）、布依族浪哨歌（册亨县）、苗族“巴狄熊”口传经典（松桃苗族自治县）。扩展 1 项（2 处）：布依族摩经（册亨县、望谟县）。

第五批 12 项（13 处）：尹珍传说（正安县）、贵阳灯谜（贵阳市）、榜郎歌（花溪区、惠水县）、米花古歌（花溪区）、王阳明传说（贵阳市）、水东宋氏传说（贵阳市）、支格阿鲁英雄史诗（威宁彝族回族苗族自治县）、高磊山传说（盘州市）、苗族婚嫁礼辞（松桃苗族自治县）、唱夜郎（石阡县）、张三丰传说（福泉市）、水族古歌（三都水族自治县）。扩展 3 项（5 处）：苗族古歌（丹寨县、三穗县）、苗族民间故事《婴列汉兄》（从江县）、亚鲁王（望谟县、罗甸县）。

在深入探讨贵州省的非物质文化遗产项目，特别是那些彰显民间艺术魅力和文化深度的代表性项目后，我们现在将焦点转向三个具有特殊意义的项目：苗族古歌、刻道、苗族史诗。这些项目不仅体现了贵州省丰富的民族文化和传统，也展示了该地区人民在历史长河中所积累的智慧和创造力。通过具体介绍这三个项目，我们可以更深入地理解苗族及其他民族文化的独特性和价值，进一步探索它们在当代社会中的传承和发展。

（1）苗族古歌。苗族古歌是苗族先祖在漫长的劳作生活中逐渐创作形成的一部史诗。这部史诗内容广泛，覆盖了宇宙起源、人类和生物的始祖、创世纪事迹、早期洪水灾害，苗族迁徙历史、古老的社会结构及日常生计等主题，集合了苗族远古传说的精华。传承方式主要是口头相传，这部长篇史诗采用了五言诗的形式，并遵循苗族特有的韵律，总行数达到一万五千行以上。在这部作品中，塑造出了上百位具有独特个性的角色，展现出浓郁的浪漫主义和理想主义风格。诗中使用了大量的象征、夸张、对比、设问等修辞技巧，形象生动地展现了苗族先民对宇宙、自然和人类起源的理解，以及他们在开拓历史进程中的辛勤奋斗和杰出成就，流露出深厚的浪漫主义和理想主义色彩。

（2）刻道。“刻道”（Kieidet）一词源自苗语，意指“刻木”或“歌棒”，它是施秉县境内苗族社群（常被称为“高坡苗”）广泛流传的一种传统酒歌形式，尤其受到当地歌师的偏爱。此外，它还是黄平、镇远、凯里、兴仁、安龙、贞丰、瓮安、福泉等地苗族人民在开亲仪式上演唱的传统民歌。这种充满古老神秘色彩的苗族歌棒，通常呈圆形或方形，刻有三面符号，每面九格，共二十七格，通过横、竖、叉等符号在每格内组成，记录了“刻道”歌曲的主要内容。历史记载表明，苗族早期没有文字，通过刻、划竹木来记录交易和重要信息，这种做法被称为“刻木”。特别是在婚姻习俗中，“刻木”扮演了证明和约定的角色。根据《镇远府志》和《贵州志略》等史料记载，苗族的婚姻和社会结构经历了从母系氏族到父系氏族的转变，期间形成了舅权制度。“刻道”的符号内容不仅反映了这一转变，而且系统地记录了古代苗族婚姻制度的起源。“刻道”不只是苗族十二路酒歌中的核心部分，更是其中最为复杂的一环，这根歌棒记载着苗族古老的文字符号，涵盖了《开亲歌》的基本框架。苗族先人采用刻木记事的方法，将舅权制度下的聘礼索取符号刻录在大约一尺长的木棒上，作为物证和凭证。简而言之，苗族的“刻道”不仅忠实地记录了古代苗族社会的“姑亲舅霸”的历史轨迹，而且还是一种记录苗族古代婚姻史的重要文化遗产。

（3）苗族史诗《亚鲁王》。《亚鲁王》是一部苗族英雄史诗，见证了苗族从母系到父系社会的转变，主要在贵州麻山地区流传。这一历史性文献，首次于2009年在紫云县的非物质文化遗产普查中被发现，为苗族的迁移史和战争史提供了珍贵的口述资料。

《亚鲁王》不仅描绘了苗族如何从长江、黄河流域迁至贵州，还展现了他们的战斗和定居历程。这部史诗详细记述了亚鲁王及其前17代先祖的事迹，尤其着重于两次重大战役的描述。亚鲁王，苗族的第十八代君主，不仅是一位具有神性的领袖，还是一位博学多才的奇人，精通巫术、天文地理和冶炼等多方面知识。他拥有7个妻子和众多子嗣，其中14个儿子继承了他的勇猛，一生投身于战争。《亚鲁王》不仅记录了400多个古苗语地名和20多个古战场，还保存了许多现今苗语中已经消失的词汇。在麻山地区，约有3000名歌师会唱诵《亚鲁王》，这种唱诵在丧葬仪式中显得尤为庄重。歌师们身着传统服饰，头戴装饰有红色“狮子毛”的冬帽，一边唱诵一边接受其他歌师的检审。以前，这种唱诵可以持续几天几夜，但现代化的丧葬仪式使得唱诵时间缩短至一夜。《亚鲁王》作为一部英雄史诗，其语言风格古朴典雅，结构不断演变，内容丰富。它不仅描绘了亚鲁王的英雄勇气和智谋，还真实地反映了宏大的战争场面以及对巫术魔力的幻想，人物形象多样而深刻。

2. 传统音乐

贵州的传统音乐项目不仅是音乐表演的艺术展现，更是民族精神和哲学思想的载体。从铜鼓十二调的悠扬韵律，到土家族高腔山歌的深情呼唤，再到侗族大歌的和谐共鸣，这些音乐项目反映了贵州各民族对自然的敬畏、对生活的热爱以及区域社群凝聚力的体现。它们不仅保存了古老的音乐技艺，也保留了丰富的民族历史和文化记忆，是贵州文化多样性和创造力的生动证明。通过探索贵州的非物质文化遗产传统音乐项目，我们不仅能够欣赏到美妙绝伦的音乐艺术，还能深入理解贵州各民族文化的独特性和相互之间的交流融合。这些传统音乐项目不仅为我们提供了一扇窥视贵州多元文化的窗口，也让我们见证了文化遗产在当代社会中的活力和重要性。

表6–6所示是贵州省入选国家级非物质文化遗产名录的传统音乐。

表 6-6　贵州省传统音乐类国家级非物质文化遗产名录统计表

序号	名称	申报地区或单位	入选批次
1	侗族大歌	贵州省黎平县	第一批新增
2	侗族琵琶歌	贵州省榕江县、黎平县	第一批新增
3	铜鼓十二调	贵州省镇宁布依族苗族自治县、贞丰县	第一批新增
4	苗族民歌（苗族飞歌）	贵州省雷山县	第二批新增
5	布依族民歌（好花红调）	贵州省惠水县	第二批新增
6	芦笙音乐（苗族芒筒芦笙）	贵州省丹寨县	第二批新增
7	布依族勒尤	贵州省贞丰县、兴义市、镇宁布依族苗族自治县	第二批新增
8	侗族大歌	贵州省从江县、榕江县	第二批扩展
9	多声部民歌（苗族多声部民歌）	贵州省台江县、剑河县	第二批扩展
10	侗族琵琶歌	贵州省从江县	第三批扩展
11	苗族民歌（苗族飞歌）	贵州省剑河县	第三批扩展
12	彝族民歌（彝族山歌）	贵州省盘县	第三批扩展
13	土家族民歌	贵州省沿河土家族自治县	第四批新增
14	仡佬族民歌	贵州省铜仁市石阡县	第五批新增

以下传统音乐入选贵州省省级非物质文化遗产代表作名录：

第一批 6 项：侗族琵琶歌（榕江县）、侗族大歌（黎平县）、洪州琵琶歌（黎平县）、布依铜鼓十二则（贞丰县）、盘江小调（关岭县）、铜鼓十二调（镇宁县）。

第二批 24 项：苗族多声部情歌（台江县、剑河县）、苗族飞歌（雷山县）、苗族芒筒芦笙祭祀乐（丹寨县）、侗族大歌（从江县小黄乡、榕江县）、布依族民歌《好花红》（惠水县）、布依族勒尤（贞丰县、兴义市、镇宁县）、侗族河边腔（黎平县）、河边腔苗歌（锦屏县）、十二诗腔苗歌（锦屏县）、侗族歌鼟（锦屏县平秋镇）、土家族打镏子（沿河县）、龙灯钹（铜仁市）、布依族婚俗音乐（贞丰县）、薅秧歌（金沙县、汇川区）、船工号子（思南县、赤水市）、苗族阿江（普定县）、凤冈吹打乐（凤冈县）、黔北打闹歌（余庆县）、布依山歌十八调（贵定县）、绕家呃嘣（都匀市）、高腔大山歌（桐梓县）、仡佬族哭嫁歌（道真县）、苗族“游方歌”（施秉县）、屯堡山歌（安顺市）。

第三批 18 项（27 处）：土家族高腔山歌（印江土家族苗族自治县、沿河土家族自治县）、仡佬族情歌（石阡县）、苗族三眼箫音乐艺术（织金县、六枝特区）、彝族《莫蒿亩》（赫章县、钟山区）、布依族吹打乐（关岭布依族苗族自治县、惠水县、水城县、兴仁县）、姊妹箫（关岭布依族苗族自治县、长顺县、六枝特区）、侗族哆耶“踩歌堂”（黎平县）、侗族芦笙谱（榕江县）、侗族牛腿琴歌（从江县）、苗笛（从江县）、苗族酒礼歌（雷山县）、彝族山歌（盘县）、布依族小打音乐（普安县）、布依勒浪（册亨县、贞丰县）、布依族“谷温”（贞丰县）、布依族十二部古歌（望谟县）、哥蒙芦笙乐（黄平县）、苗族直箫乐（盘县）。第一、二批省级扩展项目 3 项（4 处）：布依族铜鼓乐（关岭布依族苗族自治县）、侗族琵琶歌（从江县）、苗族民歌〔苗族飞歌（剑河县、纳雍县）〕。

第四批 11 项（11 处）：布依族土歌（南明区）、花山布依古歌（紫云苗族布依族自治县）、水族“夺咚”（都匀市）、布依族莫歌（独山县）、侗族笛子歌（黎平县）、注溪山歌（天柱县）、启蒙侗歌（锦屏县）、瓦寨锣鼓（江口县）、薅草锣鼓（石阡县）、普宜乐都莫轰（七星关区）、苗族山歌（望谟县）。扩展 7 项（7 处）：高腔大山歌（正安县）、侗族牛腿琴歌（黎平县）、苗族民歌〔苗族飞歌（台江县）〕、苗族多声部情歌（黄平县）、布依族铜鼓乐（六枝特区）、布依族勒尤（册亨县）、布依族小打音乐（晴隆县）。

第五批 6 项（7 处）：锣鼓引子（余庆县）、苗族箫笛曲（雷山县）、彝族哼哼（金沙县）、彝族月琴调（威宁彝族回族苗族自治县）、苗族阿玛仁（紫云苗族布依族自治县）、苗族口弦（晴隆县、册亨县）。扩展 7 项（11 处）：苗族民歌〔绥阳苗族蒙哦（绥阳县）、三省坡苗族民歌（黎平县）、凯里苗族飞歌（凯里市）、织金苗族喊歌（织金县）〕、铜鼓十二调〔布依族铜鼓十二调（水城县）〕、布依族民歌〔望谟布依族山歌（望谟县）〕、布依族小打音乐（贞丰县）、吹打乐〔彝族吹打乐（晴隆县）〕、芦笙音乐〔晴隆苗族芦笙调（晴隆县）、龙里苗族芦笙曲（龙里县）〕、盘江小调（晴隆县）。

这些项目不仅代表了贵州省多元文化的丰富性和深度，也反映了当地民族音乐在传承和创新中的独特路径。通过对铜鼓十二调、高腔山歌、侗族大歌这三个项目的具体介绍，进一步探索它们在贵州多民族文化中的地位，以及它们如何通过音乐表达一个区域的历史、哲学和社会价值观，感受这些音乐项目背后的故事和它们对当地文化传承的重要贡献。

（1）铜鼓十二调。这是布依族特有的一种古老音乐文化，其根源深植于布依族的民间艺术之中，被认为是这一民族历代相传的珍贵遗产。作为布依族音乐文化的核心，铜鼓十二调包括喜鹊调、散花调、祭鼓调等多种形式，主要用于各种仪式和庆典，如祭祖和祭祀活动，表达布依族的传统文化精神。铜鼓，作为布依族在黔西南最神圣的器物和乐器，被称为“来年”，象征着神圣和氏族的团结，是布依族人的精神象征和传承的媒介。在贵州省贞丰县，布依族人将其称为“铜鼓十二则”。布依族没有成文的文字系统，因此“铜鼓十二则”的知识是通过口耳相传的方式在家族中代代相承。布依族人通过铜鼓表达情感：悲伤时以哀声击鼓，战斗时以武声击鼓，喜庆时以乐声击鼓。纳秧村的布依族至今仍保留着使用铜鼓的丧葬传统。在布依族的葬礼中，铜鼓被用作超度亡灵的重要法器。在葬礼期间，族人会在一天的不同时段敲击铜鼓，以慰藉逝者的灵魂并为其引路。在敲击铜鼓之前，族人会先对铜鼓进行祭拜，然后将其悬挂于灵堂中。铜鼓演奏要求演奏者心、口、手三者合一，动作和谐且节奏流畅。学习铜鼓十二调的过程包含背口诀、打草凳和击铜鼓三个阶段。

（2）土家族的高腔山歌。高腔山歌以其高昂而绵长的旋律，像山脉一样延绵不绝，展现了音乐的真诚、朴素、自由与洪亮特质。在演唱技巧上，山歌融合了“滑音”“倚音”“颤音”“喊声”和“假声”等多种表现形式，结合了拖腔、衬词和土家方言、方音，形成了典型的山区风格和土家族的地域文化特色。这种山歌的调式以徵调式和羽调式为主，偶尔会出现“清角”和“变宫”音。其结构通常采用单乐段形式。土家族高腔山歌的演唱形式多样，包括独唱、对唱、齐唱、接唱和一领众和等，给听众留下深刻的印象。沿河地区的土家族高腔山歌，在土家族民歌中独树一帜，成为他们在农耕、生活劳作中与大自然对话、表达情感、传递信息和提振精神的独特方式。高腔山歌的创作来源于农民歌手的日常生活体验和即兴表达。他们在山间耕种、砍柴、放牧、庆祝季节性的农作活动，或表达爱情时，创作出这些山歌。土家族独有的山地环境丰富了高腔山歌的内容，包括情歌、劳动歌、叙事歌、礼仪歌、劝诫歌、调侃歌、日常生活歌等。这些歌曲在土家人口口相传中逐渐定型，深受群众喜爱。沿河土家族高腔山歌的歌词通常采用“七言四句”或“七言八句”的结构形式，运用徵调式和羽调式的调式，以及单乐段曲式的结构，歌声宛如山峦般高远而激昂，体现了鲜明的山地特色和土家族的地域风情。

（3）侗族大歌。大歌，侗语中称为“嘎老”，是侗族传统的多声部民间音乐形式。“嘎”代表歌曲，而“老”则意味着曲目的长篇幅、多人参与和古老特性。这种音乐形式以群体合唱为主，特点是多声部合唱、无须指挥和伴奏。侗族大歌的结构通常包含“果（组）”“枚（首）”“僧（段）”和“角（句）”。其主要类型有鼓楼大歌、声音大歌、叙事大歌、童声大歌、戏曲大歌、社俗大歌和混声大歌等七种，涵盖了自然、劳动、爱情和人际友谊等主题，体现了人与自然、人与人之间的和谐关系。

侗族大歌是一种以集体低音和个别高音相结合的音乐形式，至少需要三人共同演唱。在歌曲的“拉嗓子”部分，常使用持续的长音。为了凸显高音部分的旋律，演唱者会在低音部的基础上运用提升音调的技巧进行变唱。变唱通常由个人自由演绎，使旋律更加清晰。据《三江县志》记载，侗族歌曲的唱法极为独特，通过群体和声和领唱者的反唱相结合，创造出鲜明的音乐效果。领唱者负责主旋律的演绎，因此高音部分的领唱通常由经验丰富、被公认具有良好歌喉和应变能力的歌师或老歌手承担。这种独特的演唱风格使得侗族大歌在民间音乐中占有重要地位，其深沉和抑扬交错的旋律令人陶醉，也体现了侗族音乐的丰富传统和文化特色。

3. 传统舞蹈

深入探讨贵州的非物质文化遗产中的传统舞蹈项目，便是踏入一系列鲜活的文化叙事之中，体验不同民族文化的特色与影响力。这些舞蹈不仅彰显了贵州文化的多样性与创新精神，而且在保护民族文化身份和促进文化多样性方面扮演着关键角色。它们为我们打开了一个认识和欣赏贵州丰富文化的大门。通过每一步舞动、每一个旋律，这些舞蹈讲述着故事，传递着情感，不仅连接着历史与当下，也映射出人与自然、人与社会之间的紧密联系。

表 6–7 所示是贵州省入选国家级非物质文化遗产名录的传统舞蹈。

表 6–7　贵州省传统舞蹈类国家级非物质文化遗产名录统计表

序号	名称	申报地区或单位	入选批次
1	苗族芦笙舞（锦鸡舞）	贵州省丹寨县	第一批新增
2	苗族芦笙舞（鼓龙鼓虎 – 长衫龙）	贵州省贵定县	第一批新增
3	苗族芦笙舞（滚山珠）	贵州省纳雍县	第一批新增
4	木鼓舞（反排苗族木鼓舞）	贵州省台江县	第一批新增
5	毛南族打猴鼓舞	贵州省平塘县	第二批新增
6	瑶族猴鼓舞	贵州省荔波县	第二批新增
7	彝族铃铛舞	贵州省赫章县	第二批新增
8	狮舞（布依族高台狮灯舞）	贵州省兴义市	第二批扩展
9	苗族芦笙舞	贵州省雷山县、关岭布依族苗族自治县、榕江县、水城县	第二批扩展
10	铜鼓舞（雷山苗族铜鼓舞）	贵州省雷山县	第二批扩展
11	阿妹戚托	贵州省晴隆县	第四批新增
12	布依族转场舞	贵州省册亨县	第四批新增
13	苗族芦笙舞	贵州省普安县	第四批扩展
14	苗族古瓢舞	贵州省黔东南苗族侗族自治州	第五批新增

以下传统舞蹈入选贵州省省级非物质文化遗产代表作名录：

第一批 15 项：苗族格哈（丹寨县）、锦鸡舞（丹寨县）、畲族粑槽舞（麻江县）、反排木鼓舞（台江县）、鼓龙鼓虎 – 长衫龙（贵定县）、布依族“雯当姆”（荔波县）、瑶族打猎舞（荔波县）、松桃瓦窑四面花鼓（松桃县）、莲花十八响（沿河县）、苗族板凳舞（安龙县）、彝族撮泰吉（威宁县）、苗族芦笙技巧舞“滚山珠”（纳雍县）、苗族大迁徙舞（赫章县）、彝族铃铛舞（赫章县）、采月亮（仁怀县）。

第二批 22 项：苗族铜鼓舞（雷山县）、苗族芦笙舞（雷山县、关岭县、凯里市、榕江县、水城县、乌当区）、苗族长鼓舞（贵定县）、苗族猴鼓舞（花溪区）、毛南族打猴鼓舞（平塘县）、瑶族猴鼓舞（荔波县）、苗族板凳舞（凯里市）、苗族踩鼓舞（镇远县）、土家族摆手舞（沿河县）、金钱杆（江口县）、阿妹戚托（晴隆县、兴仁县）、苗族烧灵舞（兴仁县）、彝族酒礼舞（威宁县）、彝族铃铛舞“恳合呗”（钟山区）、苗族花鼓舞（乌当区）、卡堡花棍舞（乌当区）、矮人舞（余庆县）、响蒿舞（独山县）、苗族夜乐舞（罗甸县）、素朴金钱棍（黔西县）、四桐鼓舞（威宁县）、仡佬族踩堂舞（遵义县）。

第三批 13 项（13 处）：瑶族长鼓舞（从江县）、苗族芦笙蹉步舞（毕节市）、苗族斗脚舞（习水县）、苗族斗角舞（修文县）、彝族嗨马舞（普安县）、苗族芦笙棒舞（普安县）、围鼓舞（兴义市）、布依族转场舞（册亨县）、水族铜鼓舞（三都水族自治县）、水族弦鼓舞（三都水族自治县）、苗族斗鸡舞（黔西县）、羊皮鼓舞（盘县）、苗族夫妻舞（平坝县）。第一、二批省级扩展项目 2 项（2 处）：苗族芦笙舞（罗甸县）、木鼓舞（榕江县）。

第四批 9 项（9 处）：布依族铜鼓舞（关岭布依族苗族自治县）、苗族雷公舞（贵定县）、苗族搓梗仔采阿诗舞（瓮安县）、苗族古瓢舞（雷山县）、苗族水鼓舞（剑河县）、踩亲舞（黄平县）、布依竹鼓舞（册亨县）、布依族展稍（望谟县）、布依族板凳龙舞（兴义市）。扩展 2 项（2 处）：苗族板凳舞（黄平县）、金钱棍（岑巩县）。

第五批 5 项（5 处）：蚌鹤舞（余庆县）、棋子灯（乌当区）、苗族抢鼓棒（白云区）、西迁葬笙曲乐舞（赫章县）、苗族回门舞（晴隆县）。扩展 7 项（13 处）：金钱棍〔龙溪钱杆舞（余庆县）、兴义金钱棍舞（兴义市）〕、苗族芦笙舞（绥阳县、台江县、剑河县、黄平县、赫章县、威宁彝族回族苗族自治县）、苗族踩鼓舞（台江县）、踩亲舞（凯里市）、阿妹戚托（普安县）、板凳舞〔瑶族板凳舞（都匀市）〕、猴鼓舞〔苗族猴鼓舞（罗甸县）〕。

在了解贵州省非物质文化遗产项目中的传统舞蹈项目之后，我们将更加具体地了解三个富有特色和魅力的舞蹈形式：苗族的芦笙舞、彝族的铃铛舞以及瑶族的猴鼓舞。这些舞蹈不仅是各自民族文化的重要组成部分，也是贵州多元文化景观中不可或缺的宝贵财富。

（1）苗族芦笙舞。苗族芦笙舞的独特之处在于它总是伴随着芦笙这种古老的演奏乐器。现代芦笙由吹管、气斗和六根不同长度的芦竹和铜簧片制成，能够发出六种不同的音调。贵阳的芦笙有直管式和曲管式两种，直管式分为大、中、小三种规格，而曲管式则以其响亮和质朴的音色而著称。芦笙舞，作为苗族文化的重要组成部分，其起源和发展深深植根于苗族的历史和传说。这种舞蹈的基础舞步被称为“探路步”，它象征着苗族先民在历史上的艰难旅途。传说中，苗族人在泥泞的道路上背负重担前行，或者倒骑在牛背上，望向远方的故乡，同时关注着后方是否有同胞跟上了逃难的行列。这个舞步还表达了对那些在渡河过程中失去生命的人们的哀思。芦笙舞不仅仅是对历史的回顾和对逝去同胞的纪念，它还是苗族社会生活的重要组成部分。虽然苗族的祭祀性芦笙舞保留了许多古老的舞蹈元素，但随着时间的推移，这种舞蹈已经演变出了多种形式，包括自娱性芦笙舞、表演性芦笙舞、风俗性芦笙舞和礼仪性芦笙舞。这些舞蹈的出现不仅体现了传统芦笙舞姿的传承，也展示了苗族文化的多样性和活力。

（2）彝族铃铛舞。这种舞蹈主要盛行于贵州赫章县的彝族社群。在彝族语言中，这种舞蹈被称为“恳合呗”，其中“恳合”意味着告别，“呗”则代表舞蹈。因此，“恳合呗”可以理解为一种用于向逝者告别的舞蹈，它在彝族文化中扮演着祭奠亡灵的重要角色。铃铛舞也被称作“跳脚舞”或“抄子舞”，它在赫章县的珠市乡、财神镇、雉街乡、河镇乡和双坪乡等地区有着广泛的传播。根据历史记载，彝族铃铛舞的起源可以追溯到公元前 8 世纪，当时的彝族各部落在战争和祭祀活动中广泛使用这种舞蹈。在战争中，铃铛舞被用作鼓舞士气的手段，舞者通过摇晃手中的马铃铛来控制节奏，从而展示他们的战士风采。铃铛舞在新中国成立后经过了一系列的改编和演变。这不仅包括音乐和服饰的更新，还包括舞台布局和舞蹈内容的调整。如今的铃铛舞不仅限于男性表演者，舞者人数和编排也更加灵活多变。现代的铃铛舞主要展现了彝族人民与自然环境的斗争、传统农耕文化以及族群的发展历程。舞蹈中，表演者通常穿着蓝色长袍，腰间束带，手持铃铛和彩带，通过优美的舞姿和铃声来表达对历史的尊重和对文化的传承。由此开始，女子也得以参与其中。

（3）瑶族猴鼓舞。瑶族猴鼓舞是贵州省荔波县白裤瑶社群独有的一种传统舞蹈。白裤瑶先民为纪念祖先和与之紧密相关的“先猴”而自发形成的一种仪式舞蹈。在猴鼓舞的表演中，皮鼓和铜鼓是必不可少的乐器。表演者们围成一个大圆，以皮鼓手为中心，他们不仅演奏鼓点，还引领着整个舞蹈。此外，还有数面甚至多达十几面的铜鼓被悬挂起来，每面铜鼓由两位乐手操作，一人负责敲击，另一人则在鼓后操作类似饭甑的共鸣箱，以增强鼓声的深沉和厚重。皮鼓手在敲击鼓点的同时，还会伴随着跳跃和舞蹈。参与者们跟随着鼓点起舞，模仿猴子的动作和姿态，展现出既柔和又刚劲的舞姿，表达出英勇和豪放的风格。猴鼓舞不仅仅是一种舞蹈，它还是一种原始社会图腾崇拜的体现。这种舞蹈通过具象化的方式展现了荔波白裤瑶的迁徙历史，体现了他们不屈不挠的奋斗精神和反抗暴力的民族精神。因此，猴鼓舞不仅是白裤瑶文化的一部分，也为研究他们的历史提供了珍贵的文化资料。

4. 传统戏剧

贵州省传统戏剧作为非物质文化遗产的重要分类之一，不仅展现了地区丰富的文化艺术形式和民族特色，还承载了深厚的历史文化和社会价值。这些戏剧形式，如花灯戏、侗戏、布依戏等，不仅是文化传承的重要载体，也是民族文化交流和情感表达的重要平台。通过对这些传统戏剧的保护和传承，贵州省不仅保留了珍贵的文化遗产，也促进了地方文化的繁荣发展，增强了民族文化的自信心。表 6–8 所示是贵州省入选国家级非物质文化遗产名录的传统戏剧。

表 6–8 贵州省传统戏剧类国家级非物质文化遗产名录统计表

序号	名称	申报地区或单位	入选批次
1	花灯戏（思南花灯戏）	贵州省思南县	第一批新增
2	侗戏	贵州省黎平县	第一批新增
3	布依戏	贵州省册亨县	第一批新增
4	彝族撮泰吉	贵州省威宁彝族回族苗族自治县	第一批新增
5	傩戏（德江傩堂戏）	贵州省德江县	第一批新增
6	安顺地戏	贵州省安顺市	第一批新增
7	木偶戏（石阡木偶戏）	贵州省石阡县	第一批新增
8	黔剧	贵州省黔剧团	第二批新增
9	花灯戏	贵州省独山县	第二批扩展
10	傩戏（仡佬族傩戏）	贵州省道真仡佬族苗族自治县	第二批扩展
11	花灯戏	贵州省花灯剧团	第三批扩展
12	傩戏（荔波布依族傩戏）	贵州省荔波县	第三批扩展
13	傩戏（庆坛）	贵州省金沙县	第四批扩展
14	阳戏（贵州阳戏）	贵州省	第五批扩展

以下项目入选贵州非物质文化遗产代表作名录：

第一批 8 项：侗戏（黎平县）、思州傩戏傩技（岑巩县）、福泉阳戏（福泉市）、思南花灯（思南县）、德江傩堂戏（德江县）、石阡木偶戏（石阡县）、布依戏（册亨县）、安顺地戏（安顺市）。

第二批 9 项：阳戏（天柱县）、文琴戏（黔西县、铜仁市、遵义市、乌当区）、花灯戏（普定县、独山县、黔西县、福泉市、花溪区、遵义市、余庆县、石阡县、印江县）、仡佬族傩戏（道真县）、黔剧（贵州省黔剧团）、思州喜傩神（岑巩县）、镇远土家族傩戏（镇远县）、蓬莱布依地戏（白云区）、马路屯堡地戏（长顺县）。

第三批 3 项（3 处）：丝弦灯（凤冈县）、仡佬族滚龙戏（正安县）、端公戏（金沙县）。第一、二批省级扩展项目 6 项（17 处）：花灯戏（贵州省花灯剧团、开阳县、镇远县、金沙县）、傩戏〔印江土家族傩戏（印江土家族苗族自治县）、荔波布依族傩戏（荔波县）、织金穿青人傩戏（织金县）、江口傩戏（江口县）〕、阳戏（沿河土家族自治县、息烽县、黔西县、罗甸县、开阳县）、地戏（开阳县）、侗戏（榕江县、从江县）、黔剧（安龙县）。

第四批 5 项（5 处）：马马灯（正安县）、茶灯（松桃苗族自治县）、布依族“丫面”（册亨县）、苗族武教戏（普安县）、灯夹戏（瓮安县）。扩展 4 项（7 处）：花灯戏（息烽县、沿河土家族自治县）、阳戏（正安县）、傩戏（湄潭县、石阡县、纳雍县）、地戏（关岭布依族苗族自治县）。

第五批 5 项（6 处）：文昌戏（桐梓县）、梓潼戏（道真仡佬族苗族自治县、安龙县）、目连戏（道真仡佬族苗族自治县）、麒麟狮子灯（施秉县）、京剧（贵阳市）。扩展 10 项（27 处）：茶灯〔高腔茶灯（凤冈县）〕、马马灯（绥阳县）、阳戏（绥阳县、碧江区）、花灯戏〔岑巩县、施秉县、乌当区、德江县、平堡花灯戏（观山湖区）、六枝花灯戏（六枝特区）、布依族花灯戏（贞丰县）、龙里太平花灯（龙里县）〕、侗戏（天柱县、剑河县）、地戏〔花溪大寨地戏（花溪区）、高台地戏（普定县）、龙场地戏（紫云苗族布依族自治县）、折溪地戏（六枝特区）、贵安新区〕、木偶戏〔贵阳木偶戏（贵阳市）〕、傩戏（息烽县、水城县、沿河土家族自治县、思南县、册亨县）、文琴戏（织金县）、灯夹戏（福泉市）。

其中，八音坐唱、侗戏以及安顺地戏这三种艺术形式不仅深深植根于贵州的土地和文化之中，也代表了该地区丰富多彩的民族传统和艺术创造力。

（1）八音坐唱。八音坐唱这种艺术形式经过长时间的发展和演化，已成为一种融合了说唱与乐器的布依族传统说唱曲艺。八音坐唱，又称“八音坐弹”，主要流行于黔西南州南盘江下游的兴义、安龙、册亨等地区。八音坐唱的历史悠久，因用牛腿骨、竹筒琴、直箫、月琴、三弦、铓锣、葫芦、短笛八种乐器合奏而得名。最早可追溯至北宋时期，在兴义地区开始流行，并延续至今，已有上千年的历史。这种艺术形式在布依族的各种社会活动中扮演着重要角色，如民族节日、婚礼、建房和庆生等，成为文化交流、增进感情和娱乐休闲的重要方式。这种木制鼓腔、牛皮蒙面的乐器因其周围镶嵌的竹钉而得名，象征着布依族人与自然和谐共生的精神追求。为了保护和传承这一国家级非物质文化遗产，2017年起，兴义市在万峰林景区建立了“八音堂”。这一设施不仅包括八音坐唱的保护和传承用房，还有传承室、展示厅和演艺厅等配套设施。

（2）侗戏。侗戏是一种源自侗族并在贵州黎平、榕江、从江地区发展起来的戏曲剧种，后来传播至广西的三江、湖南的通道等侗族聚集地。它是侗族传统的说唱艺术“嘎锦”和“嘎琵琶”与汉族戏曲相结合的产物。“嘎锦”是一种自弹自唱的表演形式，用来讲述侗族的传统故事。“嘎琵琶”则分为抒情的短歌和叙事的长歌。

侗戏的剧目主要分为两类：一是改编自汉族戏曲，描绘汉族生活，另一类则是反映侗族生活。其曲调包括平板（也称普通调，用于叙事性唱词）和哀腔（又称哭调、泪调）。在某些剧目中，演员还会运用侗歌和汉族民间曲调。侗戏的伴奏乐器以二胡为主，同时包括牛腿琴、侗琵琶、月琴、低胡和扬琴等，而打击乐器如鼓、锣、钹、小镲主要用于开场、催场和角色登场时。侗戏的创始人是黎平县腊洞村的侗族歌师吴文彩，其起源可追溯至清代嘉庆至道光年间，至今已有一百五十余年的历史。侗戏最初形式简单，曲调单一，表演朴实，仅限男性演员坐着对唱。随着时间的推移，侗戏逐渐吸收了其他戏曲形式的影响，从而丰富和完善了自身，发展成为一个有男女演员参与、集说唱于一体、曲调多样并具有独特风格的独立剧种。

（3）安顺地戏。安顺地戏是一种源远流长的传统戏剧形式，其特色在于演员们在表演时头戴青巾，腰系战裙，脸前佩戴假面，手持各种兵器，边唱边跳。该戏剧的唱腔结合了七言和十言韵文，伴随着一锣一鼓的音乐，以领唱和众人和唱的方式进行，其中还带有弋阳老腔的余韵。其舞蹈部分主要表现战斗和格斗场面。安顺地戏的剧目大致分为三十余部，聚焦于薛家将、杨家将、岳家将、狄家将、三国英雄和瓦岗好汉等题材。这些剧目主要描绘战争和英雄事迹，专注于展现忠义和报国精神。其历史背景涵盖了从商周时代到明朝。安顺地戏主要分布在贵州省安顺市及周边地区，如西秀区、平坝、普定、镇宁、关岭、紫云、开发区和邻近的清镇、花溪、长顺等。

在约 300 堂地戏中，西秀区就拥有 190 多堂（一堂指的是一个地戏队演出的一部大书）。这种戏剧形式已有六百多年的历史，明洪武十四年（1381 年），明太祖朱元璋调动大军远征云南，战后，大量军队被安置于贵州各地，形成了所谓的“屯堡人”，随之地戏也应运而生。安顺地戏的演出程序包括“开箱”“请神”“顶神”“扫开场”“跳神”“扫收场”“封箱”等环节。“跳神”是正式演出的核心，分为“设朝”“下战表”“出兵”“回朝”等部分，而其他环节则带有驱邪纳吉的傩戏性质。由于屯堡人特有的神灵观念，地戏也被赋予了“傩愿”的特性，村民们在诸如建房求财、祈福求子等重要时刻会邀请地戏队中的“神灵”（例如关羽、佘太君等）进行“开财门”“送太子”等仪式。这些活动不仅是戏剧表演，也是社群的文化和宗教生活的一部分，体现了安顺地戏在当地社会中的重要地位和深远影响。通过这种方式，安顺地戏不仅作为一种艺术形式得以保存，同时也成为当地社群文化传统和信仰的重要载体。

5. 曲艺

贵州省的曲艺之所以具有重要的文化意义和社会价值，在于它们深深植根于贵州的土地和人民生活之中，反映了贵州人民对自然的敬畏、对生活的热爱以及对未来的希望。这些曲艺形式以其独特的艺术魅力和深厚的文化内涵，吸引了一代又一代的人们去学习、传承和发展，成为贵州文化宝库中的瑰宝。表 6–9 所示是贵州省入选国家级非物质文化遗产名录的曲艺。

表 6-9　贵州省曲艺类国家级非物质文化遗产名录统计表

序号	名称	申报地区或单位	入选批次
1	布依族八音坐唱	贵州省兴义市	第一批新增
2	嘎百福	贵州省黔东南苗族侗族自治州	第五批新增
3	旭早	贵州省黔南布依族苗族自治州三都水族自治县	第五批新增

以下曲艺入选省级非物质文化遗产项目：

第一批 1 项：布依族“八音坐唱”（兴义市）。

第二批 4 项：嘎百福（剑河县、台江县、榕江县、雷山县）、君琵琶（黎平县）、安顺唱书（安顺市）、水族双歌（三都县）。

第三批 2 项（2 处）：布依族说唱“削肖贯”（望谟县）、围鼓（正安县）。第一、二批省级扩展项目 1 项（1 处）：布依八音（平塘县）。

第四批扩展 2 项（2 处）：君琵琶（榕江县）、布依八音（册亨县）。

第五批 1 项（1 处）：竹琴说唱（正安县）。

继对贵州非物质文化遗产中的曲艺项目进行了全面介绍之后，我们即将深入探讨三个具有鲜明民族特色和深厚文化底蕴的艺术形式：布依族八音坐唱、嘎百福以及旭早。这些艺术表现形式不仅展现了贵州省独特的文化风貌，也反映了当地丰富的民族传统和艺术创新。

（1）布依族的八音坐唱。它是一种融合了古老传统与独特艺术的民族音乐形式，其名源于西周《周礼》中对八种不同材质乐器的描述：金、石、土、革、丝、木、匏、竹，象征着音乐与自然的和谐共鸣。在黔西南州深受布依族人民喜爱，八音坐唱不仅是节日庆典、婚礼喜事、寿宴祝福及房屋落成的常见乐章，更是一种文化的交流和情感的纽带，特别集中在兴义、安龙、册亨等南盘江下游的布依族聚居地带。追溯至北宋，八音坐唱在兴义地区已有千年传承，其魅力在于没有固定的歌词，却拥有十余种传统的曲目。在布依族的重要社会活动中，八音坐唱是不可或缺的文化表现，它不仅提供了一个休闲娱乐的平台，也是族群间增进友谊、分享生活的重要方式。刺鼓，八音坐唱中的灵魂乐器，以其木制的鼓身和牛皮鼓面，辅以酷似刺猬的竹钉装饰，成为这一艺术形式中最具标志性的象征。刺鼓不仅在布依族的音乐传统中占据着核心地位，也是其音乐文化中最具特色的元素之一。通过刺鼓的独特韵律，人们可以深切体会到布依族对自然的热爱、对生活的热情以及追求人与自然和谐共生的深层精神。

（2）嘎百福。嘎百福是苗族特有的一种说唱艺术，别称“嘎别福”或“嘎福歌”，是黔东南地区苗族文化中一朵独特的花。这种艺术形式生动地结合了民间诗歌和传统故事，创造出一种既叙事又抒情的表达方式。在贵州省的雷山、台江、剑河、丹寨、凯里和榕江等地，嘎百福以其独特的风格流传广泛，通过说唱者的娓娓道来和抑扬顿挫的歌声，讲述着关于民事纠纷和社会现象的真实故事。嘎百福的魅力在于其以说为主、唱为辅的表演方式，既生动又富有趣味，演绎中巧妙融入比喻等艺术手法，使得每一个故事既真切又充满想象。它不仅歌颂着热情和正义，也深刻揭示社会现象，通过讽刺和赞美展现苗族人民鲜明的情感态度和深邃的文化视角。

（3）旭早。旭早是贵州水族文化中一颗璀璨的珍珠，流传于三都、独山、荔波等水族聚居的地区，代表了一种独到的双重歌唱艺术。在水族语中，“旭”寓意着歌曲，而“早”则指的是双重，合起来，“旭早”便是一种双重歌唱的艺术形式，其中散文与韵文巧妙交织，说唱相结合，形成了一种独特的曲艺风格。旭早的表演通常以朗诵开始，随后过渡到吟唱，以吟唱为主体，朗诵部分简洁明了，无任何伴奏，以一人带领，众人和声。其唱腔独特，吸纳了水族民歌尤其是酒歌的曲调，形成了多段式结构，每段根据歌词的内容和韵律的变化而变化，将音乐与语言融为一体，展现出水族民间音乐的特色。

旭早的唱词结构通常采用七字句式，分为“前三后四”的结构，运用了丰富的韵脚，包括腰中韵、头尾韵等，既可以一韵到底，也可以混合使用不同的韵脚。其曲目丰富，有 400 多个，词本多为汉文，流传较广的曲目包括《苏缠幺妹选夫》《仙女化彩虹》《梁山伯与祝英台》等，每一曲都是水族文化丰富传统和生动想象的展现。

6. 传统技艺

传统手工艺是贵州非物质文化遗产中的重要组成部分，涵盖了从纺织、染色到陶瓷、金属工艺等多种形式。这些手工艺不仅展现了工匠的技艺和创造力，也反映了当地的自然资源和社会经济条件。表 6–10 所示是贵州省入选国家级非物质文化遗产名录的传统技艺。

表 6-10　贵州省传统技艺类非物质文化遗产名录统计表

序号	名称	申报地区或单位	入选批次
1	苗族蜡染技艺	贵州省丹寨县	第一批新增
2	苗寨吊脚楼营造技艺	贵州省雷山县	第一批新增
3	苗族芦笙制作技艺	贵州省雷山县	第一批新增
4	玉屏箫笛制作技艺	贵州省玉屏侗族自治县	第一批新增
5	苗族银饰锻制技艺	贵州省雷山县	第一批新增
6	茅台酒酿制技艺	贵州省	第一批新增
7	皮纸制作技艺	贵州省贵阳市、贞丰县、丹寨县	第一批新增
8	陶器烧制技艺（牙舟陶器烧制技艺）	贵州省平塘县	第二批新增
9	苗族织锦技艺	贵州省麻江县、雷山县	第二批新增
10	枫香印染技艺	贵州省惠水县、麻江县	第二批新增
11	彝族漆器髹饰技艺	贵州省大方县	第二批新增
12	蜡染技艺	贵州省安顺市	第二批扩展
13	侗族木构建筑营造技艺	贵州省黎平县、从江县	第二批扩展
14	银饰制作技艺（苗族银饰制作技艺）	贵州省黄平县	第二批扩展
15	蜡染技艺（黄平蜡染技艺）	贵州省黄平县	第三批扩展
16	银饰锻制技艺（苗族银饰锻制技艺）	贵州省剑河县、台江县	第三批扩展
17	苗族织锦技艺	贵州省台江县、凯里市	第三批扩展
18	民族乐器制作技艺(苗族芦笙制作技艺)	贵州省凯里市	第三批扩展
19	绿茶制作技艺（都匀毛尖茶制作技艺）	贵州省都匀市	第四批扩展
20	凯里酸汤鱼制作技艺	贵州省黔东南苗族侗族自治州凯里市	第五批新增
21	蜡染技艺（织金苗族蜡染）	贵州省毕节市织金县	第五批扩展
22	酿醋技艺（赤水晒醋制作技艺）	贵州省遵义市赤水市	第五批扩展
23	砚台制作技艺（思州石砚制作技艺）	贵州省黔东南苗族侗族自治州岑巩县	第五批扩展
24	蒸馏酒传统酿造技艺（董酒酿制技艺）	贵州省遵义市汇川区	第五批扩展

传统技艺入选省级非物质文化遗产项目：

第一批 17 项：苗族蜡染（丹寨县）、石桥古法造纸（丹寨县）、剑河锡绣制作工艺（剑河县）、苗族服饰文化（雷山县）、苗族银饰工艺（雷山县）、苗族芦笙文化（雷山县）、思州石砚制作工艺（岑巩县）、布依族土布制作、扎染工艺（罗甸县）、水族马尾绣（三都县）、牙舟陶器制作技艺（平塘县）、玉屏箫笛制作工艺（玉屏县）、小屯白棉造纸工艺（贞丰县）、乌当手工土纸制作工艺（贵阳市乌当区）、花溪苗族挑花制作工艺（贵阳市花溪区）、彝族赶毡制作工艺（威宁县）、马场乡苗族大筒箫的制作与演奏（盘县）、茅台酒传统酿造工艺（贵州茅台酒股份有限公司）。

第二批 32 项：苗族织锦（麻江县、雷山县）、苗族泥哨（黄平县）、苗族银饰（黄平县）、侗族鼓楼花桥建造技艺（黎平县）、造林习俗（锦屏县）、侗族鼓楼营造技艺（从江县）、苗族马尾斗笠制作技艺（凯里市）、苗族堆花绣（凯里市）、大方漆器制作技艺（大方县）、屯堡石头建筑技艺（平坝县、西秀区）、枫香染制作技艺（惠水县、麻江县）、蓝靛靛染工艺（册亨县、贞丰县、黎平县）、水族石雕（榕江县）、土法造纸工艺（三穗县、盘县、惠水县、长顺县）、傩面具制作工艺（德江县）、竹编工艺（三穗县）、木雕工艺（镇远县）、印染工艺（印江县）、“故央”传统手工水磨制香技艺（安龙县）、窑上古法制陶（贞丰县）、砂陶制作工艺（织金县）、安顺蜡染（安顺市）、高坡苗族银饰制作技艺（花溪区）、布依族纸染绣花制作技艺（花溪区）、罗吏目布依族龙制作技艺（花溪区）、绥阳旺草竹编技艺（绥阳县）、长安布依族土布扎染制作技艺（惠水县）、布依族土布制作技艺（关岭县）、民间火纸制作技艺（岑巩县）、烟火（金沙县）、董酒酿制技艺（遵义市）、洞藏青酒酿造工艺（镇远县）。

第三批 18 项（25 处）：黄平蜡染（黄平县）、水族九阡酒酿酒技艺（三都水族自治县、荔波县）、都匀毛尖茶制作技艺（都匀市）、云雾贡茶手工制作技艺（贵定县）、油茶制作技艺（正安县、玉屏侗族自治县）、西山虫茶制作技艺（息烽县）、苗族酸汤鱼制作技艺（麻江县、凯里市）、独山盐酸菜制作技艺（独山县）、豆制品制作技艺（大方县、习水县）、布依族糯食制作技艺（望谟县、贵定县）、荞酥传统制作技艺（威宁彝族回族苗族自治县）、青岩玫瑰糖制作技艺

（花溪区）、晒醋制作技艺（赤水市）、龙溪石砚制作技艺（普安县）、鸟笼制作技艺（丹寨县、贞丰县、黔西县）、焰火架制作技艺（印江土家族苗族自治县）、粮仓建造技艺（望谟县）、安顺木雕（西秀区）。第一、二批省级扩展项目7项（13处）：皮纸制作技艺（务川仡佬族苗族自治县、印江土家族苗族自治县、安龙县）、竹编技艺（万山特区）、苗族芦笙制作技艺（花溪区、丹寨县、凯里市）、苗族蜡染（紫云苗族布依族自治县）、苗族银饰制作技艺（剑河县、关岭布依族苗族自治县、台江县）、砂陶制作技艺（盘县）、布依族土布制作技艺（望谟县）。

第四批21项（21处）：雷家豆腐圆子制作技艺（云岩区）、民间纸扎技艺（正安县）、墨石雕刻技艺（正安县）、湄潭翠芽茶制作技艺（湄潭县）、“遵义红”茶制作技艺（湄潭县）、湄潭手筑黑茶制作技艺（湄潭县）、空心面制作技艺（绥阳县）、水族银饰制作技艺（都匀市）、水族豆浆染制作技艺（三都水族自治县）、苗族谷蔺布制作技艺（惠水县）、苗族古瓢琴制作技艺（雷山县）、天柱宗祠浮雕彩绘技艺（天柱县）、道菜制作工艺（镇远县）、煨酒酿造技艺（从江县）、石阡苔茶制作技艺（石阡县）、土家熬熬茶制作技艺（德江县）、花烛制作技艺（思南县）、金沙酱香型白酒酿造技艺（金沙县）、清池贡茶制作技艺（金沙县）、彝族彩布贴花（水城县）、古方红糖制作工艺（兴义市）。扩展10项（12处）：竹编工艺（赤水市）、苗族蜡染（平坝县、纳雍县、织金县）、水族石雕（荔波县）、苗族银饰锻制技艺（丹寨县）、豆制品制作技艺（江口县）、印染工艺（石阡县）、砂陶制作工艺（印江土家族苗族自治县）、布依族土布制作技艺（册亨县）、蓝靛靛染工艺（望谟县）、布依族糯食制作技艺（贞丰县）。

第五批55项（70处）：贵阳肠旺面（云岩区）、辣子鸡制作技艺〔卫城辣子鸡制作技艺（清镇市）、阳郎辣子鸡制作技艺（息烽县）〕、赖氏酿酒技艺（贵阳市、遵义市）、红酸汤丝娃娃制作技艺（云岩区）、香酥鸭制作技艺（云岩区）、八大碗烹饪技艺〔卫城八大碗（清镇市）、织金水八碗（织金县）、遵义八大碗（汇川区）〕、绿茶制作技艺〔开阳贡茶制作技艺（开阳县）〕、张氏配穴法（观山湖区）、“禹谟醋”酿造技艺（金沙县）、宫保鸡丁制作技艺（织金县）、羊肉粉制作技艺〔金沙羊肉粉制作技艺（金沙县）、水城羊肉粉制作技艺（钟山区）、虾子羊肉粉制作技艺（新蒲新区）、兴义羊肉粉制作技艺（兴义市）〕、侗族芦笙制作技艺（从江县）、波波糖制作工艺（镇宁布依族苗族自治县）、屯堡银饰制作技艺（西秀区）、布依族蜡染技艺（黄果树旅游区）、蓝靛制作技艺（紫云苗族布依族自治县）、铁器制作技艺（西秀区、兴义市）、民间乐器制作技艺〔水城布依族唢呐制作技艺（水城县）、凤冈唢呐制作技艺（凤冈县）、沿河唢呐长号制作技艺（沿河土家族自治县）、贞丰布依族长号制作技艺（贞丰县）、晴隆月琴制作技艺（晴隆县）〕、岩博小锅酒制作工艺（盘州市）、盘州火腿制作技艺（盘州市）、布依族百草酒酿造技艺（六枝特区）、水族百草药酒制作技艺（榕江县）、羊（牛）瘪制作技艺（榕江县）、苗族植物彩色染技艺（雷山县）、鱼酱酸制作技艺（雷山县）、苗族酒曲制作技艺（丹寨县）、侗族织锦技艺（从江县）、镇远素席（镇远县）、侗族银饰锻制技艺（锦屏县）、布依族银饰锻造技艺（普安县）、启蒙酸菜制作技艺（锦屏县）、油纸伞制作技艺（赤水市）、竹扇制作技艺（赤水市）、竹雕工艺（赤水市）、遵义鸡蛋糕制作技艺（红花岗区）、书画装裱制作技艺（红花岗区）、古琴制作技艺（汇川区）、习酒酿造技艺（习水县）、仡佬族古法“浇烛”制作技艺（道真仡佬族苗族自治县）、黄糕粑制作技艺（播州区、瓮安县）、仡佬族酿酒技艺（仁怀市）、新舟麸醋制作技艺（新蒲新区）、宋窖酒酿造技艺（习水县）、土家族桶子屋建造技艺（江口县）、花甜粑制作技艺（思南县）、布依族蓝靛染织技艺（都匀市）、匀酒酿造技艺（都匀市）、独山虾酸制作技艺（独山县）、制香技艺〔土香制作技艺（册亨县）、手工制香技艺（独山县）〕、水族牛角雕制作技艺（三都水族自治县）、藤编技艺（平塘县、绥阳县）、苗族麻布制作技艺（福泉市）、刺梨干制作技艺（贵定县）、布依族酿酒技艺（荔波县）、瑶族树膏染技艺（荔波县）。扩展 15 项（33 处）：雷家豆腐圆子（南明区）、陶器烧制技艺〔黑砂陶制作技艺（清镇市）、威宁砂陶制作技艺（威宁彝族回族苗族自治县）、土陶烧制技艺（绥阳县、播州区）、夏家沟泥陶制作技艺（正安县）〕、石雕工艺（织金县）、苗族芦笙制作技艺（水城县、金沙县、册亨县）、苗族蜡染技艺（榕江县、钟山区、普安县）、苗寨吊脚楼营造技艺（台江县）、皮纸制作技艺（播州区、绥阳县、江口县）、傩面具制作工艺〔湄潭傩戏面具雕刻工艺（湄潭县）、道真仡佬族傩面具雕刻工艺（道真仡佬族苗族自治县）、江口傩面具雕刻工艺（江口县）、沿河傩面具雕刻工艺（沿河土家族自治县）〕、虫茶制作技艺（赤水市）、苗族银饰锻造技艺（松桃苗族自治县、贞丰县）、木雕技艺（石阡县）、斗笠编制技艺（思南县）、布依族糯食制作技艺（兴义市）、红糖制作技艺〔册亨红糖制作技艺（册亨县）、罗甸古法制糖技艺（罗甸县）、荔波古法红糖制作技艺（荔波县）、隆兴红糖制作技艺（习水县）、贞丰布依族红糖制作技艺（贞丰县）〕、布依族土布制作技艺（普安县）。

下面重点介绍贵州牙舟陶技艺、皮纸制作手艺、苗族吊脚楼营造技艺三项传统技艺。

（1）牙舟陶技艺。隐藏在贵州黔南深山之中的牙舟，是一个因地理隔离而鲜少与外界接触的小村镇。这里的居民世代传承着一种古老的制陶工艺，使得牙舟陶成为中国陶瓷史上少有的以产地命名的陶器之一。牙舟陶的历史追溯至明代洪武年间，当时，明朝大举进军贵州，并引入了中原文化至此地，开启了牙舟陶器的制作传统。牙舟陶器以其简朴厚重的造型、清晰流畅的线条、和谐淡雅的色调而独树一帜，其装饰图案常采用蜡染、刺绣、桃花等元素，通过浮雕技术呈现，既复杂又具有高度装饰性。这些陶器不仅美观，还融入了当地少数民族的文化特色，如自然色彩的动物玩具等，显得精致而透明。以生产烟斗、盐辣罐、酸菜坛、茶壶、土碗等为主的牙舟陶器，不仅美观独特，还具有极高的实用价值，其贮存的食物不易变质，泡制的茶叶久置不坏。牙舟陶更因其独特性，在全国工艺美术展中脱颖而出。牙舟陶的原料包括黄泥、白泥、青泥三种，制作过程中结合快轮成形和手工捏制技巧，体现了典型的民族传统工艺。工艺人以其生活经验和丰富想象力，创造出形态各异、栩栩如生的生活用品和工艺品，展示了独特的民间艺术风采。特别是使用本地特有的玻璃釉料，产品在烧制过程中产生的自然裂纹和冰裂纹，赋予了牙舟陶器更加深邃、斑斓的美学特质，使其成为陶瓷工艺品中的佼佼者。

（2）皮纸制作手艺。贵州省许多地方仍然传承着传统的竹纸和皮纸制作工艺，其中以贵阳市的香纸沟（布依族）、贞丰县的小屯和丹寨县的石桥（苗族）的技艺尤为杰出。举例来说，香纸沟的竹纸传统包括伐竹、破竹、沤竹、蒸煮、碾篾、提浆、抄纸、压榨、烘晾等共 72 道工序，与宋应星《天工开物》中描述的造纸法完全相同。其成品纸张绵软而有韧性，隐约呈现出竹纹，散发着淡淡的香气。贞丰县小屯的白绵纸起源于清代咸丰年间，直至20世纪末，全乡仍有千余户从事抄纸生产。这种纸张以构皮为原料，制作工艺也包括72个步骤，成品具有绵韧性，表面平滑而柔软。丹寨县石桥所产的白皮纸也使用构皮和杉根作为原料，而且还生产彩色纸，包括云龙皱褶、凹凸、压平、花草、麻纸等六种品种。其制作过程通常包括十多个环节，生产过程中将棉絮状纸浆兑水加入“滑药”并搅匀，然后经抄纸、压纸、晾晒、揭纸，最终包装成品。这些纸张质地绵韧，表面光滑亮泽，具有良好的耐水性。这些手工纸张的制作对原材料、水质和工艺都有极高的要求，其技艺的传承完全依赖口传心授和实践经验，形成了丰富的纸业传统习俗。

（3）苗族吊脚楼营造技艺。苗族吊脚楼是一种源自于“巢居”形式的独特建筑，通常由竹和木材构建而成。这种建筑的下部呈现镂空的形态，被称为“半干栏式”木结构建筑，主要分布在少数民族聚居区。吊脚楼之所以得名，是因为其房屋撑柱悬空不直接落地，而是根据地形情况建造而成。吊脚楼通常分为两种形式：半吊脚和全吊脚。这些楼房建立在平地上，而半吊脚楼则是在倾斜度较大的山坡上，其中一半楼房靠岩石支撑，而另一半则由木柱支撑。这些建筑大多采用当地丰富的木材，坡面分为上下两级屋基，下级竖立较长的柱子，上级则竖立较短的柱子，以使前半间楼板与后半间地面平行，从而形成半吊脚楼的特点。这些木柱、木墙和木楼板构建在离地数米高的石保坎上，房架高度通常为6 ~ 7米。最外侧的柱子会自上而下截齐上屋基的位置，形成吊脚柱，因此得名为“吊脚楼”。吊脚楼可以分为三层，其结构包括三间、四间或五间成套的建筑，这些楼房依山而建，错落有致，形成一种层次分明的景观。三层楼房通常分别用于储存谷物、居住和存放杂物以及牲畜。住人的一层通常包括卧室、厨房以及宽敞明亮的中堂，中堂前面的檐下通常装有靠背栏杆，形成一个木制阳台，既能远眺美景，又可用于休息和聚会。在秋冬季节，金黄色的谷物、红色的辣椒、洁白的棉花等都被串成串悬挂在楼栏和楼柱上，装点着吊脚楼，既不怕潮湿和霉变，又能保持食物的天然储存。苗家吊脚楼具有特殊的建筑特点，包括飞檐翘角、三面走廊、悬挂木质栏杆、雕刻着吉祥如意图案的栏杆和八棱形或四方形的悬柱。这些装饰元素让吊脚楼显得华丽而精致。楼房的上层通常设有走廊，用于妇女进行纺织、挑纱、织锦等手工活动，也可供欣赏风景和赏月之用。吊脚楼的建筑风格反映了苗族文化中与自然界和图腾信仰相关的价值观，使人们更好地理解和欣赏这一独特的建筑传统。吊脚楼具有简洁、稳固、防潮的优点，还能节省耕地和建筑材料，因此在苗族社群中具有重要的文化和实用价值。

7. 传统医药

贵州省不仅以其瑰丽的自然风光和丰富的民族文化闻名，还以其深厚的传统医药文化独树一帜。从同济堂传统中药文化到瑶族的药浴疗法，再到苗族的骨伤蛇伤疗法及九节茶药的制作工艺，这些传统医药技艺承载着贵州各民族对自然界和人体健康的深刻理解，展现了与自然和谐共生的生活哲学和独特的治疗方法。这些传统医药技艺的存在，不仅为当地民众提供了有效的治疗手段，也成了传承民族文化、促进民族团结的重要桥梁。表 6–11 所示是贵州省入选国家级非物质文化遗产名录的传统医药。

表 6–11 贵州省传统医药类非物质文化遗产名录统计表

序号	名称	申报地区或单位	入选批次
1	传统中医药文化（同济堂传统中药文化）	贵州省同济堂制药有限公司	第二批新增
2	瑶族医药（药浴疗法）	贵州省从江县	第二批新增
3	苗医药（骨伤蛇伤疗法）	贵州省雷山县	第二批新增
4	苗医药（九节茶药制作工艺）	贵州省黔东南苗族侗族自治州	第二批新增
5	侗医药（过路黄药制作工艺）	贵州省黔东南苗族侗族自治州	第二批新增
6	中医传统制剂方法（廖氏化风丹制作技艺）	贵州省遵义市红花岗区、汇川区	第二批扩展
7	布依族医药（益肝草制作技艺）	贵州省贵定县	第四批新增
8	苗医药（骨髓骨伤药膏）	贵州省黔东南苗族侗族自治州麻江县	第五批扩展

下列传统医药入选省级非物质文化遗产项目：

第一批未明确列出具体的传统医药项目。

第二批 7 项：瑶族医药（从江县）、廖氏化风丹制作技艺（红花岗区、汇川区）、苗族医药（雷山县、黔东南州民族医药研究所）、侗族医药（黔东南州民族医药研究所）、布依族防治肝病益肝草秘方（贵定县）、水族医药（三都县）、同济堂医药文化（贵州同济堂制药有限公司）。

第三批 2 项（2 处）：火龙丹（金沙县）、罗氏瘰疬疗法（关岭布依族苗族自治县）。

第四批 4 项（4 处）：遵义王氏中医推拿（遵义市）、胡三帖（贵定县）、半枫荷熏浴疗法（凯里市）、黔西王氏食疳医药（黔西县）。扩展 1 项（1 处）：苗医药〔骨髓骨伤药膏（麻江县）〕。

第五批 11 项（11 处）：刘氏骨伤医药技艺（汇川区）、童氏跳骨丹制作技艺（绥阳县）、白氏骨伤诊疗法（云岩区）、杨氏消痔消疹膏制作技艺（云岩区）、德昌祥“龙凤至宝丹”制作技艺（修文县）、丁氏妇科中医诊疗技法（贵阳市）、弩药针制作技艺（七星关区）、黔西传统发酵彝药（黔西县）、彝族骨刺疗法（六枝特区）、都氏点穴拔牙（六枝特区）、土家族医药（碧江区）。扩展 2 项（9 处）：苗医药〔苗族药枕制作技艺（绥阳县）、骨腐朽疗法（丹寨县）、烧烫伤疗法（镇远县）、药浴疗法（剑河县）、肤裂收敛膏制作技艺（雷山县）、挑痧疗法（松桃苗族自治县）〕、侗医药 · 痧症疗法（黔东南州民族医药研究院、从江县、黎平县）。

在了解贵州传统医药的基本情况后，接下来说我们将重点介绍苗医药（九节茶药制作工艺）、侗医药（过路黄药制作工艺）：

（1）九节茶药。这是一种药膏型药剂，源自于黔东南自治州的锦屏县、榕江县、黄平县等地，其方剂传承自锦屏县的杨氏苗医家族的经验积累。这一药方的主要成分包括九节茶 1500 克、野葡萄根 1200 克、水三七 1000 克、水冬瓜 800 克、滚山珠 500 克以及螃蟹 500 克。药物的制作过程按照方剂要求进行，其中滚山珠、螃蟹、白蜡需单独处理。首先，将九节茶、水冬瓜、水三七、野葡萄根等药材切碎成细块，然后将滚山珠和螃蟹磨成细粉，通过细箩过滤。接下来，炸料的制作过程中，取茶籽油 1500 克倒入锅中加热，将九节茶、水冬瓜、水三七、野葡萄根炸至呈黄色，然后去渣、过滤。最后，制膏阶段，将白蜡 500 克加入药油中溶解，倒入容器中等待冷却，然后将滚山珠和螃蟹粉兑入，搅拌均匀即可得到药膏。存储时建议使用搪瓷缸或陶瓷罐进行密封包装，并将其放置在阴凉的室内，避免高温。九节茶药的功效主要包括散血退肿和续筋接骨，主要用于治疗骨折、跌打损伤引起的淤血肿胀等情况，是苗族医药传统中的重要组成部分。这一药方凝聚了苗族丰富的草药医疗经验，对骨伤和外伤的治疗具有显著的疗效，对维护健康起到了重要的作用。苗族的骨伤和蛇伤疗法主要通过两种方式传承，即祖传和师授。由于苗族没有文字传承体系，这增加了传承的困难。

（2）侗医药（过路黄药制作工艺）。过路黄药的制作工艺是侗族传统医药的重要组成部分，它在炮制过程和病因诊断、用药治疗、养生保健等方面拥有独特的特色。过路黄药的草本植物属于报春花科珍珠菜属，是黔东南侗族医药中广泛应用的自然药材。整株植物都可供药用，它具有止血、抗菌、抗病毒、消炎等多种功效。根据不同的病情，侗族医生会采用不同的方法来采摘过路黄，可以使用整株草本植物，也可以选择部分植物组成药方。这些过路黄药材通常会与其他草药配合使用，制成不同的剂型，如过路黄鲜药汁、鲜药敷剂、复方过路黄煎剂、酒剂、膏剂等。侗族医生广泛应用过路黄药来治疗各种疾病，包括尿路结石、胆囊炎、胆结石、黄疸型肝炎、水肿、跌打损伤、毒蛇咬伤、毒蕈中毒以及药物中毒等消化系统疾病。此外，过路黄药也常用于外敷治疗火烫伤和化脓性炎症等皮肤疾病。

过路黄药的制作工艺是侗族人民长期使用药用植物和矿物资源的经验总结和创新，其传承方式主要依赖口口相传。

8. 传统美术

贵州的传统美术项目不仅能够欣赏到令人叹为观止的艺术作品，还能深刻理解这些艺术背后所蕴含的文化意义、历史价值和民族情感。这些传统美术作为贵州非物质文化遗产的重要组成部分，对促进地方文化的传承与保护有着不可替代的作用。表 6–12 所示是贵州省入选国家级非物质文化遗产名录的传统美术。

表 6–12　贵州省传统美术类非物质文化遗产名录统计表

序号	名称	申报地区或单位	入选批次
1	苗绣（雷山苗绣、花溪苗绣、剑河苗绣）	贵州省雷山县、贵阳市、剑河县	第一批新增
2	水族马尾绣	贵州省三都水族自治县	第一批新增

续表

序号	名称	申报地区或单位	入选批次
3	剪纸（苗族剪纸）	贵州省剑河县	第二批扩展
4	苗绣	贵州省凯里市	第二批扩展
5	泥塑（苗族泥哨）	贵州省黄平县	第二批扩展
6	侗族刺绣	贵州省锦屏县	第三批新增
7	苗绣	贵州省台江县	第三批扩展
8	剪纸（水族剪纸）	贵州省黔南布依族苗族自治州	第四批扩展
9	布依族刺绣	贵州省黔西南布依族苗族自治州	第五批新增
10	苗绣（松桃苗绣）	贵州省铜仁市松桃苗族自治县	第五批扩展

下列传统美术（含民间美术）入选省级非物质文化遗产项目：

第一批未明确列出具体的传统美术项目。

第二批 6 项：苗族剪纸（剑河县）、苗族百鸟衣艺术（丹寨县）、梭嘎箐苗彩染服饰艺术（六盘水市）、石氏面塑（兴仁县）、通草堆画（遵义市）、苗族“嘎闹”支系服饰艺术（丹寨县）。

第三批 4 项（5 处）：水族剪纸（都匀市）、布依族刺绣（兴义市、望谟县）、侗族刺绣（锦屏县）、布依族织锦（关岭布依族苗族自治县）。

第四批扩展项目 4 项（5 处）：苗族剪纸（施秉县）、侗族刺绣（镇远县）、苗绣（丹寨县、松桃苗族自治县）、布依族刺绣（册亨县）。

第五批 4 项（4 处）：仡佬族刺绣（遵义市）、回族刺绣（威宁彝族回族苗族自治县）、土家刺绣（德江县）、布依族马尾绣（贵安新区）。扩展 4 项（11 处）：苗绣（绥阳县、施秉县、贵安新区、织金县、碧江区）、剪纸〔红花岗区剪纸（红花岗区）、思南土家族剪纸（思南县）、三穗苗族剪纸（三穗县）〕、泥塑（余庆县）、水族马尾绣（榕江县、雷山县）。

接下来重点介绍石氏面塑、通草堆画两项传统美术项目。

（1）石氏面塑。石氏面塑是贵州省黔西南州兴仁县城关镇独特的家族传承民间美术，深受当地人民喜爱。这门艺术由石姓家族精心维护，其制品在各种传统活动中扮演重要角色，如祭祀、建筑庆典中的“飘梁粑”等。面塑艺人石家让的面塑以其精致美观、技艺高超而著称，成为节庆活动的首选装饰。此艺术的原料是按 2 ∶ 1 比例混合的糯米面和黏米面，采用天然植物色素调色，能制成近三十种颜色。石氏面塑不仅展示了民间艺术的美，还可食用，体现了食品与艺术的完美结合，是石氏家族谋生的手段，也是其文化传承的生动见证。

（2）通草堆画。在 20 世纪 60 年代初，遵义市工艺美术厂的美工师左靖先生，基于对传统清朝通草画和通草花的深入研究，发起了一场艺术革新。他将原本的平贴技术升级为堆贴，从彩绘转向素堆，创造了一种新颖的手法——不添加任何色彩、通过多层次和厚度的堆叠来展现作品的立体感。这种技术的革新诞生了遵义通草堆画，一种具有浓厚贵州民族特色的工艺品。通草堆画以药用植物“通草”为原材料，经过设计、制图、切片、雕刻和成形等多个精细工序，精心创作出反映中国市井生活、节庆民俗等多彩生活场景的作品。这些作品不仅具有强烈的立体感和类似牙雕的质感，还采用了国画的笔法，保持了浓郁的民族风格和气派。画面的留白技巧，更是赋予了观者无限的想象空间，将传统与创新、艺术与工艺完美结合，展现了传统美术的独特魅力。

9. 传统体育、游艺与杂技

从苗族斗牛的激烈对抗到端午节龙舟赛的水上狂欢，再到展现杂技艺术家高超技巧的板凳舞、竹竿舞，这些传统活动不仅反映了贵州人民对生活的热爱和对自然的敬畏。探索贵州省非遗中的传统体育、游艺与杂技项目，对深入理解贵州非物质文化遗产的保护和传承有重要作用。表 6–13 所示是贵州省入选国家级非物质文化遗产名录的传统体育、游艺与杂技。

表 6–13　贵州省传统体育、游艺与杂技类国家级非物质文化遗产名录统计表

序号	名称	申报地区或单位	入选批次
1	赛龙舟	贵州省铜仁市、镇远县	第三批新增
2	布依族武术	贵州省黔西南布依族苗族自治州安龙县	第五批新增
3	赤水独竹漂	贵州省遵义市赤水市	第五批新增

另外，传统体育、游艺与杂技入选省级非物质文化遗产项目情况如下：

第一批：传统体育竞技类（3 项）——勾林（天柱县）、侗族月牙铛（天柱县）、

侗族摔跤（黎平县）；民间杂技类（1 项）——德江土家舞龙（德江县）。

第二批：杂技与竞技（8 项）——麻山绝技（望谟县）、布依族高台狮灯（兴义市）、仡佬族高台舞狮（务川县、道真县）、寨英滚龙（松桃县）、瑶族民间陀螺竞技（荔波县）、仡佬族打蔑鸡蛋（平坝县、道真县）、苗族射弩（织金县、普定县）、古典戏法（贵州省杂剧团）。

第三批 13 项（15 处）：傩技“上刀山”（松桃苗族自治县）、赛龙舟（铜仁市、镇远县）、赤水独竹漂（赤水市）、长坝狮灯（金沙县）、布依族铁链械（花溪区）、抵杠（平坝县）、攀崖技艺（紫云苗族布依族自治县）、苗族武术（麻江县）、游氏武术（赤水市）、布依族棍术（贞丰县）、布依族器乐演奏绝技（平塘县）、民间棋艺（正安县、望谟县）、岩鹰高跷（黄平县）。

第四批 3 项（3 处）：土家族高台狮灯（沿河土家族自治县）、布依族武术（安龙县）、温水小手拳（习水县）。扩展 3 项（5 处）：苗族武术（剑河县、松桃苗族自治县）、赛龙舟（沿河土家族自治县）、布依族高台狮灯（贞丰县、册亨县）。

第五批 13 项（14 处）：少林俗家功夫（绥阳县）、畲族武术（麻江县）、侗族武术（天柱县、黎平县）、杨氏太极拳（南明区）、彝族秋千（盘州市）、苗族迦尕（六枝特区）、思南㮚牌（思南县）、苗族手毽（贞丰县）、布依族“朵苛”（普安县）、布依族山龙（册亨县）、布依族“要吉篮”（望谟县）、布依族要猫叉（独山县）、贵州黑虎拳（贵州省非遗中心）。扩展 5 项（7 处）：苗族武术（凯里市）、高台舞狮（开阳县、瓮安县）、舞龙〔金沙舞龙（金沙县）、盘州舞龙（盘州市）〕、布依族抵杠（西秀区）、民间棋艺〔水族棋艺（三都水族自治县）〕。

下面重点介绍铜仁碧江区的赛龙舟活动、六盘水地区的彝族秋千：

（1）铜仁碧江区的赛龙舟活动。该活动源远流长，可追溯至元朝时期。在烟雨蒙蒙的江面上，勇士们驾轻舟、披蓑戴笠，以竹竿击水，争先恐后，展现了一幅幅生动的水上竞技图景。至明清年代，这项活动演变成了碧江区城乡居民广泛参与的热门体育赛事，深受人们的喜爱。碧江区的赛龙舟与众不同，承载着独特的文化寓意。自古以来，锦江水患频发，民众深受其苦。端午节，当洪水威胁安宁时，人们将赛龙舟转化为一种祭祀仪式，旨在驱除灾害、祈求平安。精美绚丽的七彩龙船在江面上翩翩起舞，不仅是一场视觉盛宴，更是人们心中对风调雨顺、国泰民安的深切祈愿。活动中，人们还将上百只鸭子奉献给水龙王，寓意着与自然和谐共处，希望水神护佑着这片土地，不再带来灾害。

（2）六盘水地区的彝族秋千。这是一项深受当地彝族社群欢迎的传统体育活动，主要分布于盘州市北部的几个彝族村寨，特别是淤泥彝族乡的麻郎垤村和鸡场坪镇，这里的秋千活动保存最为完整。在盘州市，彝族秋千分为三种类型：磨磨秋、高索秋和观音秋，每种秋千都有其独特的风格和享受方式。这项活动尤其在彝族火把节、彝年（农历十月初一）以及春节期间（正月初一到十五）举行，届时，无论男女老少，都会聚集在村寨的开阔地带，背靠大山，一同参与这一传统的体育活动。彝族秋千不仅是一种娱乐方式，更是一种身心锻炼的手段，通过各种秋千技巧和比赛规则的比拼，增进了村民间的相互配合和社群的凝聚力。彝族秋千的特点可以概括为高、飘、悠、柔、美、欢，这些特点不仅体现了秋千活动本身的艺术美感和身体锻炼价值，也反映了彝族文化中对和谐、快乐和美好生活的追求。此外，彝族秋千活动在历史研究、学术探究、科学认知以及文化传承等方面均具有不可小觑的价值，它不仅仅是一项体育活动，更是彝族文化的重要组成部分，对于深入理解彝族的传统习俗、社会结构和文化特色具有重要意义。

10. 民俗

贵州民俗它们如同绚丽多彩的织锦，编织了一幅幅生动的文化画卷。这些民俗活动，从传统节日庆典、民间艺术、传统体育游艺到独具特色的饮食习惯和民间信仰，不仅深刻反映了贵州各民族的生活方式、精神追求和审美趣味，也是民族智慧和文化创造力的集中体现。表 6–14 所示是入选国家级非物质文化遗产名录的贵州民俗。

表 6–14　贵州省民俗类国家级非物质文化遗产名录统计表

序号	名称	申报地区或单位	入选批次
1	苗族鼓藏节	贵州省雷山县	第一批新增
2	水族端节	贵州省三都水族自治县	第一批新增

续表

序号	名称	申报地区或单位	入选批次
3	布依族查白歌节	贵州省	第一批新增
4	苗族姊妹节	贵州省台江县	第一批新增
5	侗族萨玛节	贵州省榕江县	第一批新增
6	仡佬毛龙节	贵州省石阡县	第一批新增
7	水书习俗	贵州省黔南布依族苗族自治州	第一批新增
8	苗族独木龙舟节	贵州省台江县	第一批新增
9	苗族跳花节	贵州省安顺市	第一批新增
10	苗年	贵州省丹寨县、雷山县	第一批新增
11	侗族萨玛节	贵州省黎平县	第二批扩展
12	苗族服饰	贵州省桐梓县、安顺市西秀区、关岭布依族苗族自治县、纳雍县、剑河县、台江县、榕江县、六盘水市六枝特区、丹寨县	第二批扩展
13	布依族“三月三”	贵州省贞丰县、望谟县	第三批新增
14	侗年	贵州省榕江县	第三批新增
15	歌会（四十八寨歌节）	贵州省天柱县	第三批新增
16	月也	贵州省黎平县	第三批新增
17	苗族栽岩习俗	贵州省榕江县	第三批新增
18	火把节（彝族火把节）	贵州省赫章县	第三批扩展
19	农历二十四节气（石阡说春）	贵州省石阡县	第三批扩展
20	仡佬族三幺台习俗	贵州省道真仡佬族苗族自治县	第四批新增
21	布依族服饰	贵州省	第四批新增
22	侗族服饰	贵州省黔东南苗族侗族自治州	第四批新增
23	三月三（报京三月三）	贵州省镇远县	第四批扩展
24	苗族鼓藏节	贵州省榕江县	第四批扩展
25	民间信俗（屯堡抬亭子）	贵州省安顺市西秀区	第四批扩展
26	规约习俗（侗族款约）	贵州省黎平县	第四批扩展
27	元宵节（德江炸龙习俗）	贵州省铜仁市德江县	第五批扩展
28	元宵节（苗族舞龙嘘花习俗）	贵州省黔东南苗族侗族自治州台江县	第五批扩展

此外，入选省级非物质文化遗产民俗项目有：

第一批：民间信仰类（6项）——侗族萨码节（榕江县）、哥蒙的“哈冲”（黄平县）、独山愿灯（独山县）、布依族扫寨（都匀市）、仡佬族毛龙节（石阡县）、盘县地坪乡彝族毕摩祭祀文化（盘县）；岁时节令类（11项）——苗族茅人节（榕江县）、稿午苗族水鼓节（剑河县）、苗族牯藏节（雷山县）、注溪娃娃场（岑巩县）、清水江杀鱼节（福泉市）、水族端节（三都县）、水族卯节（三都县）、查白歌节（兴义市）、赶毛杉树（安龙县）、大狗场吃新节（平坝县）、水城南开三口塘苗族跳花节（水城县）；文化空间类（14项）——双倍嘎（从江县）、四十八寨歌节（天柱县）、社节（天柱县）、报京三月三（镇远县）、隆里花脸龙（锦屏县）、苗族弄嘎讲略（黄平县）、月也（黎平县）、古思州“屯锣”（岑巩县）、苗族姊妹节（台江县）、思南上元沙洲节（思南县）、仡佬族敬雀节（石阡县）、锣（万山特区）、安顺屯堡文化（安顺市）、六枝梭嘎箐苗文化空间（六枝特区）；人生礼俗类（4项）——占里侗族生育习俗（从江县）、平秋北侗婚恋习俗（锦屏县）、水族婚俗（都匀市）、茅坪花苗婚俗（湄潭县）。

第二批82项：苗族“四月八”（贵阳市）、苗族独木龙舟节（台江县、施秉县）、苗族祭尤节（丹寨县）、河灯节（习水县）、赶苗场（习水县）、谷陇九月芦笙会（黄平县）、布依族丧葬礼俗（贞丰县）、仡佬族婚俗（务川县）、杜寨布依族丧葬砍牛习俗（贵阳市）、新化舞狮（锦屏县）、仡佬族吃新节（金沙县、平坝县）、土家族过赶年（印江县）、下洞祭风神（印江县）、余庆龙灯（余庆县）、镇远元宵龙灯会（镇远县）、瑶族服饰（麻江县）、桐梓苗族服饰（桐梓县）、安顺苗族服饰（西秀区、关岭县）、布依族服饰（贞丰县、册亨县）、箐苗服饰（纳雍县）、黔东南苗族服饰（剑河县、台江县、三穗县）、屯堡服饰（平坝县）、榕江侗族服饰（榕江县）、贵阳苗族服饰（花溪区、乌当区）、摆贝苗族服饰（榕江县）、四十八寨侗族服饰（黎平县）、黄平亻革家服饰（黄平县）、偏坡布依族服饰（贵阳市）、水族服饰（三都县）、土家族婚庆夜筵（岑巩县）、屯堡“抬亭子”（西秀区）、仡佬族宝王祭拜（务川县）、青山界四十八寨歌会（锦屏县）、土家族“八月八”唢呐节（镇远县）、仡佬族丧葬习俗（石阡县）、水族婚礼（三都县）、平秋重阳鞍瓦（锦屏县）、起房造屋习俗（遵义市）、苗族招龙（雷山县）、仫佬年（麻江县）、彝族婚嫁习俗（盘县）、瑶族隔冬（麻江县）、苗族三月坡（雷山县）、苗族扫寨（雷山县）、苗族吃鼓藏（从江县）、侗族民俗“悄悄年”（石阡县）、凤冈茶饮习俗（凤冈县）、玉屏赶坳（玉屏县）、赶社（岑巩县）、彝族年（赫章县）、高坡苗族射背牌（花溪区）、苗族跳场（花溪区）、化屋苗族文化空间（黔西县）、小广侗族娶亲节（剑河县）、龙鳌祭祀（岑巩县）、新场苗族祭天神（都匀市）、“六·二四”民族传统节日二郎歌会（福泉市）、布依族“六月六”（关岭县、贞丰县）、“划筷奠祖”苗俗（纳雍县）、侗族款约（黎平县）、仡佬族三幺台习俗（道真县、务川县）、瑶白摆古（锦屏县）、彝族咪古（毕节地区文化局）、仡佬族吃新祭祖习俗（遵义县）、天柱宗祠文化习俗（天柱县）、苗族采花节（盘县）、大屯三官寨彝族祭祀（毕节市）、说春（石阡县）、水族祭祖（三都县）、甘囊香苗族芦笙节（凯里市）、畲族凤凰装（麻江县）、苗族苗年（丹寨县、雷山县）、苗族吃新节（雷山县）、苗族跳花节（安顺市）、从江侗族老人节（从江县）、侗族祭萨（黎平县）、都柳江苗族鼓藏节（榕江县）、侗年（锦屏县）、岜沙苗族成人礼（从江县）、侗族北部方言歌会（天柱县）、苗族翻鼓节（丹寨县）、竹王崇拜（镇宁县）。

第三批 26 项（43 处）：布依族服饰（西秀区、水城县、兴义市）、苗族二月二（黔东南苗族侗族自治州、兴仁县、贞丰县、松桃县）、布依族三月三（望谟县、贞丰县、册亨县、开阳县、惠水县）、苗族婚俗（丹寨县、刁水县）、侗族婚俗（黎平县、榕江县）、瑶族婚俗（麻江县）、苗族斗牛习俗（施秉县、凯里市、开阳县）、苗族栽岩习俗（榕江县）、苗族卧堆习俗（榕江县）、苗族命名习俗（平坝县）、侗族鼓楼习俗（从江县）、布依族“报笨”习俗（兴义市）、布依族铜鼓习俗（兴仁县）、彝族毕摩习俗（赫章县）、彝族丧葬习俗（金沙县）、记间习俗（黎平县、榕江县）、稻鱼并作习俗（天柱县）、造林习俗（天柱县）、苗族祭桥节（三穗县、台江县、黄平县）、彝族火把节（大方县、赫章县）、求雨祭典（黎平县）、侗族芦笙会（黎平县）、水族敬霞节（三都水族自治县）、清镇瓜灯节（清镇市）、玩水龙（施秉县）、布依族坐夜筵（开阳县）。第一、二批省级扩展项目 13 项（26 处）：侗年（榕江县）、苗族跳花节（赫章县、大方县、金沙县）、鼓藏节（台江县）、社节（黎平县）、侗族萨玛节（从江县）、仡佬族“吃新节”（六枝特区）、苗族杀鱼节（开阳县）、苗族四月八（息烽县）、布依族六月六（开阳县）、竹王崇拜（紫云苗族布依族自治县）、苗族服饰（习水县、开阳县、修文县、纳雍县、金沙县、黄平县、从江县、凯里市、水城县、兴仁县）、屯堡服饰（平坝县、西秀区）、侗族北部方言歌会（三穗县、锦屏县）。

第四批 18 项（19 处）：龙泉推推灯（凤冈县）、铁水冲龙（普定县）、苗族跳洞“数邑”（龙里县）、草塘火龙（瓮安县）、水族历法（三都水族自治县）、苗族舞龙嘘花习俗（台江县）、圣德山歌节（三穗县）、巴冶土王戊（三穗县）、壮年（从江县）、瑶族度戒（从江县）、瑶族嫁郎（从江县）、羌历年（江口县）、布依族婚俗（册亨县、贞丰县）、庆坛（晴隆县）、布依族二月二铜鼓节（兴仁县）、布依族火箭节（兴仁县）、彝族服饰（赫章县）、苗族祭鼓节（清镇市）。扩展项目列出 12 项（20 处）：苗族跳场（乌当区）、苗族服饰（清镇市、息烽县、龙里县、贞丰县、晴隆县、普安县）、苗族跳花节（绥阳县、兴仁县）、水书习俗（榕江县）、苗族招龙（榕江县、剑河县）、月也（榕江县、从江县）、苗族姊妹节（剑河县）、彝族婚嫁习俗（赫章县）、苗族芦笙节（从江县）、苗族翻鼓节（凯里市）、仡佬族吃新节（务川仡佬族苗族自治县）、苗族婚俗（贞丰县）。

第五批 40 项（43 处）：龙灯（绥阳县）、狮子灯（绥阳县）、瑶年（麻江县）、苗族祭鼓节（麻江县）、苗族爬坡节（台江县）、香炉山爬坡节（凯里市）、报京招龙习俗（镇远县）、新化水龙（锦屏县）、瑶族盘王节（榕江县）、高雍苗族三月三（剑河县）、侗族翁普节（剑河县）、苗族祈雨习俗（剑河县）、钉耙山闹冲节（凯里市）、苗族稻作习俗（黄平县）、苗族祭祖习俗（花溪区、纳雍县）、濮越雷神龙灯（乌当区）、养龙司玩龙灯（息烽县）、苗族踩山节（金沙县）、苗族花山节（威宁彝族回族苗族自治县）、彝族盘歌“阿索肯”（水城县）、彝族祭山（盘州市）、苗族“接龙”习俗（松桃苗族自治县）、苗族“八大碗”习俗（松桃苗族自治县）、清明会（石阡县）、思南甩神（思南县）、挂社（碧江区）、水龙节〔德江水龙节（德江县）、布依族水龙节（平塘县）〕、陈氏古幡会（兴义市）、苗族“搭桥”习俗（贞丰县）、苗族“竹凭”习俗（贞丰县）、基长迎龙习俗（独山县）、布依族“洒向”（罗甸县）、苗族冬年节（罗甸县）、苗族“系郎周”（龙里县）、布依族小年（三都水族自治县）、苗族“数格”祭祖节（龙里县、惠水县）、布依族“龙王节”（福泉市）、布依族固僦习俗（荔波县）、广顺中元会（长顺县）、瑶族“过冬”（都匀市）。扩展民俗19项（25处）：苗族跳月（龙里县）、侗年（黎平县）、岜梭芦笙节（施秉县）、苗年（台江县）、水族服饰（榕江县）、水族端节（雷山县、榕江县）、苗族跳洞（花溪区）、苗族跳年场（清镇市）、苗族跳花节（织金县）、彝族毕摩祭祀文化（威宁彝族回族苗族自治县）、彝族服饰（威宁彝族回族苗族自治县、普安县）、布依族服饰（威宁彝族回族苗族自治县、普安县、晴隆县）、彝族火把节（百里杜鹃管理区、水城县）、赶苗场（金沙县）、苗族采花节（普安县）、苗族服饰（都匀市）、瑶族婚俗〔瑶族凿壁谈婚习俗（荔波县）〕、仫佬年（凯里市）、苗族吃新节（丹寨县、台江县）。

下面重点介绍水族端节和苗族姊妹节：

（1）水族端节。水语称“借端”，在水族的传统里，这一节日象征着新年的到来，是岁首的庆祝。“端”意为“岁首”或“新年”，“借”则是“吃”。这个节日以其持续49天的庆祝活动，被誉为世界上最漫长的节庆之一，时间跨度从水历十二月延续至次年二月，大致对应农历十月初至十一月中旬。在这个节日的前夜，水族社群热闹非凡，家家户户忙碌着准备迎接新年的到来。人们开始舂新米、酿造新酒、缝制新衣，同时筹备各式各样的食品和果品，用以祭祀祖先和招待来访的亲朋好友。除夕之夜，铜鼓和大皮鼓的声音回荡在每个角落，人们敲鼓庆祝，用这种方式辞旧迎新。迎接新年的第一天，家家户户都会准备一桌素雅的佳肴以祭祀祖先，其中包括被视为珍贵的鱼（在水族文化中，鱼被认为是素食）、新鲜制作的糯米糕、新米饭、新酿的米酒、豆腐、笋干、南瓜、花生、水果、糖果以及青菜等。特别是清蒸或清炖的“鱼煲韭菜”以及烤制的“炕鱼”，是节日祭品中不可或缺的美味，它们不仅是对祖先的敬祭，也是对新一年富饶生活的期望和祈求。水族端节，以其独特的风俗习惯和丰富的文化内涵，展现了水族人民对传统的珍视和对未来的憧憬。

（2）苗族姊妹节。苗族姊妹节是贵州省台江县老屯和施洞地区苗族社群庆祝的一项传统节日，已被列为国家级非物质文化遗产。这一节日以青年女性为焦点，通过一系列活动如展示歌舞、特色服饰、参与游方活动，以及享用特制的姊妹饭和青年男女间的信物交换，展现其独特的文化魅力和社会意义。姊妹饭不仅是节日中一项重要的传统礼仪，也是女性向心仪对象表达情感的独特方式，成为节日庆典中最具标志性的元素。其中，下田捉鱼捞虾活动是准备姊妹饭的一部分，而踩鼓则是全社群共襄盛举的庆祝形式。在这一天，年轻女性会穿上节日盛装，在家人的精心打扮下，齐聚鼓场踩鼓，以此展现苗族丰富的服饰文化。当夜幕降临，节日氛围达到高潮。青年男女会在游方活动中互唱对歌，通过歌声交流情感。男青年会向女青年索取姊妹饭，而女青年则会在姊妹饭中巧妙藏入信物，通过这种方式向男方传达自己的情意。苗族姊妹节不仅是一次文化和社交的盛会，也是青年男女表达情感、相互加深了解的重要机会。

（二）非物质文化遗产与民族文化的关联

非物质文化遗产是民族文化的灵魂和生命力所在，丰富地展现了一个民族的历史、信仰、价值观和社会结构。非物质文化遗产与民族文化因素紧密相连，形成了一个多维度的文化交织网。在贵州这种关联性尤为显著，因为贵州不仅地形多山，气候多样，而且是苗族、侗族、布依族、彝族等多个少数民族的聚居地，这些民族各自拥有独特而丰富的非物质文化遗产，深刻地反映了其民族文化的特色和精髓。

第一，非物质文化遗产是民族历史的活体记忆，它帮助人们牢记过去，理解现在，并指导未来。例如，苗族的《古歌》传唱着远古的迁徙历史和族群的起源传说，这不仅是苗族音乐艺术的展示，更是苗族人民身份认同和族群凝聚的重要来源。通过这些传统的传唱，苗族人民能够保持与先祖的联系，强化自我认同感。

第二，非物质文化遗产形式深深植根于当地民族的宗教信仰和精神世界中。侗族大歌会不仅是一种音乐表演，也是社群成员共同参与的精神活动，反映了侗族社会的和谐与团结精神。大歌中的内容涵盖了侗族的历史、道德观念和宇宙观，是侗族文化传统和社会规范的重要载体。仡佬族的牛王节是一个与农业生产紧密相关的传统节日，展现了仡佬族对农业社会的依赖及对自然的敬畏。在牛王节中，人们通过举行祭祀仪式、比赛和民间艺术表演等活动，来庆祝牛在农业生产中的重要作用，同时祈求来年的丰收和社群的和平。牛王节不仅反映了仡佬族的生活方式，也是其文化认同和社会价值观的体现。

第三，非物质文化遗产展现了民族的价值观和社会结构。彝族的火把节是彝族文化中最为重要的节日之一，具有深厚的历史和文化意义。火把节不仅是庆祝丰收、祈求幸福的重要时刻，也是彝族人民展现其信仰、传统习俗和社会关系的平台。通过火把节的庆祝，彝族社群加强了内部的联系，同时向外界展示了其独特的文化特色和生活方式。

第四，非物质文化遗产是地方性知识和技能传承的媒介。苗族的刺绣和银饰工艺不仅展现了精湛的手工艺技能，也蕴含了苗族对自然的观察、对美的追求以及对文化传承的责任。这些技艺的学习和传承过程是年轻一代了解自己民族文化、加深对民族传统的理解和尊重的重要途径。苗族蜡染技艺是一种古老的纺织工艺，以其独特的美学风格和复杂的制作工艺而著名。这种技艺不仅是苗族女性智慧的体现，也蕴含了苗族对自然的观察和理解，如使用天然染料从植物中提取颜色。蜡染工艺中的图案往往具有特定的象征意义，如动植物、日月星辰等，这些都是苗族文化中的重要元素，反映了苗族人民的世界观和宇宙观。

通过深入探讨贵州非物质文化遗产与少数民族文化的关联性，我们可以看到，非物质文化遗产不仅是贵州少数民族丰富文化传统的体现，也是其社会结构、价值观念、历史记忆和精神信仰的重要载体。非物质文化遗产的保护和传承，不仅对维护民族文化的多样性和独特性至关重要，也对促进社会和谐、增强民族自豪感以及推动文化可持续发展具有深远的意义。

（三）当代社会变迁与非物质文化遗产的发展

在当代社会，贵州省正经历着前所未有的变革。全球化、科技进步、经济发展以及社会结构的变化共同塑造了这片土地上的生活方式和文化景观，对其丰富多彩的非物质文化遗产产生了深远的影响。这些社会变迁不仅为非物质文化遗产的保护、传承与发展带来了新的机遇，同时也带来了挑战。

第一，全球化与文化融合。贵州，作为中国多民族聚居的省份，拥有苗族、侗族、布依族等众多少数民族，每个民族都有其独特的非物质文化遗产。在全球化的影响下，这些传统文化得到了更广泛的传播和认识，如侗族大歌、苗族银饰技艺等，通过国际文化交流活动，获得了世界的关注。然而，全球化也带来了同质化的威胁，国际流行文化的涌入可能淡化地方特色，使得贵州的非物质文化遗产面临保持其独特性的挑战。

第二，科技进步与文化传承。信息技术，特别是互联网和社交媒体的普及，为贵州的非物质文化遗产提供了新的记录、保护和传播途径。数字化项目使得文化遗产得以电子化记录，保障了其信息的长期保存。同时，通过社交媒体平台，贵州的非物质文化遗产能够触及更广泛的受众，激发公众对传统文化保护的兴趣和参与。然而，这种数字化传播也存在将非物质文化遗产物化、表面化的风险，可能削弱文化的深层意义和价值。

第三，经济发展与文化消费。随着贵州经济的快速发展和人民生活水平的提高，人们对于文化产品和服务的需求增长，为非物质文化遗产的保护和利用提供了新的动力。在经济发展方面，2022 年贵州省的全年地区生产总值达到 20164.58 亿元，比上年增长 1.2%。其中，第一产业增加值占地区生产总值的比重为 14.2%，第二产业增加值占地区生产总值的比重为 35.3%，第三产业增加值占地区生产总值的比重为 50.5%。文化旅游的兴起使得许多传统艺术和手工艺得以作为旅游商品被开发，为当地社群创造了收入来源，增强了民族文化的活力。然而，这种经济利用也需注意平衡，避免过度商业化导致文化本质的流失。

第四，社会结构变化与文化传承。贵州省的城镇化进程正在快速推进。国家统计局反馈的贵州省第七次全国人口普查主要数据结果，全省常住人口已达到 3856.21 万人，比 2010 年（第六次人口普查）增加 381.56 万人，城镇化率达到 53.15%。这表明，过去 10 年，贵州省的乡村人口减少了 493.25 万人。城市化进程和人口流动改变了贵州的社会结构，传统的区域社群和家庭结构面临着解体的压力。这对非物质文化遗产的传承构成了挑战，尤其是那些依赖口口相传或世代相传的文化形式。年轻一代可能因为教育和工作的需要离开家乡，导致传统知识和技能的传承断裂。因此，寻找适应现代社会结构的传承方式变得尤为重要。

总之，在当代社会变迁的大背景下，贵州的非物质文化遗产既面临挑战也有机遇。全球化让这些文化得以跨越地域界限进行交流，科技进步提供了新的保护和传播手段，经济发展带来了新的利用途径，而社会结构的变化则促使我们寻找新的传承模式。应对这些挑战和机遇，需要政府、区域社群、学者和公众的共同努力，以确保贵州丰富的非物质文化遗产能够在现代社会中得到有效的保护和持续的发展，为未来世代传承下去。

第三节　贵州省非物质文化遗产特征与功能

（一）贵州非物质文化遗产的多样性特征

贵州省作为中国多元文化的缩影，其非物质文化遗产的宝库蕴含着深厚的历史与文化价值，展现出显著的多样性特征。这种多样性是贵州历史长河中各种文化交流、融合与发展的直接结果，为研究中国乃至世界的文化多样性提供了丰富的实例和深刻的启示。非物质文化遗产，作为一种文化传承的重要形式，不仅是历史的见证，更是民族文化生命力的体现。

贵州非物质文化遗产的民族性强，反映了贵州各民族的文化特色和民族精神。贵州是一个多民族聚居的省份，有汉族、苗族、侗族、布依族、水族、彝族、仡佬族、瑶族、白族、回族、畲族、土家族、东乡族、纳西族、拉祜族、佤族、布朗族、傣族、仫佬族、毛南族、羌族、锡伯族、乌孜别克族、哈萨克族、藏族、俄罗斯族、裕固族、塔塔尔族、鄂伦春族、鄂温克族、保安族、撒拉族、普米族、门巴族、怒族、德昂族、独龙族、基诺族等 56 个民族，其中 18 个民族为贵州世居民族。贵州各民族的非物质文化遗产体现了他们的历史记忆、民族认同、宗教信仰、生态智慧、审美情趣、社会规范等方面的多样性，也展示了他们的创造力、适应力和包容性。

贵州各民族的非物质文化遗产以其独特的风格和表现形式著称。例如，苗族的银饰工艺既是一种装饰品的制作技术，更是一种包含着丰富民族文化和审美观念的艺术形式。苗族银饰的设计风格极富特色，常常融入苗族传统的图案、符号和民族特色元素。典型的设计包括龙凤、花草、鸟兽等自然图案，以及苗文化中重要的象征，如蝴蝶、银鼓等。苗族银饰种类繁多，包括头饰、颈饰、耳饰、首饰、腰饰等。每一种银饰都有其独特的设计和用途，常常与苗族传统服饰相配套，形成一套完整的装饰。再如，侗族大歌以其独特的声乐技巧而闻名。歌者运用特殊的发声技巧，表达深情的歌词，以及通过音调的高低、起伏和变化，传递出浓厚的情感和丰富的故事情节。侗族大歌的歌词涵盖了侗族社会的方方面面，包括生活琐事、劳动、爱情、战争、祭祀等各个方面。歌词内容贴近生活，通过歌声传达着世代相传的文化智慧和历史记忆。侗族大歌通常是由一群歌手共同演唱的，这种群体演唱的形式增添了歌曲的庄重感和声势感。侗族大歌的演唱活动往往成为侗族社群重要的集体文化表达，促进了社群凝聚力和文化认同感。这些文化表现形式不仅是技艺的展示，更是贵州人民智慧和情感的集中体现，它们承载着丰富的历史信息和文化价值。

需要注意的是，这些遗产的多样性不是孤立存在的，而是贵州多元文化的深层结构和历史脉络的反映。贵州地处中国西南，多山的地理环境孕育了独特的自然景观和多样的民族群体。各民族之间长期的交往与互动，形成了独特而多样的文化现象。每一个民族都有其独特的文化遗产，这些文化遗产在长期的历史进程中相互影响、融合，形成了今天我们所见的多样化面貌。

贵州非物质文化遗产的保护与传承，不仅对于维护民族文化的多样性、促进文化自信和民族自尊具有重要意义，也对于推动文化可持续发展、构建人类命运共同体具有深远影响。

（二）非物质文化遗产的社会功能

非物质文化遗产社会功能的表现可以通过深入探究其在社群认同、教育传承、促进社会稳定和发展的多重角色中来体会。在贵州，非物质文化遗产不仅仅是历史的瑰宝，它们活跃在当地人的日常生活中，成为社群文化的活生生的组成部分。

社群认同是非物质文化遗产发挥社会功能的关键方面。贵州丰富多彩的非物质文化遗产，包括民间音乐、舞蹈、戏剧、手工艺以及口头传统等，不仅为社群成员提供了共同的历史和文化记忆，还深化了他们在该文化传承中的身份感。这种认同感不仅仅是对过去的情感联系，更是在当代社群中建立联系的途径。通过共享、传承和参与非物质文化遗产，社群成员在这一共同体验中建立起深厚的情感纽带。这种纽带不仅促进了不同年龄和背景的社群成员之间的沟通和理解，还增强了他们对自身文化的自豪感和身份认同，形成了一种共同的归属感。社群成员通过参与非物质文化遗产的传承活动，将非物质文化传统带入现代社会。这种参与式的文化传承不仅弘扬了传统价值观，还在当代社群中形成了共同的文化语境，促进了社群内部的和谐互动。因此，社群认同感通过非物质文化遗产的传承和参与而得以加强，进而提升社群的凝聚力。这种深度的文化共鸣既是对过去的致敬，也是对未来的承诺，为社群的可持续发展提供了坚实的文化基础。在这个过程中，非物质文化遗产不仅是一种历史的传承，更是社群成员共同创造的当代文化，为社会和谐与发展贡献着独特的力量。

例如，贵州的侗族大歌是一种具有悠久历史和独特韵律的民间音乐形式，它是侗族人民的重要文化标识和精神支柱。侗族大歌不仅是一种表达情感和传递信息的方式，更是一种社群交流和团结的媒介。侗族大歌的内容涉及侗族人民的历史、生活、信仰、风俗等各个方面，反映了侗族人民的世界观和价值观。侗族大歌的演唱场合也多为社群的重要节日或活动，这些节日或活动既是侗族人民的文化传统，更是社群成员共同庆祝和祈福的时刻。在这些场合，侗族大歌成了社群成员之间沟通和互动的桥梁，增进了他们的友谊和团结，也展示了他们的文化自信和自豪。侗族大歌的传承方式也体现了社群认同感的加强，侗族大歌的传承人不仅是侗族大歌的演唱者和传播者，更是侗族文化的守护者和推动者。他们通过家庭教育、区域社群活动、学校教学等多种方式，将侗族大歌的技艺和精神传授给下一代，使得侗族大歌在现代社会中得以延续和发展。侗族大歌的传承人还通过创新和适应，将侗族大歌与现代文化元素相结合，使得侗族大歌更加多样化和丰富化，也更加符合现代社会的审美和需求。侗族大歌的传承人还通过参与各种文化交流和展示活动，将侗族大歌推向更广阔的舞台，使得更多的人能够了解和欣赏侗族大歌，也使得侗族大歌成为贵州乃至中国的文化名片。

在教育和传承方面，非物质文化遗产是联结过去、现在与未来的桥梁。通过家庭和区域社群的教育，传统的知识、技能、价值观和习俗得以世代相传。这些遗产不仅是技能的传授，更是一种生活方式和思维方式的延续。尤其对年轻一代而言，这种文化的传承让他们能够理解和欣赏自己的根源，同时也为他们提供了一个学习和创新的平台，使得传统在现代社会中得以重新诠释和应用。这一过程并非仅仅是知识和技能的简单传递，更是一场对文化深度理解的旅程。通过教授非物质文化遗产的相关内容，年轻一代能够沉浸在传统的智慧和经验之中，领悟其中蕴含的价值观念和生活哲学，培养他们的文化认同感。年轻人通过将传统与现代相结合，为非物质文化注入新的生命力，使其更好地适应现代社会的发展需求。因此，非物质文化遗产的教育和传承是涵盖知识、情感和创新的全面发展过程，不仅连接了过去、现在和未来，也为社会的文化丰富性和多样性注入了持久的动力。这种跨时代的传承活动既保护了传统文化，又激发了年轻一代的创造潜力，为社会的文明发展贡献着独特而宝贵的力量。这种文化的传承还为社群提供了共同的语境，促使不同背景和信仰的居民更好地理解彼此，形成更加包容的社会氛围。

此外，非物质文化遗产对地方经济的活力注入也是显而易见的。通过发展文化旅游、手工艺品制作等相关活动，非物质文化遗产不仅为社群居民提供了可持续的收入来源，也为整个地区的经济发展和社会进步做出了积极贡献。这样的活动不仅吸引游客，同时也提升了当地手工业的水平，使得传统手艺得以继续传承和发展，实现了非物质文化遗产与经济的良性互动。因此，非物质文化遗产在社会稳定和社群发展中的作用不仅仅局限于文化层面，更是涵盖了社会和经济的多个维度。其独特的价值和功能使得非物质文化遗产成为社群发展战略中不可或缺的一环。

比如贵州的仡佬毛龙节是一种历史悠久、风格独特的民俗节日，它是仡佬族人民的重要文化象征和精神寄托。仡佬毛龙节不只是一种祭祖祈福的节庆活动，也是一种促进社群交往和团结的方式。仡佬毛龙节的庆祝方式多为舞毛龙，就是仡佬族男女青年在村寨里用舞龙的方式来互相示爱和择偶，用歌声来表达自己的心情和想法，互相了解和尊重。仡佬毛龙节的内容涉及仡佬族人民的历史、生活、信仰、风俗等各个方面，反映了仡佬族人民的世界观和价值观。仡佬毛龙节的庆祝场合也多为社群的重要节日或活动，如农历正月初一、五月初五、十月初一等，在这些场合，仡佬毛龙节成为社群成员之间沟通和互动的桥梁，增进了他们的友谊和团结，也展示了他们的文化自信和自豪。仡佬毛龙节的传承方式也体现了教育和传承方面的社会功能，仡佬毛龙节的传承人不只是仡佬毛龙节的参与者和传播者，也是仡佬族文化的守护者和推动者。他们通过家庭教育、社群活动、学校教学等多种方式，将仡佬毛龙节的技艺和精神传授给下一代，使得仡佬毛龙节在现代社会中得以延续和发展。仡佬毛龙节的传承人还通过创新和适应，将仡佬毛龙节与现代文化元素相结合，使得仡佬毛龙节更加多样化和丰富化，也更加符合现代社会的审美和需求。仡佬毛龙节的传承人还通过参与各种文化交流和展示活动，将仡佬毛龙节推向更广阔的舞台，使得更多的人能够了解和欣赏仡佬毛龙节，也使得仡佬毛龙节成为贵州乃至中国的文化名片。

（三）经济功能与旅游发展

非物质文化遗产通过多种方式促进了地方经济的繁荣。首先，它通过传统手工艺品的生产与销售，为当地居民提供了直接的经济收益。手工艺人通过制作并销售具有地方特色的商品，不仅延续了传统技能，也吸引了对这些独特文化产品感兴趣的国内外游客。这种创造性的产业链不仅令当地经济受益，更为非物质文化遗产的传承提供了实质支持。此外，表演艺术作为吸引游客的一大亮点，通过节日庆典、民俗表演和其他文化活动，为旅游者提供了深入了解和体验贵州文化的机会，这种文化互动不仅令游客对当地传统文化产生浓厚兴趣，也为旅游业及相关服务业的蓬勃发展注入了新的动力。这种全方位的文化体验不仅加深了游客对当地文化的认知，同时也为非物质文化遗产的保护和传承提供了有力的平台。非物质文化遗产在推动地方经济发展的同时，通过其独特魅力和深厚内涵，为地方区域社群创造了新的文化旅游价值。然而，我们也需警惕过度商业化可能带来的文化异化和质量下降的风险，从而在经济发展与文化保护之间取得平衡，确保非物质文化遗产得以可持续管理和利用。

在促进经济发展的同时，非物质文化遗产的旅游化发展为其保护和传承开辟了崭新的视野。随着全球化进程的推进和文化旅游市场的不断扩大，越来越多的个体开始对这些独特的文化表现形式产生浓厚兴趣。旅游业作为一个重要的传播媒介，使非物质文化遗产得以向更广泛的观众展示，从而激发了公众对这些文化遗产的深刻兴趣和认识，为保护这些珍贵文化资源提供了全新的契机。此外，非物质文化遗产通过融入旅游业，为当地居民，特别是年轻一代，提供了深入了解和学习自己文化遗产的独特平台。这种经验式学习不仅促使居民对传统文化的认同感增强，同时也为文化传承注入了新的活力。这样的平台既是知识传递的场所，也是文化身份认同的空间，为非物质文化遗产的活态传承提供了有力支持。

在 2023 年，贵州省的文化旅游产业实现了令人瞩目的成绩，标志着该省在推动文旅融合和经济发展方面取得了显著进步。贵州不仅成功地将其丰富的文化遗产与旅游活动结合起来，还通过创新的营销策略和旅游产品开发，吸引了大量国内外游客，从而在全国文旅产业中占据了领先地位。2023 年，贵州省接待游客数量达到了 12.84 亿人次，相比 2019 年同期增长了 1.5 亿人次。这一增长不仅展示了贵州旅游市场的强劲动力，也反映了其旅游产品和服务质量的持续提升。同年，贵州省的旅游总收入约为 1.46 万亿元，比 2019 年同期增加了约 2300 亿元，实现了 18.69% 的增长率。这一成就使贵州在全国 27 个省份和直辖市中脱颖而出，成为接客人次和旅游总收入双双领先的“双冠王”。这些数据不仅证明了贵州旅游市场的巨大潜力，也展示了贵州在文化旅游融合发展方面的成功实践和创新能力。贵州通过节会赛事、苗绣艺术展示、街边音乐会等多元化融合方式，激活了文旅发展的新动能。西江千户苗族旅游景区和肇兴侗族景区等地通过将传统文化与旅游体验结合，创造了独特的旅游产品，吸引了众多游客。这些文化旅游活动不仅增强了游客的体验感，也推动了当地经济的增长，为贵州省的文旅产业注入了新的活力。贵州省在 2023 年的旅游业成绩单上呈现出亮眼的数据和成就，这些成绩是贵州省在资源利用、客源开发和服务质量提升等方面共同努力的结果。未来，贵州省有望继续利用其独特的文化资源和旅游潜力，推动文旅产业的进一步发展和升级。

然而，非物质文化遗产在促进经济发展和文化旅游中的作用并非没有挑战。过度商业化可能导致文化的异化或质量的下降，而忽视了对原始文化精神和形式的尊重和保护。因此，寻求在保护文化遗产真实性和促进经济发展之间的平衡变得至关重要。这需要政府、区域社群、文化工作者以及旅游业界的共同努力，制定和实施有效的策略和措施，以确保非物质文化遗产的可持续管理和利用。

第四节 专项分析一：贵州省自然地理环境的影响

（一）地理位置与地形特征

贵州省，作为中国西南部的一个重要组成部分，坐落在云贵高原的东部边缘。这个区域以其独特的喀斯特地貌而闻名，这种地貌由溶解作用的石灰石、石膏或盐岩构成，随着时间的推移形成了各种各样的地形，如岩溶洞穴、天然桥梁和石灰岩塔林等。这些地质奇观不仅为贵州带来了壮丽的自然景观，也为其文化和生态系统的多样性提供了物理基础。

贵州的地势特点明显，西北部地势较高，而东南部相对较低。这一地势的落差促成了复杂的山地和高原地形，山脉纵横交错，河流穿山越岭，形成了众多壮观的峡谷和幽深的洼地。这些自然形态的多样性不仅提供了丰富的水资源和生物多样性，还影响了区域的气候和土地利用方式。

在这样的地理环境下，贵州的自然景观独具魅力。茂密的森林、清澈的河流、广阔的高原和深邃的峡谷共同构成了一幅幅自然画卷，吸引着来自世界各地的游客。

地理环境对于文化的影响同样深远。喀斯特地貌和复杂的地形为贵州多样的民族文化提供了孕育之地。地形的隔离性促使各个民族文化得以保持其独特性，形成了丰富的非物质文化遗产，如独特的民族音乐、舞蹈、节日和手工艺品等。这些文化遗产不仅是历史的见证，也是当地人民身份和传统的重要标志。

同时，这种地形也给当地居民的生活方式和经济发展带来了挑战。崎岖的山地和多变的气候条件要求当地居民适应并发展出与众不同的农业和居住方式。例如，梯田农耕，由于贵州山地地形复杂，传统的平地耕种方式难以适应。因此，当地居民发展出了梯田农耕系统，通过在山坡上修建梯田，利用高差，使水流顺势而下，为农作物提供水源。这种耕作方式不仅充分利用了山地资源，还有效防止了水土流失，不仅有效利用了有限的土地资源，也成为一种壮观的景观。贵州黔东南少数民族村寨木构建筑的群居形式也是当地独特自然地理环境的体现。当地居民采用了木构建筑，利用木材的保温性能，使建筑在潮湿的环境中保持干燥温暖。传统的侗族吊脚楼就是一个典型的例子，通过架空的建筑形式，避免了水患对居住环境的影响。由于山地地形，贵州的村寨通常采用群居的建筑形式，多个家庭的房屋集中在一起，形成了独特的村寨风貌。这种建筑形式有助于居民互相帮助，共同应对自然灾害，同时也强化了社群的凝聚力。

（二）气候条件与生物多样性

位于中国西南部的贵州省，其气候特征和生物多样性展现了环境与生物间复杂而深刻的相互作用。贵州的气候归属于亚热带湿润气候区，这种气候的主要特征是四季分明和雨量充沛，为该地区的生态系统提供了独特的生长条件。

四季分明的气候特性为不同生物提供了各自适宜的生长季节。春季的温暖和湿润为植物的发芽和生长提供了理想的条件。夏季则因高温和高湿，成为许多热带和亚热带植物生长的高峰期。秋季，温度的逐渐降低和降雨的减少，为植物的成熟和种子的收集提供了适宜的环境。而冬季虽然温度较低，但仍有一定的湿度，有利于某些植物和动物的休眠和能量储存。

贵州省丰富的降雨量为该地区的生态系统提供了充足的水源。水分是生物生长的基本需求之一，特别是对于植物而言。充沛的降雨不仅满足了植物的水分需求，而且为河流和湖泊提供了源源不断的水源，这些水体成了众多水生生物和陆生生物的栖息地。此外，雨水也有助于土壤的营养循环，为植物提供了丰富的养分。贵州省会贵阳市年平均降雨量可达 1000 毫米以上，而在贵州一些山区地带，降雨量更高，甚至超过 1500 毫米。充足的降雨为植物的茂盛生长提供了条件。贵州省的植被覆盖率相对较高，山区密布着茂盛的森林，而丘陵和盆地地带也有着繁茂的草本植被。这些植被不仅丰富了当地的生态多样性，还对水土保持和生态平衡起到了积极的作用。丰沛的降雨为河流和湖泊提供了源源不断的水源。例如，贵州省境内的乌江、黔江等河流及一些湖泊，由于降雨充沛，水量相对丰富。这些水域成为众多水生生物的栖息地，维系了水生生态系统的稳定。

由于这样的气候条件，贵州省成为中国生物多样性的重要地区之一。这里不仅拥有大量的野生植物种类，还有许多特有物种。这些生物不仅对维持生态平衡至关重要，而且是许多独特生态系统的关键组成部分。例如，贵州的森林和草地为不同种类的鸟类、昆虫和小型哺乳动物提供了栖息地。

这种生物多样性对于当地文化的影响也是显著的。贵州省丰富的植物资源，不仅是非物质文化遗产中药材知识和食品加工技艺的物质基础，而且这些生物资源在当地民间传说和节庆活动中扮演着重要角色。许多植物和动物与当地的神话、传说和文化习俗紧密相连，成为人们文化生活的一部分。例如，某些特有的植物被用于传统节庆活动，既展现了当地的生物多样性，也反映了人与自然和谐共存的文化理念。

生物多样性的保护和利用对于地方经济和社会的可持续发展同样至关重要。在贵州，许多稀有草药的采集和加工不仅保护了这些植物的生存，而且为当地人提供了经济收入。同样，生物多样性的保护也有助于维持生态平衡，确保自然资源的可持续利用。

（三）自然环境对非物质文化遗产的影响

非物质文化遗产，作为人类知识、表达和技能的传承，通常包括口头传统、表演艺术、社会习俗、节庆活动，以及与自然和宇宙相关的知识和实践等。在贵州，自然环境的多样性成为不同文化表达方式的育土，孕育了丰富多彩的民间艺术、传统节庆和民间信仰。

以贵州的民间艺术为例，山地和森林覆盖的广泛区域提供了丰富的材料和灵感来源，促进了独特的手工艺品和纺织品的发展。例如，苗族银饰和刺绣展现了对自然形态的抽象表达和对自然力量的崇敬。此外，民间音乐和舞蹈常常模仿自然界的声音和节奏，如山歌和舞龙舞狮等表演艺术，它们不仅是娱乐形式，也是对自然环境的敬畏和赞美。

在传统医药方面，贵州的自然环境提供了丰富的药材资源。多样的植被和特有生物促进了传统医学的发展，当地人民通过世代的观察和实践，总结出一系列利用自然药材进行治疗和保健的知识。这些知识不仅反映了对自然环境的深入理解，也是文化遗产中不可或缺的一部分。

节庆活动和民间信仰同样深受自然环境的影响。贵州的大部分民族以农业为生，季节变化直接关联着农作物的生长周期，因此许多传统节日和仪式都与祈求丰收、防灾减灾等自然现象紧密相连。例如，苗族的踩山节和侗族的歌节，不仅是文化交流的盛大聚会，也体现了人们对自然的敬畏和感恩。

了解和认识自然环境对非物质文化遗产的影响，对于保护和传承这些文化资产具有重要意义。在全球化和现代化的进程中，许多传统知识和技能正面临着消失的危机。贵州的非物质文化遗产不仅是对自然环境适应和利用的历史见证，也是民族身份和社群凝聚力的重要来源。因此，保护这些文化遗产，就是保护贵州乃至全人类的文化多样性和生态平衡。

第五节　专项分析二：黔东南地区多元化的民族文化环境

（一）黔东南基本情况介绍

1. 地理位置

黔东南苗族侗族自治州地处云贵高原向湘桂丘陵盆地过渡地带，位于贵州省东南部，东与湖南省怀化市毗邻，南和广西壮族自治区柳州市、河池市接壤，西连黔南布依族苗族自治州，北抵遵义、铜仁两市。全州总面积 30282 平方千米。截至 2023 年 3 月，全州辖 15 个县，1 个县级市。境内山地纵横，峰峦连绵，沟壑遍布，地形地貌奇异复杂，景象万千。全州地势西高东低，最高点为雷公山主峰黄羊山，海拔 2178.8 米，最低点为黎平县地坪乡，海拔 148 米。

2. 自然条件及资源

黔东南地处长江、珠江上游，属长江流域、珠江防护林保护区范围。境内水系发达，河网稠密，有 983 条河流，多年平均年径流量 192 亿立方米。以清水江、舞阳河、都柳江为主干，呈树枝状展布于各地，河流分属两个水系，苗岭以北的清水江、舞阳河属长江流域的沅江水系，苗岭以南的都柳江属珠江流域的柳江水系。境内长江流域面积 21535 平方公里，珠江流域面积 8802 平方公里。黔东南州森林资源非常丰富，这个地区被誉为中国南方的重点集体林区之一，境内群山叠翠、林木葱茏，森林资源丰富，有“杉乡”“林海”之称，是全国重点林区之一，也是贵州省的主要用材林基地，全省 10 个林业重点县，有 8 个在黔东南。根据最新的数据，全州林地面积达到 3269 万亩，森林覆盖率达 67.98%，活立木蓄积 1.69 亿立方米，均为全省之冠。

3. 人口结构

全州辖凯里市和麻江、丹寨、黄平、施秉、镇远、岑巩、三穗、天柱、锦屏、黎平、从江、榕江、雷山、台江、剑河 15 个县，有 28 个街道，129 个镇，60 个乡（15 个民族乡）。境内居住着苗、侗、汉、布依、水、瑶、壮、土家等多个民族，2021 年末常住人口 374.04 万人，户籍人口 489.86 万人。少数民族人口占总户籍人口的比重为 81.8%，其中苗族人口占 43.5%，侗族人口占 30.5%。

4. 非遗资源

黔东南苗族侗族自治州是世界乡土文化基金会确定的18个生态文化保护圈之一，侗族大歌被列为世界非物质文化遗产，苗族服饰、古歌、银饰等53项非遗项目在这里得到了传承。截至2022年5月，黔东南州排查到非遗资源线索5200条，形成调查资料50余册，并建立健全国家、省、州、县四级非遗代表性项目名录体系，现有人类非遗代表作名录1项3处（侗族大歌），国家级非遗56项78处，位居全国同级市州之首；省级非遗218项307处，居全省第一；州级非遗329项417处。

总的来说，黔东南是中国民族文化宝库中的一颗璀璨的珍珠。这里的民族文化不仅是历史的积淀，也是现代社会多元化的生动体现。在全球化的大背景下，黔东南的民族文化多样性不仅对中国，对世界都具有重要的意义。通过对这些文化的保护和传承，我们不仅能够更好地理解和尊重不同民族的文化特色，也能够在多元一体的世界中寻找到更多的共同点与和谐之道。

（二）民族文化的交融与互动

黔东南地区的文化交融与互动是在各民族长期共存共融的历史背景下逐渐形成的，它们不是孤立发展，而是在相互影响、相互借鉴中形成了独特的地方特色和丰富多彩的文化形态。

长期以来，这里的苗族、侗族等各民族在相互的接触和交流中，不断地进行文化的交换和融合。这种交融与互动首先体现在日常生活习俗上。各民族在饮食、服饰、婚丧嫁娶等方面互相借鉴和吸收，形成了独特的地方生活方式。例如，各民族在节日庆典、饮食习惯等方面相互影响，共同创造了一种多元而和谐的生活文化氛围。

在艺术形式方面，各民族的交融与互动更是显著。苗族以其精湛的刺绣技艺闻名，苗族妇女在日常生活和节庆时会通过刺绣将各种花鸟虫鱼、山水人物等图案织入衣物和饰品中。苗族刺绣以其精致的工艺和独特的设计风格而备受赞誉，被誉为中国传统手工艺之一。刺绣作品既用以装饰服装，也在生活用品、节庆装饰等方面得到广泛应用。而侗族则以其独特的木构建筑技术而著称。侗族的传统建筑，尤其是风雨桥、侗寨的木楼，采用了独特的建筑风格。风雨桥是侗族传统建筑的代表之一，以其精湛的木雕和建筑工艺而闻名。侗寨的木楼多为吊脚楼，通过巧妙的建筑结构，在楼下形成开放的空间，方便农耕和人们的日常活动。在长期的相互接触中，苗族的刺绣技艺和侗族的木构建筑技术不断地进行相互借鉴和融合，不仅保持了各自的民族特色，更形成了一种独特的、兼具各民族特点的地方艺术风格。例如，苗族刺绣在侗族木构建筑的装饰中可以见到，反之，侗族建筑的某些元素也在苗族服饰上得到体现。这种艺术上的交融和互动，使得黔东南地区的民族艺术更加丰富多彩，也更加具有地方特色。

民族音乐、舞蹈、民间故事和信仰等文化形式，也都在这一过程中经历了深刻的交流和融合。各民族的音乐和舞蹈互相影响，融合出新的艺术形式；民间故事和传说在不同民族间传播，丰富了当地的文化内涵；宗教信仰和神话体系也在不断地交流中融合和演变，形成了独特的多元文化。

黔东南各民族文化的交融与互动是一个复杂而深入的过程，它不仅体现在生活习俗和艺术形式上，而且涵盖了音乐、舞蹈、信仰等多个方面。这种文化的交流和融合，使得黔东南地区形成了独特的多元文化景观，不仅反映了各民族文化的共通性，更展现了它们在长期相互影响中形成的独特地方特色。因此，理解和研究这一文化交融与互动过程，对于我们深入认识和保护民族文化具有重要的意义。

（三）黔东南亮点

近期，黔东南州积极响应习近平总书记关于非物质文化遗产（非遗）保护的指示精神，采取了切实有效的措施，全面加强非遗的保护与发展。这些举措旨在促进非遗文化的创新发展，并有效地将其与旅游业结合，带动经济增长。在“十三五”规划期间，黔东南州成功吸引了4.83亿名游客，实现了4200.55亿元的旅游总收入，其中半数以上收入与非遗旅游相关，显著提升了非遗文化在旅游市场中的价值和地位。黔东南州在非物质文化遗产（非遗）保护和传承方面的亮点体现在以下几个方面。

黔东南州在非物质文化遗产（非遗）的保护与发展方面采取了积极措施，特别是在抢救和挖掘非遗资源上取得了显著成效。通过深入的调查与研究，该州成功识别了超过5200条非遗资源线索，并整理成超过50册的详细调查资料，从而构建了覆盖国家、省、州、县四个层级的非遗项目目录体系。此外，黔东南州还出版了包括《黔东南州非物质文化遗产集锦》系列、《黔东南非物质文化遗产年鉴》等在内的多部非遗相关丛书，为非遗的文献记录和传播做出了贡献。在推动非遗数字化保护方面，黔东南州实施了数字化记录工程，至今已为包括侗族大歌、苗族古歌和侗族服饰在内的33个非遗项目以及15位国家级传承人进行了抢救性记录，收集了包括2.3万张图片、1.1万条视频和500小时音频在内的大量数字化资料，总数据量超过10TB。此外，该州还在进行40名省级和州级濒危项目传承人以及苗族刺绣和侗族传统纹样的抢救性记录工作，旨在建立一个包括图像、文字、音频和视频资料在内的综合性非遗数字化保护系统，进一步加强对非物质文化遗产的保护与传承。

黔东南州还采取了一系列措施加强非物质文化遗产的保护和传承，包括建立和完善一套全面的制度和政策框架。这些措施包括制定并实施了《黔东南国家级民族文化生态保护实验区建设实施计划（2017—2020年）》和《关于进一步加强全州非物质文化遗产保护与传承工作的实施意见》，以及一系列关于非物质文化遗产项目代表性传承人认定、管理和年度考核的办法。同时，黔东南州还颁布了若干地方性法规，如《黔东南苗族侗族自治州民族文化村寨保护条例》《黔东南苗族侗族自治州苗医药侗医药发展条例》《黔东南苗族侗族自治州镇远历史文化名城保护条例》等，旨在为非物质文化遗产及其背后的人文和生态环境提供坚实的制度支持。这些政策和法规共同构成了黔东南州非物质文化遗产保护和传承的强有力保障体系。

黔东南州采取积极措施强化了非物质文化遗产的活态传承，确保了传承活动的活力和效果。通过构建一套覆盖国家、省、州、县四个层级的非遗代表性传承人名录体系，并确立了老中青三代传承人的稳固结构，黔东南州在保障非遗传承方面取得了显著成效。为了激励传承人的积极性，根据年度考核，黔东南州为州级传承人提供每年最高5000元的补助。2017年，该州在全国范围内率先推出“州级非遗项目代表性传承人群”评审和认定机制，有效提升了传承人群的积极性和非遗项目的传承质量。此外，实施非遗传承人职称认定进一步增强了传承人的社会地位和文化自信。

黔东南州着力于将非物质文化遗产融合进现代生活，通过实施生产性保护措施，实现了非遗项目的创新发展。2016 年，该州实行了旨在通过传统手工艺技能培训促进脱贫的计划，随后在 2017 年推出了旨在促进民族文化产业发展的指导意见。在“十三五”规划期间，超过五万名非遗传承人接受了培训，这不仅为地区内非遗项目的产业化奠定了坚实的人才基础，同时也促进了一系列具有地方特色的非遗企业的发展，例如贵州省施秉县舞水云台旅游商品开发有限公司、丹寨县国春银饰有限公司、贵州丹寨宁航蜡染有限公司、贵州黔森源竹编工艺厂、贵州亮欢寨餐饮娱乐管理有限公司、黔东南龙氏苗医苗药生物科技有限公司等，这些企业促使一批优秀的非遗传承人脱颖而出，他们不仅通过自己的创造和努力为地方文化产业做出了贡献，还通过示范引领帮助更多人摆脱贫困，为乡村振兴提供了有力支撑。此外，该州的多个非遗项目被纳入国家级传统工艺振兴目录，展示了黔东南州非遗保护的成效和潜力。目前，黔东南州已建立了一系列非遗产生产性保护示范基地和工坊，这些基地和工坊不仅为非遗项目提供了生产和展示平台，也为当地经济发展和文化传承贡献了巨大力量。

黔东南州积极推进非物质文化遗产的普及与传播，通过内部与外部的协同合作，大幅提高了非遗文化的知名度。该州举办了一系列丰富的文化活动，如侗族大歌、苗族民歌比赛和各类非遗节庆，成功举办了包括“中国丹寨非遗周”和“贵州非遗技能大赛”在内的多项大型活动，为 2018 年央视春晚和 2022 年全国乡村“村晚”提供了精彩的分会场表演。此外，黔东南州建立了多个非遗展示中心，如民族博物馆和各类专题博物馆，进一步丰富了公众对非遗文化的体验。黔东南州的非遗项目及其传承人亦获得了国际舞台的认可，参与了伦敦时装周、“中国之夜”、成都国际非遗节等国际活动，展示了黔东南的非遗魅力。同时，通过创作和广泛传播如《仰阿莎》和《侗族大歌》等文化作品，以及制作播放以黔东南为主题的纪录片，进一步扩大了黔东南非遗文化的影响力。为了加强非遗文化的日常推广，黔东南州还创立了专门的非遗微信公众号，并在《黔东南日报》设立非遗专栏，同时在贵州电视台《记忆贵州》专栏进行深度报道。这些努力获得了国内外媒体的广泛关注，确保了黔东南非遗文化的传承与发展，同时也为当地旅游和经济发展贡献了重要力量。

黔东南州采取了全面的措施来加强非物质文化遗产的保护并促进其与旅游业的融合，通过实施“123”模式（深度挖掘、连接节庆、融入社群）推动了非遗项目与乡村振兴的结合。具体而言，“深挖”策略关注于将非遗元素与村庄特色相结合，如在丹寨、雷山等地发展以非遗为主题的乡村旅游。“连接节庆”则通过举办各种传统节日活动，如苗族姊妹节、侗族萨玛节等，增强文化活动的吸引力。“融入社群”策略成功地将非遗项目引入旅游景区、商业区和新建社群，如西江千户苗寨和肇兴侗寨等，以此推广非遗文化。这些努力不仅促进了地方经济的发展，也使非遗文化得以广泛传播。此外，黔东南州建立了多个非遗传习中心和保护传承教育示范基地，进一步加强了对非遗项目的保护和传承工作，确保了非遗文化的持续繁荣。

第七章　贵州省非物质文化遗产活态发展现状及案例分析

在探索非物质文化遗产的活态传承与发展的宏大叙事中，贵州省提供了独特而丰富的研究样本。作为一个多民族聚居的地区，贵州不仅拥有深厚的历史文化底蕴，还具有多样化的非物质文化遗产资源。这些资源在民间文学、传统歌舞、戏剧曲艺等领域展现出独特的地域特色和民族风情。本章旨在深入探讨贵州省非物质文化遗产的活态传承现状，分析其在当代社会中的发展与挑战。我们将从民间文学的活态发展研究入手，探讨如何在现代化进程中保持传统文化的生命力。接着，我们将研究传统歌舞和戏剧曲艺在当代社会中的传承与创新，以及如何通过这些艺术形式加强民族文化的认同感和传播力。通过对贵州省非物质文化遗产活态传承的多角度分析，本章不仅揭示了这些文化遗产在地方社会和经济发展中的作用，也为理解非物质文化遗产在全球化背景下的保护和传承提供了宝贵的案例和启示。

第一节　民间文学活态发展研究

（一）民间文学的历史演变

在古代文化中，民间文学起源于原始社会，当时的人们借助神话传说来解释自然现象和社会生活，这些故事往往具有宗教和神秘色彩，反映了人类对未知世界的好奇和敬畏。例如，在许多文化中，创世神话是解释宇宙起源和人类起源的重要方式。这些神话传说不仅构成了民间文学的最初形态，而且在很大程度上影响了后来的文学创作和文化传统。

随着文明的进步和社会的发展，民间文学开始呈现出更加多样化的形态。在农业社会，随着农业生产的稳定和村落的形成，民间文学开始承载更多关于农耕文化、家族关系和区域社群规范的内容。这一时期的民间文学不仅仅是娱乐和教育的手段，更是传承文化、规范社会行为的重要工具。例如，许多民间故事和寓言通过描述理想的道德行为、家庭关系和社会秩序，反映了当时社会的价值观和期望。

进入封建社会，民间文学的形式和内容进一步丰富。这一时期，民间文学开始呈现更为复杂的故事情节和人物形象，反映了社会阶层的分化和人们多样的生活经验。在封建社会的严格等级制度下，民间文学成为表达底层民众情感和愿望的重要途径。这些作品中的主人公往往是普通人，他们的故事展现了对现实不公的批判和对更美好生活的向往。这些作品在传播的过程中，不仅娱乐了民众，也激发了人们对社会变革的思考。

随着近现代社会的到来，民间文学的传播途径和形式发生了巨大的变化。印刷术的发明使得民间故事和传说得以广泛传播，书面文学形式逐渐成为民间文学的主要表现形式。这一时期，民间文学不再局限于口头传播，而是通过文字记录下来，从而得以保存和传承。同时，民间文学开始与市场经济紧密联系，出现了专业的民间文学创作者和表演者，他们通过创作和表演民间文学作品谋生。

在现代社会，随着科技的发展和全球化的进程，民间文学面临着新的挑战和机遇。一方面，电影、电视、互联网等新媒体为民间文学的传播提供了新的平台，使得这些故事能够以更加生动和多样的形式呈现给公众。另一方面，现代社会的快速变迁也对民间文学的内容和形式提出了新的要求。现代民间文学更加关注社会问题，反映了人们对于现代生活的思考和批判。同时，全球化也使得不同文化的民间文学相互影响，促进了文化的交流和融合。

民间文学的历史演变过程不仅反映了文化的传承与发展，也揭示了民间文学在适应社会变迁中的独特能力。从原始社会的神话传说到现代社会的多样化故事，民间文学始终与时代密切相关，既是文化传承的载体，也是社会变迁的反映。通过分析民间文学的历史演变，我们不仅能够更深入地理解人类文化的丰富性和复杂性，还能够认识到民间文学在塑造和反映社会价值观中的重要作用。

（二）当代民间文学的活态特征

当代民间文学在现代社会中呈现出一种活态特征，这种特征体现在其具有在不断变化的社会环境中进行自我适应和发展的能力。随着科技的进步和全球化的影响，民间文学不仅保持了其传统核心，而且融入新的形式和内容，展示出其独特的活力和相关性。

第一，新兴媒介，尤其是互联网和社交媒体，对民间文学的传播和接受方式产生了深刻的影响。传统上，民间文学是口头传播的，依靠家庭和社群成员之间的口耳相传。然而，在数字时代，故事和民间传说可以通过视频、播客、博客文章等形式迅速传播。这种新形式的传播不仅扩大了受众，还允许创作者对传统故事进行更自由的解释和改编。例如，一些博客和网络小说将传统民间故事融入现代背景，或者与当代社会问题相结合，使它们更具吸引力和相关性。

第二，城市化和全球化对民间文学的内容和形式产生了显著影响。随着人口从农村向城市迁移，许多与农村生活、自然环境紧密相关的传统故事和仪式可能逐渐失去直接社会背景。全球化带来的文化交流使得不同地区的民间文学元素可以相互融合和影响，产生新的故事形式和内容。例如，可以看到一些民间故事融合了外来的神话元素或者采用了外国的叙事技巧，这些都是全球文化交流的结果。

第三，年轻一代对民间文学的接受和改编方式反映了当代社会的多样性和创新精神。年轻人通过各种方式与民间文学互动，包括参与角色扮演、创作同人作品，甚至通过时尚和视觉艺术来探索和表达民间故事。这些活动不仅是对传统故事的现代解读，也是文化身份和个人创造力的表达。通过这样的接受和改编，民间文学不断被赋予新的生命，与当代文化紧密相连。

民间文学的活态特征也体现在其作为文化记忆和社会价值观传递者的角色上。即便是在迅速变化的社会环境中，民间文学仍然承载着历史、文化和道德价值。人们重述和改编故事，不仅是在保留文化遗产，也是在对传统价值进行重新审视和诠释，使其与当代社会的需求和观念相适应。

当代民间文学的活态特征表现在其与时俱进的能力上，无论是通过新兴媒介的传播、城市化和全球化的影响，还是年轻一代的创造性接受和改编。这种特征使民间文学不仅仅是过去的遗产，更是活生生的、不断发展的文化实践，反映了人类共同的想象力和创造力。通过不断地演变和适应，民间文学继续在当代社会中保持其独特的魅力和重要性。

（三）民间文学保护和传承的贵州实践——以民族古籍保护为例

贵州省的非物质文化遗产，展现了贵州多民族群众在历史进程中展现出的独特智慧和创造力。随着我国对非物质文化遗产保护力度的不断加强，一方面，发掘和编纂蕴含丰富非物质文化遗产意义的文献和典籍，已成为保护工作的关键环节；另一方面，通过将非物质文化遗产记录和保存在文献中，以促进其传承，已成为当前非物质文化遗产继承与发展的紧迫需求。

民族古籍不仅是历史的见证，也是传统民间文学的重要表现形式。贵州省长期致力于少数民族古籍的保护和发展工作，通过多种措施创新性地推进这项工作。自 2008 年至 2010 年，贵州省已经开展了少数民族古籍的首次普查工作，成果丰硕。2016 年 4 月，贵州省民族宗教事务委员会（以下简称“民宗委”）对第二次普查工作进行了详细的安排，强调将普查结果作为对各地市州的考核内容，并特别指出重点普查的县市区域。第二次普查工作实现了“全面、可靠、创新”的目标。普查不仅覆盖了贵州省内 17 个少数民族的文本和口传古籍，而且在方法和策略上进行了创新，特别是对那些没有固定文字但拥有丰富口头民间文学的民族进行了全面的普查。据贵州省民族古籍整理办公室统计，“十三五”期间，该省共普查并整理出四万余条少数民族古籍条目，为进一步的保护和研究奠定了坚实的基础。2021 年，贵州省发布了《贵州省少数民族古籍工作“十四五”规划》，该规划旨在深入掌握贵州省内少数民族古籍的详细情况，并初步建立一个数字化的少数民族古籍信息管理系统。该规划的实施，将补救和保护一系列珍贵的少数民族文献和口述民间文学，编纂和保存一系列高质量民族古籍。同时，该规划还致力于提高少数民族古籍的创新应用，加强学科和人才建设，完善保护措施，以增加公众对这一领域的关注和参与。该规划详细列出了包括加强保护工作基础、出版高质量图书、推动古籍研究与利用、促进古籍数字化、建设专门基地、人才和学科建设、古籍的收藏与修复、社会合作以及加强宣传等在内的多个具体任务。贵州省民宗委随后出台了一系列指导文件和通知，明确普查的方向和要求，并对普查工作提供了详细的指导和规范。

在完成了对贵州省少数民族古籍的全面普查之后，省内相关部门迅速启动了《贵州少数民族古籍总目提要》的编写工作，旨在为普查发现的古籍条目建立详细的档案和数据库。面对庞大的少数民族口述民间文学，如何将其准确地分类和定级成为一项重要挑战。因此，贵州省民宗委借此机会组织了一系列专题学术研讨会，目的是为少数民族古籍领域的学科建设提供理论支持，并在实践中对口传古籍进行科学的界定和分类。随后，又采取了项目托管的方式，邀请省内少数民族古籍专家组成工作组，起草《贵州省少数民族口传古籍活态传承保护规范》。这一规范旨在为少数民族古籍的保护和传承提供一个科学、系统化和规范化的框架，进而促进其社会价值的最大化。对于那些面临失传风险的少数民族古籍，贵州省民宗委还特别制定了《贵州省民族古籍项目管理试行办法》，为古籍保护项目提供了政策支持。到目前为止，已经有 114 个少数民族古籍保护项目得到立项。

出版少数民族古籍是传承这些珍贵文化遗产的又一途径。为加强出版管理，贵州省民宗委推出了《贵州省民族古籍出版项目管理暂行办法》，并组织专家对申请资助的出版项目进行评审。结果是 300 多种少数民族古籍获得出版，其中 75 种被选为《贵州文库》系列，144 部作品被推荐进入国家珍贵古籍名录，占全国少数民族古籍总量的 13%。此外，还启动了数字化平台项目，推动少数民族古籍的数字化进程。在贵州省，针对少数民族古籍保护与抢救工作中面临的人才短缺问题也采取了一套独特的策略。在全面开展第二次少数民族古籍普查之前，贵州就开始了一项重要的人才培养计划。自 2016 年起，贵州省民宗委定期开设针对少数民族古籍普查的专业培训班，旨在深化参与者对古籍的理解，提升他们的分类和鉴定能力，同时着重培养他们在普查和管理少数民族古籍方面的专业技能。这些培训不仅包括古籍的基本知识，还有普查技巧、数据录入等实用技能，为参与者日后独立开展普查工作提供了坚实的技术支撑。在“十三五”期间，通过这些培训，贵州省成功培养了三千多名专业人才，他们组成了负责普查、联络和审查的专业团队，为古籍普查工作的顺利进行提供了坚实基础。这种系统的培训和人才建设模式，显著提升了贵州省少数民族古籍保护工作的专业水平。

此外，贵州省通过设立“汲古黔谭”这一学术交流平台，展现了其对于推进少数民族古籍研究的深刻理解和承诺。该平台的设立一经提出就备受关注，因为它不仅促进了学术研究的深入开展，也为贵州省古籍工作的现代化转型提供了强大动力。“汲古黔谭”研讨会至 2023 年已成功举办八届，每届都围绕一个核心主题，如将民族古籍纳入高等教育体系、民间文献学的理论与实践、水书习俗与殷商文化等，这些主题既深植于贵州省丰富的历史文化土壤，也紧密联系当前社会发展的实际需求。这些研讨会不仅为学者提供了一个深度交流的平台，也促使部分优秀研究成果得以出版，进一步推动了民族古籍在文化传承、民族团结、扶贫和乡村振兴等方面的应用。

然而，贵州省民族古籍的研究与保护工作仍面临诸多挑战，例如，研究侧重点的不平衡、民族古籍价值开发利用的不足，以及对民族古籍交融性与综合性研究的欠缺等。

贵州省民宗委还与高等教育机构合作，进一步推动人才培养工作的深化。例如，与浙江大学合作举办了专门针对民族古籍管理服务人员素质提升的培训班，课程内容涵盖了从古籍文化的创新转化到最新的科技前沿和创新理论等多方面。2018 年，贵州省民族古籍整理办公室与贵州民族大学合作，特别招收了 20 名专门从事彝语言文学和彝文文献保护研究的双语考生，进一步加强了对专业人才的培养和建设。此外，贵州民族大学的中国少数民族语言文学专业也在硕士研究生招生计划中特别设置了“彝文古籍文献整理研究”方向，招收了专门从事该研究方向的研究生，这标志着贵州省在少数民族古籍保护人才培养方面迈出了坚实的步伐，为古籍的长期保护和研究积累了宝贵的人才资源。通过这些综合措施，贵州省在少数民族古籍保护和抢救工作中展现了前瞻性的思维，提出了创新性的解决方案，为其他地区提供了可借鉴的经验。贵州通过一系列措施，促进了民间文化遗产的保护和可持续利用，加深了社会对文化遗产保护的认识和支持。

随着对少数民族古籍保护和研究的持续努力，贵州省陆续将这些珍贵的文化遗产推向更广阔的舞台。自 1986 年以来，得到中华人民共和国国家民族事务委员会（简称“国家民委”）的批准，贵州与云南、四川、广西联合成立了“滇川黔桂彝文古籍协作组”，该协作组通过在不同地区召开会议，加强了彝族古籍的跨省协作与研究，成功地完成了一系列影响深远的项目，如《滇川黔桂彝文字集》和《通用彝文字典》等，这些成果极大促进了彝族文化的保护和创新传承。2016年，贵州省进一步推进在少数民族古籍保护和研究方面的进展，通过“民族遗珍　书香中国——中国少数民族古籍珍品暨保护成果展”将过去三十余年的工作成果展现于世。此外，贵州省也在技术层面上取得了创新，特别是贵州民族大学夜郎文化研究院承担的“传统彝文信息化系统开发研究”项目，该项目通过开发彝文数字化资源和工具，为彝文的保存、教学和研究提供了强大支持。

贵州省不仅在技术创新上取得了突破，同时也在文化研究方面进行了深入探索。随着“苗族文化根目录构建研究”“白话苗族古歌”“侗族传统叙事诗白话改编”等项目逐步立项，更多人能够接触和理解这些深具文化价值的作品，也深化了他们对贵州少数民族文化的理解与传承。

随着“十四五”计划的启动，贵州省的少数民族古籍工作已经进入了一个新的阶段，通过数字化和信息化建设，不仅有效地保护和传承了少数民族的文化遗产，也为贵州乃至全国的社会经济发展贡献了宝贵的文化资源。这一系列工作不仅展示了贵州省在少数民族古籍保护方面的深度与广度，也体现了贵州省在文化保护与创新发展方面的决心和智慧。

第二节　传统歌舞活态发展研究

（一）传统歌舞的当代变迁

在深入解析传统舞蹈的历史演变之前，我们需置身于那些古老的文明之中，观察其艺术的起源。传统舞蹈的根源可以追溯到原始社会的宗教仪式和庆典活动中，这些活动中的舞蹈不仅仅是为了娱乐，更多是表达对自然界的敬畏、祈求神灵的保佑以及庆祝丰收的喜悦。

贵州少数民族的舞蹈往往与宗教、节庆、风俗、民族历史密切相关，成为沟通人神、表达情感的重要方式，也是一种社会凝聚力和精神力量的展现。贵州少数民族的舞蹈艺术以其悠久的历史和原始的风格深受人们喜爱。这些舞蹈不仅在当地社群的庆典活动、生命仪式等场合发挥着至关重要的作用，而且在民众中自发地保留和传递。以苗族的芦笙舞为例，其历史源远流长。芦笙舞不仅是苗族文化精神的象征，也是在节日庆祝、婚礼、葬礼等重要活动中必不可少的舞蹈。黔东南州凯里市舟溪镇的“凯里舟溪甘囊香芦笙节”，每年农历正月十六至二十举行，吸引了附近成千上万的苗族男女参与，共同跳起代代相传的芦笙舞，场面宏大而壮观。调查显示，苗族的芦笙舞至今仍然在民间流行，这反映了民众对本族文化的深切认同。与过去相比，芦笙舞的跳舞场合已不再局限于特定活动，而是随着人们情感的自然表达，在各种聚会中随意展开，这种变化标志着其社会功能的转变。随着贵州各民族地区经济的快速发展，人民生活水平的提高，对精神文化生活的追求也越来越高，这既是传统舞蹈社会功能变迁的原因，也是推动这些舞蹈传承与发展的动力。

剧场舞蹈是一个值得关注的传统舞蹈的发展方向。贵州的剧场舞蹈艺术在本土丰富多彩的民族文化土壤中孕育而生，诞生了众多卓越的舞蹈佳作，比如备受赞誉的舞剧《蔓萝花》。在新的文化语境之下，贵州剧场民族民间舞在继承传统的同时，更深层次地挖掘民族文化，展现出三个显著的发展趋势。首先，对原生态舞蹈形态的挖掘、整理与舞台呈现成为其一大特色。例如，贵州省民族歌舞团的作品《原色》汇集了多位非物质文化遗产传承人和众多少数民族群众参与，通过现代舞台呈现形式，展示了苗族芦笙乐舞、铜鼓乐舞等贵州原生态的民族舞蹈文化，展现了生命本源的美。其次，探寻民族文化精神内涵，形成剧场民族民间舞的创作核心。贵州省歌舞剧院的大型民族舞剧《天蝉地傩》深入探索了贵州的傩文化和侗族大歌文化，通过悲壮的故事情节展现了少数民族对天地、爱与生命的纯朴观念。此外，该剧院的《我从芭沙来》和《蝴蝶妈妈》通过舞蹈语言表达了苗族对自然的崇敬和生命的敬畏，体现了对民族文化精神的深度挖掘和艺术提炼。最后，构建民族文化内涵的现代表述，是贵州剧场民族民间舞蹈发展的又一亮点。在贵州迅速发展和国际化进程中，少数民族舞蹈融入新的创意与元素，赋予传统舞蹈新的生命力。贵州师范大学的“嘎嘎舞团”便是一个典型例子，他们将现代舞蹈的理念引入传统少数民族舞蹈中，创造出全新的舞蹈符号语言。作品《MIAO》和《尤·生》等，以现代的视角重构苗族舞蹈，展现了贵州民族舞蹈的创新与先锋精神。通过这一系列的创作与探索，贵州剧场民族民间舞蹈不仅深化了对本土民族文化的理解和表达，也为传统舞蹈的传承与发展开辟了新的路径，展现了贵州少数民族舞蹈艺术的独特魅力和时代价值。

自媒体的普及对少数民族传统民间舞蹈的记录、传承与传播起到了积极作用，但同时也对民众的精神生活、思想观念、审美品位产生了影响。未来随着信息技术的发展和全球文化的交流，这些由民众直接创作、享用和流传的民间舞蹈将会如何演变，传统的民族舞蹈文化又将如何保持其“根性”并持续发展，是一个值得我们深入思考和探索的问题。

（二）当代传统歌舞的活态特征

活态传承作为一种文化继承和创新的过程，针对传统歌舞领域具有重要的现实意义和深远的文化价值。在全球化与现代化的浪潮中，传统歌舞面临着既要保持本质特性，又要不断创新发展，以适应新时代要求的双重任务。这一过程不仅涉及艺术形式和表现手法的更新，也包括对传统理念和价值观的现代诠释。当前贵州传统歌舞活态特征主要体现在以下几点：

第一，社会功能性。当代贵州少数民族传统歌舞不仅是艺术表现，更承载着强大的社会功能。它们是区域社群沟通和团结的桥梁，通过共同的歌舞活动增强了社群成员之间的联系和身份认同。例如，在节日庆典、婚礼、丧葬等社会仪式中，歌舞成为传达情感、祈福和纪念的重要手段。这些传统活动帮助年轻一代理解和学习自己的文化遗产，促进文化的传承。同时，它们也是重要的社交活动，让社群成员有机会聚集一堂，分享生活经验和增强社群凝聚力。目前在黔东南地区的苗族葬礼仪式中，芦笙队的芦笙吹奏和引领客人跳芦笙舞成为葬礼仪式中必不可少的环节。

第二，自然崇拜和祖先崇拜元素。贵州少数民族的歌舞深深植根于对自然界和祖先的敬仰之中。这种崇拜体现在歌舞的各个方面，如舞蹈服饰中的自然元素设计、歌词中表达对山川河流的赞美，以及舞蹈动作模仿自然界的生物和现象。这些元素不仅反映了少数民族对自然环境的依赖和尊重，也体现了他们对祖先智慧的传承。通过这样的艺术形式，少数民族能够向年轻一代传达重要的文化和精神价值。

第三，即兴性和互动性。贵州少数民族传统歌舞的另一个显著特点是其即兴性和互动性。表演者往往根据现场氛围、观众反应或是特定的社会事件即兴创作和表演，使得每一次的歌舞表演都是独一无二的。观众不仅仅是静态的观看者，更被鼓励参与到歌舞中，与表演者一起跳舞、唱歌。这种参与感和互动性强化了社群成员之间的联系，也使得文化传统更加生动和持久。例如，黔东南地区的苗族每逢苗年节都要举行盛大的芦笙会，在芦笙场可以看见身着盛装的男女老少参与跳芦笙舞，众人在芦笙吹奏者的引领下，自觉排出层层圆圈，跟着芦笙的节奏跳起芦笙舞，极为壮观。

第四，艺术表现形式的丰富性。贵州少数民族的传统歌舞展现出了极高的艺术形式的多样性。从复杂多变的舞蹈动作、丰富多彩的服饰装饰到独特的音乐伴奏，每一方面都蕴含着深厚的文化意义和审美价值。例如，苗族的芦笙舞融合了音乐与舞蹈，侗族的大歌展现了其独特的声乐艺术，展示了与自然和谐共生的生活哲学。这些艺术形式不仅为观众提供了美的享受，也为研究和理解少数民族文化提供了丰富的资源。

（三）传统歌舞保护和传承的贵州实践

除了国家层面制定和颁布的有关非物质文化保护的法律，贵州省还制定了《贵州省非物质文化遗产保护条例》，同时贵州省内各地区也出台了符合当地特色的非遗保护政策。这一系列措施展现了中国对于保护少数民族文化遗产的重视，为少数民族舞蹈创造了新的传承与保护范式。目前，贵州已有 9 项 15 处民间舞蹈被列入国家级非物质文化遗产名录，以及 64 项 70 处民间舞蹈进入省级名录，共有 45 位代表性传承人。

在这一背景下，贵州的少数民族舞蹈传承显示出政府主导、民间积极参与、教育机构深度介入以及学术研究支持等特点。从 2002 年开始，贵州省教育厅和民族宗教十五委员会就发起了“民族文化进校园活动”。贵州各级学校的积极参与为少数民族舞蹈的传承提供了坚实的基础。例如，凯里学院从 2003 年开始开设“民族民间文化传承”大专班，他们排练的苗族舞蹈《醉苗乡》《锦鸡舞》《反排木鼓舞》《舞乐笙歌》《侗寨狂欢夜》等多次参加省、州级的大型表演，社会反响强烈。舞蹈作品《鼓舞苗山》获得了贵州省优秀民族民间舞蹈展演最高奖。黔东南州公布的 310 个非物质文化遗产保护传承基地及传习所名单中，有 25 个与少数苗族传统舞蹈相关。有了地方人民政府的支持，民族的文化自觉被激发，黔东南州内自发组建的芦笙舞蹈队数量可观，成为当地百姓圆满举办婚庆、殡葬仪式的重要力量。此外，黔东南州大部分苗族村寨都有自己的芦笙舞队，每到节庆和比赛等活动时，上百支芦笙队都会聚在一起或欢庆起舞或切磋技艺，为少数民族传统舞蹈的传承传播奠定了强有力的民众基础。

贵州省利用其丰富的民族节日和文化活动，不仅满足了当地居民的文化需求，还吸引了大量游客，推动了旅游和文化产业的发展。贵州省每年举办的少数民族节日超过一百个。突出的节庆活动如台江苗族姊妹节、凯里甘囊香国际芦笙节、布依族六月六风情节，以及彝族火把节等，这些文化盛事在促进当地旅游业发展的同时，有效地展示和传承了少数民族的传统舞蹈，为非遗文化的公益性和产业化提供了新的探索路径。在市场和政策的推动下，大批表现少数民族文化的“旅游演艺产品”纷纷亮相。例如，贵州于2006年推出《多彩贵州风》大型民族歌舞诗被称为“旅游演艺”的开山之作，该作品将贵州少数民族的歌舞元素吸收其中，在国内外巡演上千场，并长期在贵阳大剧院驻演，受到业内人士的高度好评。在《多彩贵州风》的成功带动下，更多吸收和展示贵州少数民族曲目的歌舞剧陆续出现，实现了社会效果与经济效益的双丰收。具有代表性的作品有：《梦幻梵净山》《瑶山·瑶人》《龙乡水里·贵秀》《蝴蝶妈妈》《木楼古歌》《银·秀》《锦绣丹寨》《西江盛典》。

贵州省的少数民族舞蹈，作为地区文化的瑰宝，日益成为展示黔地多姿多彩民族艺术文化的窗口，向外界传递着贵州民族舞蹈文化的历史与现实。传统的少数民族舞蹈不仅在国内外的艺术节、文艺汇演、运动盛会上频频亮相，还逐步获得了广泛的关注和认可。在2008年北京奥运会上，贵州苗族的踩鼓舞就在开幕式的前奏中展示给全球观众，彰显了贵州少数民族的独特魅力；册亨布依族转场舞、凯里苗族锦鸡舞等在中国民间艺术节的舞台上受到了省外观众的广泛赞誉。贵州的专业艺术团体创作的民族舞蹈作品同样活跃于全国各大舞台，如贵州省民族歌舞团的《原色》和黄平的《巫卡调恰——外婆的歌谣》分别在全国少数民族文艺会演中展现，而歌舞诗《多彩和鸣》更是在第十九届中国上海国际艺术节上展现，将贵州的民族舞蹈文化推广至全球。

贵州的民族舞蹈在国内外的传播过程中，不仅受到了广泛的喜爱，还与各地各种风格的民族舞蹈进行了互动和借鉴，从而促进了贵州少数民族舞蹈的进一步发展。这些舞蹈以其生机勃勃的创造力，证明了自身作为文化传承的根基和源泉的重要性。随着时间的推移，贵州少数民族舞蹈的艺术与审美价值逐渐被外界认识，吸引了众多专家学者和艺术院校前来贵州采风调研，并创作出具有贵州民族特色的舞蹈，如上海戏剧学院的《一抹红》、中央民族大学的《苗家姐弟情》和《斗》、南京艺术学院的《月亮湾弯》等作品，在全国舞蹈比赛中大放异彩。这不仅展现了贵州少数民族舞蹈的独特魅力，也推动了其现代创作的进程，成为艺术界的一道亮丽风景线。

第三节　传统戏剧曲艺活态发展研究

（一）传统戏剧曲艺的历史演变及影响因素

传统戏剧曲艺的历史演变是一个复杂而绵长的过程，涉及多个层面的变迁和发展。本文旨在深入分析这一演变过程，从戏剧曲艺的起源，到其在现代的形态，特别是如何在不同历史时期受到政治、经济、社会、文化等外部因素的深刻影响，从而导致了形式、内容、表演风格等多方面的转变。

戏剧曲艺，作为一种综合性艺术形式，融合了文学、表演、音乐、美术等多种艺术元素，它的起源可以追溯到古代的祭祀仪式和民间歌舞，在长期的发展过程中逐渐演化成为具有鲜明民族特色和地域风格的艺术形式。从最初的原始模仿到后来的宫廷娱乐，再到成为普通民众生活中不可或缺的文化活动，戏剧曲艺不断地吸收和借鉴各地的文化元素，形成了丰富多彩的流派和剧种。

在这一演变过程中，政治因素常常起到决定性的作用。不同的朝代其政治倾向和文化政策对戏剧曲艺的发展方向和内容都有着深远的影响。例如，一些朝代可能会推崇并资助某些流派的发展，使其成为主流，而其他流派则可能因缺乏支持而逐渐边缘化或转入地下。此外，戏剧作品中的主题和内容往往与当时的政治环境紧密相关，不仅反映了社会现实，也往往包含了对当时政治和社会问题的评论或批判。

经济因素也对戏剧曲艺的发展产生了重要影响。经济繁荣时期，人们的生活水平提高，对文化娱乐的需求增加，戏剧曲艺因此得到更广泛的传播和更快的发展；而在经济衰退时期，人们的文娱消费会减少，戏剧曲艺的发展也会受到相应的限制。此外，商业赞助和市场机制的引入，也极大地推动了戏剧曲艺的商业化和专业化，促进了新剧种的产生和旧剧种的改良。

社会文化因素则是影响戏剧曲艺演变的一个不可忽视的方面。随着社会的发展和文化观念的变迁，人们的审美趣味和文化需求也在不断变化，这些变化直接影响到戏剧曲艺的风格和表现形式。例如，某些时期可能更倾向于高雅、文静的表演风格，而某些时期则可能更偏爱生动活泼、接地气的表现手法。同时，随着文化交流的加深，外来文化的输入也为戏剧曲艺的发展提供了新的素材和灵感。

传统戏剧曲艺的历史演变是一个复杂的过程，它不仅是艺术形式自身演化的结果，更是历史条件、政治环境、经济状况、社会文化等多种因素共同作用的产物。通过对这些外部因素的深入分析和研究，我们可以更好地理解传统戏剧曲艺的发展脉络，从而为保护和传承这一珍贵的文化遗产提供理论支持和实践指导。

（二）当代传统戏剧曲艺的特征

传统戏剧曲艺作为一种深受地域文化、历史背景和民族风情影响的艺术形式，其传承状态呈现出多样化的特征。

第一，民族多样性与文化融合。贵州省的传统戏剧曲艺展示了该地区独有的民族多样性和文化融合。每个民族，从苗族的嘎百福、侗戏到布依族的八音坐唱，都贡献了独特的戏剧和音乐形式，形成了一幅多彩的文化画卷。这些艺术形式不仅深受各自民族历史和文化的影响，还在与周边民族的交流中吸收和融合了其他文化元素。例如，侗戏就是在侗族民间说唱艺术“嘎锦”（叙事歌）和“嘎琵琶”（琵琶歌）基础上，融合汉族的戏曲而形成的。

第二，深厚的历史根基与地域特色。贵州的传统戏剧曲艺是在长期的历史进程中形成和发展起来的，它们不仅承载着贵州人民的历史记忆，也反映了贵州独特的地理环境和社会风貌。这些戏剧曲艺作为一种重要的文化表达方式，记录了贵州各民族从古至今的生活方式、哲学思想，以及与自然和谐共存的智慧。例如，布依族的八音坐唱不仅是音乐表演，更是一种与农耕文化紧密相关的社会活动，反映了人们对自然的敬畏和感激。这些传统艺术的地域特色，不仅为贵州的文化景观增添了独特的风貌，也为现代人理解贵州乃至中国的多元文化提供了重要的视角。

第三，丰富的表现形式与艺术手法。贵州传统戏剧曲艺在表现技巧和艺术表达上极具创造性和多样性。这些艺术作品通过独特的唱腔、复杂的舞蹈动作以及富有象征意义的服饰和道具，共同营造丰富的视觉和听觉体验。舞台上，演员们凭借精湛的表演技艺和对角色深刻的理解，将复杂的人物情感和故事情节生动地展现给观众。同时，这些传统表演艺术经常借助于自然环境和社会生活中的元素，如山水、动物、农耕等，创造出独特的艺术语言，表达对生命、自然和宇宙的深层理解和感悟。

第四，社会功能与生活密切相关。贵州的传统戏剧曲艺在维系社会结构和促进区域社群凝聚力方面发挥了重要作用。这些艺术形式不仅是娱乐休闲的手段，更是社会教育、历史传承和文化认同的重要载体。在传统节日庆典、村落集会以及家庭聚会等社会活动中，戏剧曲艺成为连接个人、家庭和区域社群的纽带，加强了人们之间的相互理解和情感联结。通过共同参与这些文化活动，贵州人民不仅能够享受艺术的美感，也在无形中加深了对本民族传统和价值观的理解和认同，从而增强了区域社群的内聚力和文化自信。

（三）传统戏剧曲艺保护及传承的贵州实践

近年来，贵州在传统戏剧项目的保护与利用方面取得了一系列成效，不仅为文化传承提供了有力支撑，也为地方经济和社会发展注入了新的活力。贵州在传统戏剧的保护方面开展了以下措施：

第一，进一步完善立法和政策体系。贵州省通过制定和完善相关的法律法规，建立了非遗保护的政策框架，确保了非遗保护工作的系统性和长效性。地方政府出台了一系列具体措施，如非遗保护条例、实施细则等，为非遗保护提供了法律依据。

第二，建立了多层次的传承体系。贵州省注重发挥传统师徒制的作用，同时，通过建立非遗传承基地、工作室，以与学校教育相结合的方式，形成了多层次、全方位的非遗传承体系，有效地促进了传统戏剧等非遗项目的传承与发展。

第三，推进非遗数字化保护。贵州积极探索利用现代信息技术，如虚拟现实（VR）、增强现实（AR）和数字档案库等，对传统戏剧进行数字化记录和展示，既保留了非遗的原貌，又拓宽了非遗文化的传播渠道。

与此同时，贵州在传统戏剧项目的利用方面也扩展了以下途径（图 7-1）：

第一，融入旅游发展，打造特色文化品牌。贵州省将非遗文化特别是传统戏剧与旅游产业深度融合，通过举办非遗文化节、民族戏剧节等活动，吸引游客体验贵州的民族文化，有效地提升了贵州文化旅游的品牌价值。

第二，发展非遗文化创意产业。通过将传统戏剧元素与现代设计相结合，开发一系列非遗文化创意产品，不仅拓展了非遗文化的市场空间，也为传统艺术家和工匠提供了新的收入来源，促进了非遗文化的创新发展。

第三，加强国际交流与合作。贵州省积极参与国际文化交流活动，将传统戏剧等非遗文化带到国际舞台，通过国际非遗节、文化展览等形式，增强了贵州非遗文化的国际影响力，促进了多元文化的全球传播。

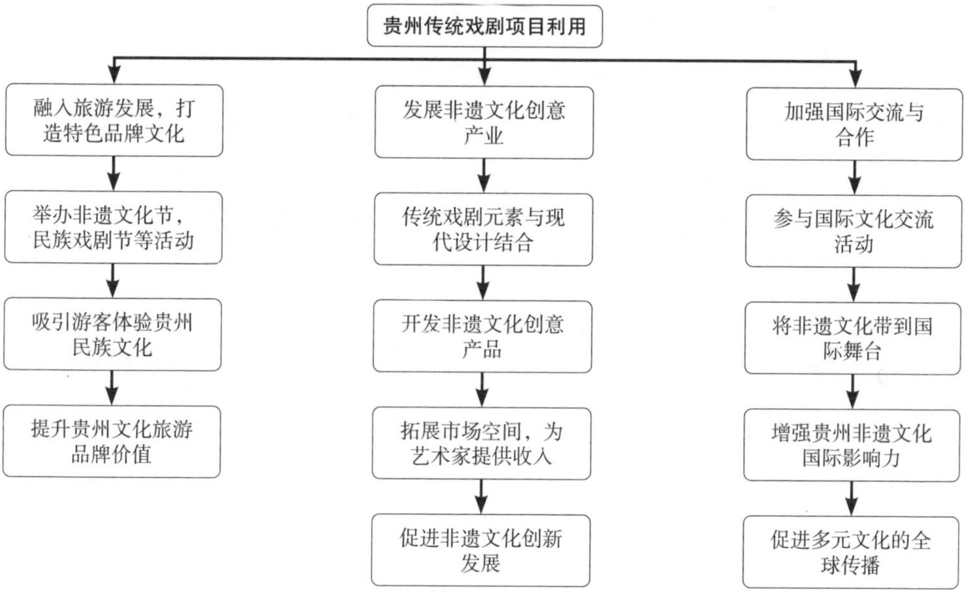

图 7-1　贵州传统戏剧项目利用

第四节　传统体育、游艺与杂技活态发展研究

（一）贵州传统体育、游艺与杂技活态传承的历史演变

贵州省的传统体育、游艺与杂技不仅是民族文化的重要组成部分，也是该地区丰富多彩的文化遗产的重要表现形式。这些活动深植于贵州各民族的日常生活

和节庆习俗中，反映了人们对自然环境的适应、对生产生活方式的总结以及对社会关系的维护。贵州传统体育、游艺与杂技的历史演变可以从以下几个方面进行分析。

贵州的传统体育、游艺项目，如独竹漂、龙舟竞赛等，最初源于农耕社会的生产活动和军事训练。例如，独竹漂起源于水稻种植文化，是一种利用单根竹子在水面上快速移动的技能，既是一种生产工具，也成为一种游戏和竞技项目。龙舟竞赛则与水域文化紧密相关，既有祈雨避灾的宗教意义，也有团结村落、锻炼士兵的社会功能。台江的舞龙嘘花、平塘的耍水龙等，这些活动因节日而起，带有祭祀的性质，是一场集体式的狂欢。黎平的侗族摔跤，因竞技而起，逐渐发展成为当地节日，成为一场民族文化展演的盛宴。苗族斗牛不仅仅是娱乐活动，它起源于宗教祭祀，并随着农耕文化的发展逐步融入了纪念祖先、求神避灾、赞颂英勇与增进社交等多重意义。然而，在现代化和商品经济的双重影响下，某些地区的传统斗牛文化经历了显著的变迁。斗牛活动这些活动随着时间的推移，逐渐从实用性活动转化为具有观赏性和娱乐性的体育与游艺项目。

贵州地处多民族聚居区，各民族之间的交往和融合促进了传统体育、游艺与杂技项目的共享和传播。通过节日庆典、市场交易等社会活动，不同民族之间的体育游戏和表演艺术得以相互借鉴和吸收，形成了独特的地方特色和民族风情。例如，畲族的武术（麻江县）、彝族的大秋千（盘州市）虽然根源于各自民族的文化背景，但在长期的交流中，也被其他民族所接受与融合，成为贵州共同的文化财富。

随着现代化进程的加快，贵州的传统体育、游艺与杂技面临着生存和传承的挑战。一方面，传统生活方式的改变导致了一些传统技能的逐渐消失；另一方面，现代娱乐方式的兴起也冲击了传统游艺和杂技的受众基础。面对这些挑战，贵州各级政府和社会各界积极采取措施，通过建立非物质文化遗产保护机制、举办传统体育运动会和民族艺术节等方式，促进传统体育、游艺与杂技的活态传承。同时，将这些传统文化融入当地旅游业，不仅为传统技艺提供了新的展示平台，也为地方经济发展开辟了新途径。此外，我们也会发现龙舟竞赛、舞龙嘘花、斗牛等与当地民俗节庆相关的项目，伴随着人民生活水平的大幅提升加上地方政府的鼎力支持，吸引了越来越多外部参与者和观众。

总之，贵州传统体育、游艺与杂技的历史演变是一个复杂的过程，涉及文化传承、民族交流和社会变迁等多个方面。这些传统活动不仅反映了贵州人民对自然的敬畏、对生活的热爱和对文化的坚守，也展示了贵州文化的多样性和包容性。通过有效的保护和合理的利用，贵州的传统体育、游艺与杂技将继续作为独特的文化资源，为促进民族团结、增进文化自信和推动社会经济发展做出贡献。

（二）当代贵州传统体育、游艺与杂技的特征

研究当代贵州传统体育、游艺与杂技的特征，需要深入探讨这些活动在文化传承、社会变迁和现代化背景下的演变、功能和价值。贵州的传统体育、游艺与杂技深植于该地区丰富的民族文化之中，不仅是娱乐和身体锻炼的方式，也是社会凝聚力和文化认同的重要载体。以下是几个关键特征：

一是贵州民族多样性的体现。贵州是一个多民族聚居的省份，这种民族多样性直接反映在其传统体育、游艺与杂技活动上。不同民族带有独特文化特色的体育项目和游艺，如苗族的芦笙舞、侗族的大歌和独竹漂等，不仅展示了各民族的生活习俗和审美情趣，也成为贵州文化多样性的直观体现。

二是社会文化功能的延续。传统体育、游艺与杂技在贵州不仅仅是一种活动或娱乐方式，它们承载着深厚的社会文化功能。例如，龙舟竞赛、舞龙嘘花等项目在提供体育竞技的同时，也具有祈福、庆祝丰收等宗教和社会意义。这些活动在维护区域社群凝聚力、传递传统价值观和促进文化传承方面发挥着重要作用。

三是与自然环境的密切关联。贵州的传统体育、游艺与杂技活动与当地的自然环境密切相关。贵州山水环境的独特性塑造了一些独具特色的体育游艺项目，如独竹漂、龙舟赛就是与水域环境紧密相关的体育活动。这种与自然环境的紧密联系不仅体现了人与自然和谐共生的传统理念，也反映了贵州人民对自然环境的深刻理解和利用。

四是现代化挑战与创新适应。面对现代化的冲击和社会变迁，贵州的传统体育、游艺与杂技也在不断地进行适应和创新。一方面，一些传统活动可能因为生活方式的变化而面临消失的威胁；另一方面，通过将传统体育和游艺项目融入现

代旅游、教育和文化活动，这些传统活动不仅得到了新的生命力，也为当代社会提供了独特的文化体验和教育资源。

总体来说，当代贵州的传统体育、游艺与杂技的特征是多重因素交织的结果。这些活动不仅为贵州乃至全世界提供了独特的文化景观，也是理解贵州人民生活方式、价值观念和文化认同的重要窗口。

（三）传统体育、游艺与杂技保护与传承的贵州实践

近年来，贵州省大力进行非遗的保护和利用探索，在传统体育、游艺与杂技项目方面贵州做出了较大的努力，并取得了一定的成绩。

一是通过举办重大民族体育赛事选拔与培养非遗传承人。贵州省在传统体育、游艺与杂技的保护与传承中特别注重传承人的选拔和培养。贵州省民族运动会是贵州规格最高、规模最大的综合性民族体育盛会。该赛事每四年举办一次，比赛项目分为竞赛项目和表演项目两大类。其中竞赛项目设龙舟、独竹漂、射弩、陀螺、押加、蹴球、高脚竞速、板鞋竞速、大秋千、民族健身操共十个。表演项目分为竞技、技巧、综合三类，由各代表团根据本地区民族传统体育事业发展实际，自行编创参赛。民族运动会为非物质文化遗产项目提供了极佳的展示平台，相较于传统的“博物馆式”保护，即在博物馆内展示的静态方式，民族运动会上的现场演出则代表了一种更为生动的活态传承方法。此外，民族运动会吸引了众多大学生和年轻人的参与，无论是作为表演者还是观众，他们对非遗项目的兴趣和关注，自然促成了对这些文化遗产的传承与推广。在比赛项目的安排方面，注重对贵州优势民族体育项目的普及推广。

二是民族传统体育进校园。通过学校教育的途径，将传统体育项目融入公众教育，提高了公众对传统体育、游艺与杂技文化遗产价值的认识和保护意识。在2004年6月，贵州省的民族宗教事务委员会、体育局和教育厅共同出台了《关于加强和改进少数民族体育工作的意见》，旨在推广民族传统体育项目进入学校体育教学。根据该意见，2004年起，选定条件合适的学校试点将民族传统体育纳入体育课程，计划到2008年让全省民族地区的学校普遍开展这一项目。实施至今，贵州省已有超过4500所学校加入了将民族传统体育项目引入校园的行动，建立了37个少数民族传统体育训练项目基地，几乎覆盖了所有的本科高校和具

有少数民族传统体育特色的县份。特别是在黔东南苗族侗族自治州、黔西南布依族苗族自治州等地区，多项民族传统体育已经成为校园文化的一部分。例如，在黔东南州，苗族的芦笙跳、木鼓跳、板凳舞、划龙舟等项目，侗族的摔跤、舞龙、打陀螺、骑高脚马等活动都已被引入学校体育课程。而在黔西南州，学校试点项目包括高脚竞速、押加、陀螺、射弩、蹴球等竞技项目，以及跳竹竿、板凳舞、手拍鸡毛毽、打铜棍、丢糠包、毽球、荡秋千等兼具娱乐性和观赏性活动。这些活动不仅提升了学生的体质，也促进了珍贵的民间体育项目的传承与发展，加深了学生们对本民族传统文化的认识和理解。

三是吸收民族文化元素，融入杂技表演。贵州省的杂技项目主要包括高台舞狮、舞龙等表演艺术。这些杂技项目充分展示了表演者的高超艺术技巧，也是传播民族文化的重要载体。以贵州省杂技团为例，该杂技团历史悠久，成立至今已有六十余年的历史，先后远赴亚、欧、美、非四大洲进行对外交流演出，多部作品获六十多项国际国内大奖。近年来，面对激烈的市场环境，贵州省杂技团也不断对节目内容进行创新，他们吸收贵州民族文化元素融入杂技表演中，创作了《绸吊——手艺人的春天》和《肩上芭蕾——锦鸡》等杂技节目，赢得了观众的好评。

四是民族传统体育活动的商业化运作。适度的商业运作为民族传统体育、游艺项目的发展提供了新动力，目前，一些贵州省民族传统体育项目已经成为带动群众增收致富的重要产业，独竹漂成为赤水市大同古镇景区的独特表演节目，陀螺、猴面鼓表演成为荔波县旅游景区深受游客喜爱的旅游项目，龙舟竞赛成为凯里市少数民族群众的重要就业门路，如凯里市下司镇龙里村六十多户少数民族群众通过参加全国全省各地龙舟比赛，户均年收入二十多万元。实践证明，办好少数民族传统体育运动会，有利于推动民族传统体育与旅游等服务业的结合，增加群众经济收入。

（1）贵州省黔东南州台江县每年元宵节举办的“苗族舞龙嘘花”节日活动广受欢迎。该活动在每年农历正月十四和十五两天举行，届时，来自台江县多个村寨的一百多条彩龙将汇聚县城中心，伴随着绚丽的金色焰火舞动，共同迎接元宵佳节。这一盛大的节日庆典吸引了数以万计的参与者，使得原本宁静的小县城瞬间变成了热闹非凡的聚集地。在 2023 年的元宵节，台江县人民政府推出了“中国·台江2023年苗族舞龙嘘花非遗大典”，得益于有效的宣传和组织，此次活动显著推动了当地旅游业的发展，元宵节期间的旅游人次和收入同比增长超过了1000%。节日期间，住宿和餐饮服务业务量大增，连续三天满负荷运转，房间几乎达到满员状态。此外，参与制作嘘花筒的工匠、龙灯的制作人员以及舞龙的表演者等，也因此节庆活动获得了经济上的收益。

（2）贵州省黔东南州镇远县将龙舟文化作为旅游产业发展的重要抓手，通过开展龙舟比赛、龙舟巡游等活动，吸引游客观光游览。据报道，2022年赛龙舟文化节，仅三天时间，镇远县就接待游客31.94万人次，旅游综合收入达3.26亿元。2023年6月22日，由贵州省体育局主办，黔东南州文体广电旅游局、黔东南州民族宗教事务委员会、施秉县人民政府承办的2023年“水韵贵州”中国施秉独木龙舟节，以体育赋能全域旅游，通过举办独木龙舟节，多角度打造群体特色文体活动。

（3）斗牛赛事的商业化趋势在近年来显著增强。随着赛事数量的增多，职业化的斗牛养殖也逐渐兴起。特别是在政府支持和社会资本投入的双重推动下，建设了大型的斗牛场馆，并成立了专业的斗牛赛事组织机构，使得斗牛活动的举办变得更为频繁。这些商业化的斗牛比赛通常在专门的斗牛场内进行，利用门票收入支付斗牛的奖金等相关费用。在一些常规的商业斗牛比赛中，单一类别的最高奖金可达10万元，而一场大型比赛的总奖金约为50万元。对于规模更大的赛事，如“超级牛王争霸赛”，单个类别的奖金可高达20万元，整个赛事的总奖金可达100万元。养殖斗牛成为了一条农民增收和企业获利的途径，同时也演变成一些地区的重点产业。政府对此给予了大力支持，例如，黔东南州的凯里、雷山等地，将斗牛作为推动地方经济的重要产业，期望通过推广斗牛文化和赛事来提升地区知名度，进而促进投资引资和旅游发展。

第五节　民俗节庆活态发展研究

（一）民俗节庆在现代社会的转型

贵州的世居民族多为农耕民族，他们的节日活动与农业生产、季节变化紧密相关，包括祭祀、庆典、娱乐和交际等方式。这些活动不仅是生活的一部分，也是文化传承的重要方式。在某些地区，尤其是黔东南的雷山、台江、剑河等苗族聚居区，人们对春季播种和秋季收获期间的文化活动有着明确的时间禁忌。传统上，这些时节禁止年轻男女进行如吹芦笙、唱山歌等娱乐活动，以避免分散农事劳动的注意力。违反这些禁忌被认为可能会导致作物减产或灾害，甚至遭受神灵的惩罚。这些禁忌背后的传说和故事，深植人心，有效地保障了劳动生产的正常进行，同时也丰富了节日文化的内涵。随着一年农业劳作的结束，黔东南地区的民族村寨会选择在深秋到初冬的时期，特别是农历九月到十月，举办各种文化和民俗节庆活动。这个时期，秋收已经结束，人们有更多的空闲时间来参与庆祝活动，不仅是为了娱乐放松，也有祭祖和庆祝丰收的文化意义。此外，这个时间段正好与国庆长假相吻合，许多主办单位会借此机会举办大型的民俗节庆活动，吸引更多的游客和参与者。作为文化遗产的重要部分，这些民俗节庆承载着丰富的历史记忆、社会认同和文化价值。然而，在现代社会的快速变迁中，传统的节日庆典也面临着诸多挑战和变化。这不仅是文化传承的过程，也是对传统与现代之间平衡的探索。

现代化进程中的科技发展和生活方式的改变对民俗节庆产生了显著影响。曾经需要长时间准备和参与的节庆活动，现在可以通过网络平台以更加简便快捷的方式进行。这种变化在一定程度上改变了节庆活动的社会功能，使其从面对面的区域社群互动转变为线上线下相结合的新型互动方式。例如，2023 年，雷山苗年暨鼓藏节采纳了一种新颖的组织方式，即采取由民间主办与市场化运作相结合的策略。该活动由雷山县苗学会与西江旅游集团公司共同举办，成功地将传统文化与现代技术融合，推出了众多在线活动。首先，活动通过数字化手段进行创新，将雷山苗年和鼓藏节的信息数字化，并实现了在线预约，这使得全国的网友都能通过数字平台深入了解这一文化盛事。其次，雷山县还与腾讯公益携手启动了“雷山鼓藏节邀您答题”的非物质文化遗产互动项目，通过这种互动的方式，让全国各地的网友有机会通过答题游戏来体验和感受苗族文化的独特魅力。

全球化和文化多元融合也对民俗节庆产生了重要影响。一些原本具有地域特色的节庆活动，现在可能融入了其他文化的元素，不仅丰富了民俗节庆的内容，也促进了不同文化之间的理解和尊重。例如，2023 年 12 月 30 日由贵州省从江县乡约乡见乡村旅游服务有限公司与高增村民委联手打造的第三届“乡约乡见”乡村音乐节暨少数民族音乐会，在贵州省黔东南州从江县高增村盛大开幕。此次活动吸引了来自湘黔桂地区 19 个不同民族村寨的 320 多位民间艺术传承人，他们与当地居民共同在舞台上展示了多姿多彩的歌舞，为到场的游客带来了一场视觉和听觉的盛宴。通过展示传统少数民族歌舞、侗族大歌、鼓楼大歌等文化元素，探索和传播少数民族的文化艺术，促使这些珍贵的文化遗产得到传承和发展。本次节庆活动特别强调了文化的多元融合，汇集了来自广西、贵州、湖南等地的苗、侗、壮、瑶等多个民族，共同参与丰富多彩的民族文化内容。这不仅是一场文化展演，也是一次深刻的民族文化交流体验。

商业化是现代社会中民俗节庆转型的另一个重要方面。在市场经济的推动下，许多传统节庆活动逐渐演变成商业活动，其原有的文化和社会意义在一定程度上被商业利益所取代。例如，一些节庆活动可能更多地关注吸引游客和消费者，从而在活动内容和形式上做出调整以适应市场需求。这种商业化趋势在一定程度上促进了文化产业的发展，但同时也带来了对传统文化价值和意义的冲击。

现代社会的民俗节庆转型还体现在对节庆本质和功能的重新定义上。在传统社会中，民俗节庆往往是区域社群凝聚力和文化认同的重要体现，它通过仪式和庆祝活动加强了社群成员之间的联系和对传统文化的认同。然而，在现代社会中，这种功能正在发生变化。一方面，节庆活动成为展示文化多样性和促进文化交流的平台，另一方面，它也面临着在商业化和娱乐化浪潮中保持其文化本质内核的挑战。

现代社会中民俗节庆的转型是一个多维度的过程，涉及社会、文化、经济等多个方面。这种转型既带来了节庆活动形式和内容的创新，也引发了关于如何在现代社会中保护和传承传统文化遗产的深思。

（二）当代民俗节庆活动的特征

民俗节庆作为一种文化现象，深刻地植根于社会的土壤之中，展现了丰富多彩的社会功能与影响。这些节庆活动不仅仅是历史传统的延续，它们也在不断地演化，以适应现代社会的变迁，从而持续地影响着区域社群的凝聚、文化的认同以及社会价值观的传播。

在区域社群凝聚方面，民俗节庆充当着一种独特的社会黏合剂。通过共同庆祝传统节日，社群成员之间的联系被加强，共同的记忆和经历促进了深层的归属感和相互理解。这种集体活动不仅仅是庆祝一个特定事件，更是一种区域社群精神和共同身份的体现。人们通过参与节庆活动，如舞蹈、音乐、食物准备和传统仪式，共同维护和发展他们的文化遗产，这样的过程自然而然地加强了区域社群的内聚力。

在文化认同感方面，民俗节庆作为一种文化表达形式，强化了人们对自己文化根源的认同。它们通过一系列的象征性活动，如特定的装饰、仪式和故事，传递了世代相传的价值观和信念。这些节庆不仅让社群成员深刻感受到自己的文化特色和历史，也为年轻一代提供了学习和体验传统的机会。因此，民俗节庆在维持文化连续性和促进跨代交流方面发挥着不可替代的作用。

在传播社会价值观方面，民俗节庆经常围绕核心的社会主题和道德规范展开。这些节庆通过各种各样的故事、传说和仪式，传达了关于勇气、尊重、爱、团结和谦卑等社会价值观。此外，节庆活动也为人们提供了一个表达和实践这些价值观的平台。例如，通过慈善活动、公共表演和集体讨论，社群成员能够共同探讨并实践这些价值观，从而增强社会的道德感和责任感。

在现代社会中，民俗节庆的功能和影响面临着新的挑战和机遇。随着全球化和技术发展，传统的区域社群结构和文化形态正在发生变化。在这样的背景下，民俗节庆的组织和表现形式也在逐渐适应新的社会环境。一方面，这意味着一些传统节庆可能会被边缘化或者失去其原有的社会功能。另一方面，新的交流方式和社会动态也为传统节庆提供了新的表达平台和发展空间。例如，通过社交媒体和其他现代传播手段，民俗节庆能够吸引更广泛的观众，传播到更远的地方，甚至融入新的文化元素和创意，从而保持其活力和相关性。

民俗节庆作为一种重要的文化现象，其社会功能和影响是多方面的，不仅包括促进区域社群凝聚、增强文化认同和传播社会价值观，还包括在现代社会中的适应和演变。这些节庆活动不断地反映和塑造着社会的文化面貌，同时也在面对和回应着时代的变迁。通过持续的创新和适应，民俗节庆将继续在全球化的世界中发挥其独特的作用，连接过去与未来，构建更加紧密和谐的社会。

（三）民俗节庆活动的个案研究——侗族民俗文化个案

深秋时节，万山竞红。每年十月以后，在贵州黎平的侗寨里，人们由农忙变成了农闲，于是“月也”（村寨之间做客走访活动的习俗）、婚礼乃至侗歌传唱、侗戏表演等一般在这段时间里安排。近年来作者多次对侗族大歌的发祥地之一——黎平永从乡三龙侗族村落的中罗村进行个案考察，深入了解这里丰富的侗族民俗文化。通过对黎平永从乡三龙侗族中罗村的考察，就民俗文化发展研究得出的其中一个基本结论就是：民俗是非物质文化遗产保存的土壤。

1. 黎平中罗村的侗族民俗文化个案考察

“三龙”是黎平县境内的一个侗族村落，属永从乡辖管，距黎平县城 30 多公里，三龙与黎平县的岩洞、述洞和从江的小黄等侗族村寨连接在一起，是侗族大歌的发祥地之一，也是侗族大歌和民俗文化保留最好的地方，其中中罗村具有典型性。

（1）鼓楼与“月也”。中罗村居三龙片区中部，全村有一百多户，人口近六百人，住有吴、杨、潘等五个姓氏的人们，以吴姓为主。从地形上看，中罗和整个三龙坐落在一条由小河贯穿而构成的狭长的河谷地带，河岸两边是村民耕作的农田，两边是雄壮拔起的峻岭，形成比较封闭的地形和自然风貌。从北入村，首先映入眼帘的是一座横跨小河之上的风雨桥，它是村里的标志性建筑物之一。风雨桥很古老，连村里的老人都说不清它所建的年代了，但它像一位老人站在村头迎送每一位进出的人们，使人们还没有进村就感到格外亲切。过了风雨桥再走五十米，就到了寨门，寨门由一座鼓楼构成。中罗村一共有三座鼓楼，一座在寨头（图 7–2），一座在寨尾（图 7–3），寨子中间有一座最大的鼓楼（图 7–4）。寨头的鼓楼就是寨门，是迎客、送客的地方。侗族在秋收之后寨与寨之间有相互“月也”（图 7–5）的习俗，当另一个村寨的客人来了，就在寨门设下拦门酒，以对歌的形式问候和迎接，因而寨头的鼓楼也是一个举行重要仪式的地方。这里，地面道路修的是石花街（用河边的鹅卵石砌成的有花纹图案的道路），道路两边栽有千年古树（风水树），使得一进门便有一股远久、古朴的气息迎面而来，使人感到庄重、严肃。寨尾的鼓楼较小，是村民日常休息、乘凉的地方。而寨中心的鼓楼高大，是村寨的象征，也是全寨活动的中心场所。这所鼓楼所建时间已比较久远，已显现风烛残年的迹象，村民们也说不清什么时间建的，估计有一两百年的时间。鼓楼，在侗乡不仅具有象征意义，而且是全寨人们举行祭祀、迎客、军事、教育、议事（图 7–6）等重大活动的场所，现在军事功能消失了，但祭祀、迎客、教育、议事等重大活动仍在这里举行。如举办“月也”活动的时候，客人们经寨门进入后，第一步就先要到寨中的鼓楼，在这里拜问村里的寨老，接着村人和客人一起围着火塘跳起踩歌堂的歌舞。鼓楼活动是迎客的一个重要仪式和环节，把迎客的“月也”活动推入高潮（图 7–7）。在没有“月也”的时候，除了议事，鼓楼也是传唱侗族大歌的地方。秋天，农忙过去了，寨老和歌师们就在这里给青少年传授侗歌。中罗村不仅鼓楼保存完好，而且吊脚楼的生活住房也几乎保持传统原貌，中罗村依山傍水、错落有致地分层建在河的两岸，紧接耕地，分布在向山岭过渡的地带，房子如梯田层层上升，美不胜收。

图 7–2　村头鼓楼

图 7–3　寨尾鼓楼

图 7–4　寨中心鼓楼

图 7–5　侗族“月也”（村寨之间集体做客）

图 7-6　鼓楼议事

图 7-7　“月也”对歌迎客（鼓楼）

（2）服饰。中罗村的民族服饰是另一道绚丽的风景线。这里人人穿着自织自制的侗衣，从小孩到老人，仍保持侗衣穿着为主，每人至少有一套盛装和几套便装，盛装在节日时才穿，便装则在平常和劳动时穿。传统的侗衣存在是因为生产侗衣的生产技术还保留。这里，人们自己种麻、纺线、织布、染布、缝衣，样样都有。

在整个工艺中，染布是最具有特色的一环，侗族发明和制有自己的特定染料——蓝靛，它由板蓝根、鸡蛋清和楝子等原料做成（图 7–8），工序复杂；染布也一样，需要几道程序。制衣则以制着姑娘们的盛装为最难，它有挑花、刺绣、银饰制作等工序，因此制作一件盛装的成本较多，花的时间也较长，有的需要一年多才能完成一件，所以姑娘们的盛装一般一人一件，过去是作为嫁妆制作的，如图 7–9、图 7–10 所示。在日常的生活中，侗族妇女不在田间劳作时，就在家里织布、染布、制衣。秋天，阳光明媚的时日，中罗村许多吊脚楼的凉台外都挂着一条条的侗布，那是由侗族妇女的劳动成果构成的一幅风景画。

图 7–11 所示是侗族自织、自纺、自染的家机布，图 7–12、图 7–13 是侗族妇女和少儿的传统服饰。

图 7–12　妇女衣裙

图 7–13　少儿服饰

图 7–8　制衣染料“板蓝根”

图 7–9　青年女盛装

图 7–10　少女盛装

图 7–11　侗族自织家机布

（3）侗戏。侗族作为文化比较发达的民族，其象征是侗戏。侗戏产生于明清之际，是侗族文化精华之一。有专家说，有戏剧的民族是文化比较发达的民族。笔者认为此话不假。戏剧源于生活又高于生活。戏剧作为一种表演艺术，它把日常生活抽象化和形式化地搬上舞台，这不仅是人民日常生活、娱乐所需，更展现了生产分工，是精神文化的生产与丰富。它是一种反思和批判，是文化创造性的传递。因此，从民族文化发展的角度来看，其意义重大。三龙中罗村的侗戏印证了这一点。村里的戏楼就建在中心鼓楼旁边。侗戏已融入日常生活中，但表演则在一年里的春节、三月三、五月五、六月六（吃新节）和甲戌节（立秋后的第一个戌日）。当然，节日里表演的节目不仅是侗戏，还有侗族大歌、牛腿琴、琵琶琴等。中罗村的侗戏剧目比较多，据了解现在有一百多个，都是由村民们自己编的。其中有一个以家庭伦理为主题的戏剧，全部表演需要五至六天，一般只能在春节上演。中罗村的侗戏是侗族非物质文化遗产的重要内容，十分珍贵。

（4）侗族大歌。中罗村也是蜚声中外的侗族大歌的发祥地之一，“饭养身，歌养心”的文化价值观在这里得到充分体现。这里，人人爱唱侗歌，人人会唱侗歌，平日是老幼之间教授侗歌，节日里是大家比赛演唱侗歌。人们传唱侗歌，不是为了争名夺利，唱歌是他们的生活内容和生活方式，即“歌养心”的生活体现。三龙侗族村落与岩洞、述洞和从江小黄侗族村落毗邻，它们一直缔结婚亲，节日相互走访，生活相互照应，构成了侗族大歌保护、传承的文化环境。不到此地不理解，日常我们在媒体上看到演唱侗族大歌的一般都是青年姑娘，实际上在中罗村人人都在唱歌，这里许多歌师是上了年纪的老爷爷们，他们是传唱侗族大歌的关键力量。

（5）婚俗。习俗是特定文化存在的土壤，也是文化内容本身。在三龙村落一带，许多侗族的古老习俗都还保留至今，这是侗族传统文化得到完整传承的真正原因之一。这里的婚俗，人们至今仍按古老仪式举行，年轻人外出就业，结了婚的一般还要回到村里按侗族仪式补办一次。现在的年轻人谈情说爱不一定按过去“行歌坐夜”的方式进行，但在交往中相互爱慕的双方则需要父母按传统的说媒和礼聘等习俗推进婚礼。村里年轻人的婚礼一般在冬季举办，这一天男女双方都宴请亲朋，同寨的人们也都去祝福、恭贺。婚礼的头天下午开始，男方要派出迎亲队伍带着聘礼去女方家迎娶新娘，带队的一般是新郎的母亲，迎新队伍人人都得穿侗衣，不得有别。到了女方家后不是马上回来，而要在女方家住一晚，第二天才带上新娘回来。在娘家的当晚不是闲着，新郎新娘双方的母亲要领着双方的队伍亲朋对歌，对歌由领头人起歌，形式有领唱有合唱，歌的内容，有的追溯远祖建家立业的功绩，有的感谢先辈恩德给今天带来的喜事，也有互相赞美和祝贺等，歌声把整个婚礼弄得热热闹闹。歌在对答中进行，尤其是帮腔形成的复调式合唱，形式别具一格。侗族的婚礼是与歌紧密联系在一起的，一切礼仪都用歌来表达，这也是歌手或歌师表现才智的场所和时候。在婚礼上，如果有的家庭中，母亲实在不能或不会唱歌，那就得在亲戚朋友中找歌手能人替母亲担任领队唱歌。我们从侗族婚俗中可以观察到，侗族唱歌的传承有着宏大的文化生活背景，习俗的存在是它们生存的土壤。文化习俗的保存是民族文化保护和传承的基础，也是中罗村侗族传统文化能较好保存的原因。

（6）“莲花闹”。中罗村的侗族生活习俗也别致古朴，“莲花闹”就是特别的一种。“莲花闹”是在村里的喜事宴请时才有，一般是附近村寨的一些人装成乞丐来到主人家中进行乞讨，主人家必须让他们吃饱饭并送上一些米和肉，他们回去后则一起打牙祭。有时村内有活动或做节庆时，也特意安排一些人来搞“莲花闹”，以活跃现场气氛。为什么会有“莲花闹”呢？侗族，传说是外来族群，传说是从广西梧州或江西吉安搬来，后来人不太记得详细的过程了，但历程的艰辛却变成了一个记忆符号以民俗的形式流传下来。由于迁来的时候十分辛苦，一路讨乞，靠别人恩舍才来到现在的居所，他们定居后为了纪念过去的艰辛历史，不忘祖先的磨难和功绩并以之教育后代，从而特意在喜事或节庆时节上让一些人刻意扮过去乞讨的形象来闹场，久而久之它就变成了习俗流传下来。“莲花闹”正是一种以历史记忆为内容的民族习俗，它对侗族人们有着历史和教育的价值。

中罗村对侗族传统原生态文化的保存和持续能力令人惊叹，以上只是短时间内走访观察看到的几个显著现象，真正要整体领略，恐怕需要更深入的田野工作。

2. 黎平侗族中罗村原生态文化保存的启示

黎平县永从乡三龙中罗村是一个典型的、闭塞的侗族村寨，相比其他地方，这里传统的原生态的侗族文化得到完整地保存，这是一个特别的现象。改革开放三十余年，在现代化和西方文化冲击的背景下，传统文化和少数民族文化纷纷出现边缘化和流失，有许多侗族村庄的传统原生态文化差不多消失殆尽，但黎平县永从乡三龙中罗村似乎不太受影响。就此，许多人研究提出，这是闭塞的结果。对此，我们不反对。但是，我们认为这只是其中一面。就文化本身而言，它具有自身传承的文化机理。从我们对黎平县永从乡三龙中罗村侗族文化的考察看，原生态文化的保存与人们的民俗息息相关，可以说民俗是原生态民族文化保存的土壤。因此，这个结论是对黎平县永从乡三龙中罗村进行了侗族原生态文化个案考察得出的重要启示。

（1）民俗构成原生态民族文化存在的生活背景。从对中罗村的考察看，原生态民族文化得以保存在于有民俗这个生活背景作为前提并予以支撑。原生态民族文化不是某几种单一的文化现象，而是整个文化关联和融入各种民俗之中，并在民俗的习以为常的日常操守中体现出来和传承下去。显然，关于原生态民族文化的保存，必须在民俗实践的活态演绎中理解，是特定情况下人们现实生活的形式。关于“文化”，过去我们受实证主义影响，往往理解为某种对象的“客体”，其实更重要的是，必须理解为“主体”，是主体活动。这样，在现实层面上，文化可以理解为“主体的存在形式”。那么，就原生态民族文化而言，它并不简单地是特定民族的某一些事项和物品，而是以这些事项和物品为载体显现出来的主体的生活状态，所以，“民俗”作为一种行为模式，就是原生态文化形成和依赖的传统基础。为此，对于原生态民族文化而言，民俗就是其现实的生活背景。如果离开了这个背景，原生态民族文化就丧失了产生或保存的现实条件。从黎平永从三龙中罗村的侗族文化看，其原生态文化元素竟如此完整地保存下来，就在于侗族传统的各种民俗依然存在，这对于维护文化的原生性、传统性起到了“环境性”的保护作用。

（2）民俗使原生态民族文化的传统价值得以保存。文化以人与自然界的物质变换和人与人交往中的特定的内容和形式显示出来，从而在形态上又有客体的相对独立形式。如一个民族特定的生产方式，如生活中特定物质资源的选择、产品的生产以及它们的分配、消费方式等，对于另外一个民族而言，它就是相对的文化形式。由于文化具有民族传播、积淀的异质性和异域性，它又以不同的需要和服务产生特定的价值规定。一些文化现象之所以存在，就在于它的“价值规定”。原生态民族文化也如此，它能够作为传统文化因子保存下来，在于它具有当代价值的规定性。那么，原生态民族文化如何会在当今以传统形式被保持和得以关注，就在于其价值能不断得以构建和形成。民俗的存在就是原生态民族文化价值构建的机制。民俗，实质上就是特定民族日常生产、生活的价值取向并以行为得以习惯化而形成稳定的倾向性选择。原生态民族文化的存在不过是在这种选择中作为传统保留的因素而已，也是原生态文化价值得以构建和实现的场所。诚然，民俗的存在使原生态民族文化的价值得以保存。黎平县永从乡中罗村的侗族同胞们，他们今天仍然穿着侗装、唱着侗歌，而不在乎侗衣生产的烦琐、歌曲的简朴，其原因并不是标新立异，而是他们的习俗表达特定的价值和生活意义。

（3）民俗是原生态民族文化创新发展的基础。文化是发展的，即便是最传统的文化因子，也不是一成不变的。只是文化分为不同的层面，在发展上有快慢之分罢了。那些发展慢的文化要素之所以变化慢就在于其有更强烈的传统传承性，原生态文化就在这些传统文化的传承中形成和显现。但是，原生态文化作为表达传统的要素，它们对传统的传承也是具有创造性的。因此，实际的文化存在，以自己的基因为基础不断在新的环境中构建新的表达形式，如此才形成生命力，否则就会灭亡。实质上，原生态文化从发展上来理解，它是“传统的构制”。那么，从这个意义上讲，原生态文化融入民俗，而民俗以“传统的构制”在新形态上实现为原生态的要素。原生态文化就是传统文化的再生产，这个再生产就是一个创造过程。黎平县永从乡中罗村的侗戏，每年的节庆、喜事活动中上演，但新时代内容总是不断融入剧目之中的，至于活动的技术运用，如戏台布景、扩音器、乐器使用等都有了现代的身影。文化是发展的，发展必须依赖于一定的资源和条件。而原生态文化是传统文化的再生产，民俗就是它的传统资源和基本条件。

总之，如何保护、传承原生态民族文化，在基本生活层面进行民俗的维护和保持是十分重要的。如果哪一天民族文化缺乏了民俗这个背景和基础，文化的原生性就会丧失，原生态文化就可能不复存在。黎平县永从乡中罗村虽然目前原生态民族文化保持完好，但未来原生态的丧失风险也令人担忧。

第八章　非物质文化遗产活态传承现状与对策研究

本章将深入贵州省非物质文化遗产的活态传承现状，探讨其在民间文学、民间歌舞、民间戏剧曲艺、岁时节令、传统体育竞技以及民间手工技艺等多个领域的具体表现。通过对这些领域的现状及存在问题的深入分析，我们将提出相应的对策和建议，旨在为贵州省乃至中国的非物质文化遗产保护与传承提供新的视角和思路。本章不仅关注非物质文化遗产本身的保护，更着眼于如何通过活态传承，使这些文化遗产在现代社会中焕发新的生命力，为地区的社会经济发展贡献力量。

第一节　民间文学类活态传承的现状及对策研究

（一）民间文学的活态传承现状

民间文学的活态传承现状是一个复杂而多维的话题，涉及文化、社会、经济和技术等多个领域。民间文学，作为一种传统文化的表现形式，主要包括口头传说、民间故事、谚语、歌谣等，它们不仅是语言艺术的展现，也是文化和历史的载体。这些文学形式通常在口头传播中世代相传，形成了独特的文化和社会价值。然而，在全球化和现代化的大背景下，民间文学的活态传承面临着前所未有的挑战。

第一，全球化带来的文化交流虽然在一定程度上促进了文化的多元化，但同时也导致了文化同质化的趋势。随着西方文化的广泛传播和主流媒体的影响力增强，传统的民间文学形式逐渐被边缘化，甚至在某些地区面临消失的危险。这种文化同质化不仅削弱了民间文学的独特性，也影响了其在当代社会中的传播和接受。

第二，现代化进程中的技术革新和生活方式的变化对民间文学的传承也产生了深远影响。随着数字媒体和互联网的普及，人们获取信息和娱乐的方式发生了根本变化。这种变化虽然在一定程度上为民间文学的传播提供了新的平台和形式，但同时也使得传统的口头传播方式受到挑战。年轻一代更倾向于通过现代媒介接触文化内容，而这些媒介往往缺乏传统民间文学所特有的互动性和社群性。

第三，传统语言的消失也是影响民间文学活态传承的一个重要因素。许多民间文学作品都是用地方方言或少数民族语言创作的，这些语言的消失直接导致了相关文学作品的流失。全球化和现代化进程中，标准化和官方语言的推广使得许多地方方言和少数民族语言处于边缘化甚至濒临消失的状态。当这些语言不再被日常使用时，与之相关的民间文学作品也就失去了活态传承的土壤。

第四，传承人减少同样是一个不容忽视的问题。传统的民间文学传承往往依赖于口口相传的方式，需要有经验丰富的传承人将这些知识和技艺传递给下一代。然而，由于现代教育体系的普及和传统生活方式的改变，越来越少的年轻人愿意或有机会学习和传承这些传统文化。这不仅导致了传承人口的减少，也使得民间文学的传承出现了断层。

面对这些挑战，民间文学的活态传承需要采取多种策略和措施。一方面，可以通过教育体系和文化政策的支持，鼓励年轻一代学习和传承民间文学。另一方面，利用现代技术手段，如数字化和网络平台，为民间文学的传播和保护提供新的途径。同时，加强对传统语言和方言的保护，确保民间文学的原生态环境得以维持。

民间文学的活态传承是一个涉及文化、社会、经济和技术等多个领域的复杂过程。在全球化和现代化的影响下，这一传承面临着诸多挑战，但通过合理的策略和措施，可以有效地应对这些挑战，保护和传承这一宝贵的文化遗产。

（二）活态传承中的问题诊断

活态传承作为非物质文化遗产保护的重要方面，其在实践中面临着一系列复杂且多维的问题。特别是在民间文学的传承领域，这些问题尤为突出，它们不仅涉及传统与现代的冲突，还包括了文化兴趣的代际转移、传承机制的缺失以及技术发展对文化传播的影响。

在传统表达方式与现代社会的脱节方面，我们观察到一个显著的趋势：随着社会的快速发展和生活方式的变迁，传统民间文学的表达形式、内容和传播方式与现代社会的节奏和审美越来越不协调。传统民间文学往往依赖于口头传播和面对面的互动，这在数字化、快节奏的现代生活中显得格格不入。此外，传统民间文学的语言、符号和故事情节往往深植于特定的历史和文化背景中，这使得它们在现代社会中的传播和理解面临着重大挑战。

年轻一代对传统文化兴趣的减退是另一个重要问题。随着全球化和信息化的发展，年轻人接触到的文化内容更加多元和国际化，他们的文化兴趣和审美倾向也因此发生了变化。这种变化导致年轻一代对本土传统文化，特别是民间文学的兴趣相对减弱。他们可能认为这些传统文化与自己的生活经验和价值观念不符，或者认为这些文化内容缺乏现代感和创新性。这种代际间的文化断裂，对民间文学的传承构成了严重威胁。

缺乏有效的传承机制和政策支持是民间文学传承面临的另一大难题。传统的民间文学传承往往依赖于家庭、社群和师徒之间的非正式教育。然而，在现代社会，这种传统的传承方式受到了许多挑战。一方面，由于社会结构和生活方式的变化，家庭和社群在文化传承中的作用减弱；另一方面，缺乏系统的传承机制和政策支持，使得民间文学的传承活动缺少必要的资源和保障。这不仅影响了传统文化的传播，也影响了传统文化传承者的社会地位和经济收入，进而影响了他们传承文化的积极性。

信息技术对传统民间文学传播方式的影响是一个双刃剑。一方面，数字化和互联网技术为传统民间文学的传播提供了新的平台和可能性。通过网络、社交媒体和各种数字化工具，传统文化可以以更加生动和创新的方式呈现给公众，尤其是年轻一代。然而，另一方面，这种新的传播方式也可能对民间文学的原有文化内涵产生影响。在数字化传播过程中，为了适应更广泛的受众和更高效的传播效果，民间文学的内容和形式可能会被简化或改编，这可能导致其原有的文化价值和深层含义被削弱或曲解。

总之，民间文学的活态传承面临着一系列复杂的问题，这些问题不仅涉及传统与现代的冲突，还包括了文化兴趣的代际转移、传承机制的缺失以及技术发展对文化传播的影响。解决这些问题需要综合考虑文化、社会、教育和技术等多个方面的因素，采取多元化和创新性的策略，以确保民间文学这一宝贵的非物质文化遗产能够在现代社会中得到有效的保护和传承。

（三）活态传承的价值与意义

活态传承作为非物质文化遗产的核心组成部分，尤其是在民间文学领域，承载着深刻的文化价值和社会意义。民间文学，作为一种流传于民间的口头文学形式，不仅仅是语言艺术的展现，更是历史、文化、社会和心理等多方面因素交织的产物。在活态传承的过程中，民间文学不仅保存了历史记忆，还维护了文化多样性，促进了社群凝聚力，并且成为文化身份和传统知识的重要传递载体。

民间文学在保存历史记忆方面发挥着不可替代的作用。许多民间故事、传说、谚语和歌谣等，是历史的见证者，它们以口头传播的方式，将一代代人的生活经验、社会变迁、历史事件和文化信仰传递下来。这些故事和歌谣中往往蕴含着对过去事件的记忆和对历史的反思，是连接过去与现在的桥梁。通过活态传承，这些历史记忆得以在当代社会中得到重现和重视，帮助现代人更好地理解历史，从而构建对过去的认识和对未来的展望。

在维护文化多样性方面，民间文学展现了不同地区、不同民族、不同社会群体的独特文化特征。每一种民间文学形式都是其所在文化的独特表达，反映了该文化的价值观、生活方式和世界观。这种多样性不仅丰富了人类的文化遗产，也促进了不同文化之间的理解和尊重。活态传承保证了这些文化表达形式不会因现代化和全球化的影响而消失，确保了文化多样性的持续存在。

社群凝聚力的增强也是民间文学活态传承的重要价值之一。民间文学作为社群成员共同的文化遗产，是社群成员共同认同和参与的基础。通过共同的故事讲述、节日庆典和文化活动，社群成员之间的联系得以加强，共同的文化记忆和身份感得以增强。这种凝聚力对于社群的和谐与稳定，以及文化传统的持续传承至关重要。

作为文化身份和传统知识的传递载体，民间文学在传承中扮演了关键角色。民间文学中蕴含的传统知识，如自然界的观察、生活技能、道德规范等，是社群文化身份的重要组成部分。这些知识和价值观的传递，不仅帮助年轻一代了解和认同自己的文化根源，也为他们提供了处理现代生活挑战的智慧和资源。

在现代社会中，民间文学的角色和意义正在发生变化。随着信息技术的发展和全球化的影响，民间文学不再局限于传统的口头传播方式。现代传播媒介，如互联网、电视、电影等，为民间文学提供了新的传播渠道和形式。这使得民间文学能够触及更广泛的受众，增强了其在全球文化交流中的作用。同时，这也为民间文学的创新和发展提供了可能，使其能够与现代生活更紧密地结合，满足现代社会的文化需求。

这种变化也带来了挑战。如何在保持民间文学传统特性的同时，适应现代社会的变化，是活态传承面临的重要问题。这要求我们在传承过程中既要尊重和保护传统，又要鼓励创新和适应，确保民间文学在现代社会中既保持活力，又不失其文化本质。

民间文学作为一种非物质文化遗产，在活态传承中展现了其深远的价值和意义。它不仅是历史记忆的宝库，文化多样性的体现，社群凝聚力的源泉，也是文化身份和传统知识的重要载体。在现代社会中，民间文学的角色和意义正在发生变化，这既是挑战也是机遇。通过有效的活态传承，我们可以确保民间文学在现代社会中继续发挥其独特的文化和社会作用。

（四）对策与建议

制定有力的文化政策是保护和传承民间文学的基石。政策的制定应当基于对民间文学价值的深刻理解和对其传承现状的准确把握。这些政策不仅需要关注民间文学的保护，还应涵盖对传承人的认定、培养和激励机制。政策的有效实施需要政府、文化机构、学术界和社群的共同参与和协作。例如，可以通过立法保护传承人的知识产权，确保他们的文化创作和传承活动得到合理的回报和尊重。

资金支持对于民间文学的活态传承同样至关重要。政府和非政府组织应提供足够的资金，用于支持民间文学的研究、记录、传播和教育活动。资金可以用于购买必要的设备，支持文化活动的举办，以及对传承人进行适当的经济补偿。此外，资金还可以用于支持民间文学的数字化项目，使这些珍贵的文化遗产能够以数字形式得到更广泛的传播和保存。

传承人培训计划是确保民间文学得以持续传承的关键。这些培训计划应当包括对传统知识和技能的教授，同时也应包括对现代传播技术的培训。通过这种方式，传承人不仅能够掌握传统的民间文学创作和表演技巧，还能学会如何利用现代媒介将这些知识传播给更广泛的受众。培训计划应当注重实践和体验，鼓励传承人在保持传统的同时，也能创新和适应现代社会的需求。

利用现代技术手段进行文化记录和传播是民间文学活态传承的另一个重要方面。随着信息技术的发展，数字化已成为文化遗产保护的重要工具。民间文学的数字化不仅可以帮助保存这些文化遗产，还可以通过互联网等现代传播渠道，使其触及更广泛的受众。此外，现代技术如虚拟现实和增强现实等也可以用于创造更加生动和互动的民间文学体验，吸引年轻一代的兴趣和参与。

鼓励社群和学校参与民间文学的传承也是至关重要的。社群是民间文学传承的自然环境，社群成员的参与对于保持这些文化遗产的活力至关重要。学校教育可以通过将民间文学纳入课程，让学生从小接触并理解这些文化遗产。通过组织文化活动、讲座和工作坊，学校和社群可以成为民间文学传承的活跃场所。

跨学科合作和国际交流在保存和促进民间文学传承中扮演着重要角色。跨学科合作可以将历史学、人类学、文学研究和信息科技等不同领域的专家聚集在一起，共同探索民间文学的保护和传承策略。国际交流则可以促进不同文化之间的理解和尊重，为民间文学的传承提供更广阔的视角和资源。

民间文学的活态传承需要综合考虑政策制定、资金支持、传承人培训、现代技术应用、社群和学校的参与，以及跨学科合作和国际交流等多个方面。通过这些综合措施的实施，可以有效地保护和传承这些珍贵的文化遗产，使其在现代社会中焕发新的活力。

第二节　民间歌舞类活态传承的现状及对策研究

（一）民间歌舞的活态传承现状

民间歌舞作为一种重要的非物质文化遗产，其在当代社会中的活态传承呈现出多样化的特点和面临着诸多挑战。在全球化和现代化的大背景下，民间歌舞的传承不仅仅是文化遗产的保存问题，更是文化身份、传统价值与现代生活方式之间的协调与融合过程。

在不同地区和民族群体中，民间歌舞的保留情况呈现出显著的地域性特征。

一些地区由于地理环境的隔绝或者强烈的文化自觉，其民间歌舞形式得以较好地保存。这些地区的民间歌舞往往保持着较为原始和纯粹的形态，其动作、节奏、服饰和伴奏乐器等元素依然保留着传统的特色。然而，在许多经济发达和城市化程度较高的地区，传统民间歌舞面临着较大的挑战。现代生活节奏的加快、娱乐方式的多样化以及文化消费观念的变化，都在一定程度上影响了传统民间歌舞的传承和发展。

传播方式的变化是当代民间歌舞传承的一个重要特点。随着互联网和社交媒体的普及，民间歌舞的传播途径和范围发生了显著变化。网络平台为民间歌舞提供了全新的展示和传播空间，使得这些传统艺术形式能够迅速传播到更广泛的受众群体中。然而，网络传播也带来了一些问题，如文化的表面化、内容的简化以及传统意义的流失等。这种传播方式虽然增加了民间歌舞的可见度，但也可能导致其深层文化内涵和艺术价值的削弱。

参与人群的变化也是民间歌舞传承现状的一个重要方面。传统上，民间歌舞主要由特定的社群成员或族群传承和演绎，其参与者多为本地居民或族群成员。然而，在现代社会，参与民间歌舞的人群已经不再局限于特定的社群或族群。越来越多的非本地居民和外来人口开始学习和参与民间歌舞，这一方面促进了民间歌舞的传播和普及，另一方面也可能导致其原有风格和特色的改变。

在现代化和城市化进程中，传统民间歌舞的适应与转变是一个复杂而微妙的过程。一方面，为了适应现代观众的审美和消费习惯，许多民间歌舞进行了创新和改编，如加入现代元素、调整表演形式、改变表演场合等。这些改变在一定程度上增加了民间歌舞的吸引力和观赏性，有助于吸引更多的年轻观众。另一方面，这些改变也可能导致民间歌舞失去其原有的文化内涵和社会功能。例如，过度商业化可能会削弱民间歌舞在社群凝聚力和文化传承中的作用。

民间歌舞在当代社会中的活态传承是一个多维度、动态变化的过程。它不仅涉及文化遗产的保护和保存，更是文化认同、传统价值与现代生活方式之间相互作用的结果。在这个过程中，既要注意保护民间歌舞的原始风貌和深层文化内涵，也要积极探索其在现代社会中的新表达方式和新功能，以实现其在当代社会的活跃传承和可持续发展。

（二）民间歌舞传承中的挑战

民间歌舞作为一种重要的非物质文化遗产，其传承与发展一直是文化研究和保护的重要议题。在现代社会的快速发展中，民间歌舞传承面临着多重挑战，这些挑战不仅关系到文化遗产的保护，也关系到民族文化身份的传承和发展。

文化同质化是当前民间歌舞传承面临的一个重要挑战。随着全球化的加速，不同文化之间的交流日益频繁，这在一定程度上促进了文化的相互理解和融合。然而，这种融合有时也伴随着本土文化特色的弱化，尤其是在民间歌舞这类文化表达形式中尤为明显。全球文化的流行趋势往往使得地方特色的民间歌舞受到冲击，导致其独特性和多样性受损。这种同质化的趋势不仅削弱了民间歌舞的地域特色，也影响了其在文化传承中的角色。

传统技艺与表演形式的流失是另一个严峻的挑战。随着现代生活方式的变化，许多传统的民间歌舞技艺和表演形式逐渐失去了其原有的社会功能和文化意义。一些需要特定社会环境或仪式场合的表演形式，由于现代生活节奏的加快和社会结构的变化，逐渐边缘化甚至消失。此外，传统民间歌舞的传承往往依赖于口耳相传和师徒传授，这种传承方式在现代社会中面临着断层的风险。随着老一辈艺人的逐渐减少，若没有有效的传承机制，这些珍贵的艺术形式可能会逐渐消失。

年轻一代对传统文化的兴趣减退也是一个不容忽视的问题。在现代社会，年轻人面临着多元化的文化选择，传统民间歌舞往往难以与现代娱乐形式竞争。这不仅是因为传统文化的表现形式和内容可能与现代审美有所不合，也因为传统文化的传播和教育方式可能不符合年轻人的学习习惯和兴趣点。因此，如何使传统民间歌舞更加吸引年轻人，成为传承工作中的一个重要课题。

市场经济对传统文化的影响也是一个值得关注的方面。市场经济的逻辑往往以效益和利润为导向，这可能与传统文化的价值观和传承方式存在冲突。在市场经济的影响下，一些民间歌舞可能被过度商业化，其原有的文化内涵和艺术价值被忽视或扭曲。例如，为了迎合观众的口味或商业利益，一些民间歌舞的表演可能被改编得面目全非，失去了其文化传承的意义。此外，市场经济中的竞争压力也可能导致传统艺术形式的边缘化，使得从事民间歌舞传承的艺人和团体面临生存的困境。

民间歌舞的传承面临着文化同质化、传统技艺与表演形式的流失、年轻一代兴趣的减退以及市场经济的影响等多重挑战。这些挑战不仅关系到民间歌舞本身的存续，也关系到整个民族文化的传承和发展。因此，如何有效应对这些挑战，保护和传承民间歌舞，是当前文化工作和研究中亟须关注和解决的问题。

（三）民间歌舞的保护与传承策略

民间歌舞作为一种重要的非物质文化遗产，其保护与传承策略需综合考虑法律、教育、技术和社群参与等多个方面。在全球化和现代化的背景下，民间歌舞面临着诸多挑战，如文化同质化、传统技艺失传以及年轻一代对传统文化兴趣的减少等。为应对这些挑战，需要采取一系列综合性的措施。

建立和完善民间歌舞的保护法规至关重要。法律法规的制定和实施是保护民间歌舞遗产的基础，它不仅能为民间歌舞的保护提供法律依据，还能为其传承和发展提供指导。这些法规应当涵盖对民间歌舞的定义、分类、保护范围、传承方式以及相关的财政支持和激励措施。同时，法律还应关注民间歌舞的原创性和真实性保护，防止其被商业化过度剥削。

推广教育和培训项目对于民间歌舞的传承同样至关重要。教育和培训不仅能够提高公众对民间歌舞重要性的认识，还能够培养未来的传承人。这些项目可以通过学校教育、社群工作坊、大师班或在线课程等多种形式进行。在学校教育中，将民间歌舞纳入课程，不仅能够提高学生对本土文化的认识和尊重，还能激发他们对传统艺术的兴趣。社群工作坊和大师班则能够为有兴趣的个人提供更深入的学习和实践机会。

利用现代媒体技术进行文化传播是另一项重要策略。随着信息技术的发展，数字媒体成为文化传播的重要工具。通过电视、电影、互联网、社交媒体等渠道，民间歌舞可以更广泛地传播到全球各地。例如，通过在线视频平台展示民间歌舞的表演，不仅能够吸引年轻一代的注意，还能够让世界各地的人们了解和欣赏这种艺术形式。此外，数字化技术还可以用于创建民间歌舞的档案和数据库，为研究和教育提供资源。

鼓励社群和民间组织的参与对于民间歌舞的活态传承至关重要。社群和民间组织是民间歌舞传承的基础，他们不仅是这种艺术形式的保护者，也是其活态发展的推动者。通过支持这些组织举办节日、庆典和比赛等活动，可以增强社群成员对民间歌舞的认同感和参与度。此外，还可以通过提供资金、培训和其他资源来支持这些组织的工作，从而确保民间歌舞的传承和发展。

民间歌舞的保护与传承需要一个多方位、多层次的策略。通过法律保护、教育推广、技术利用和社群参与的结合，可以有效地应对现代社会对民间歌舞传承所带来的挑战，确保这一宝贵文化遗产得到有效的保护和持续的传承。

（四）民间歌舞活态传承的未来展望

在全球化的大背景下，民间歌舞作为一种重要的非物质文化遗产，其传承和发展面临着前所未有的挑战与机遇。全球化不仅带来了文化交流的加速，也引发了文化同质化的担忧。在这样的背景下，对民间歌舞的未来传承路径进行深入探讨，显得尤为重要。

对于民间歌舞而言，全球化不仅是一种挑战，也是一种机遇。全球化促进了文化的交流与融合，为民间歌舞提供了更广阔的舞台。如何在全球化的大潮中保持民间歌舞的独特性和多样性，是未来传承路径中的一个关键问题。这要求我们在推广民间歌舞的同时，更加注重对其原生文化的保护，确保其在全球文化交流中保持独特的地位和价值。

保护与发展之间的平衡是民间歌舞传承的另一个重要议题。在传统文化的保护过程中，往往会出现保守与创新的矛盾。一方面，我们需要保护民间歌舞的传统元素和原始风貌，保持其历史和文化的连续性；另一方面，也需要对其进行适度的创新和发展，使之适应现代社会的审美和文化需求。这种平衡的实现，需要对民间歌舞的传统本质和现代表达方式进行深入研究，找到既能保留传统精髓，又能展现现代创新的传承路径。

科技和创新思维在民间歌舞传承中扮演着越来越重要的角色。随着信息技术的发展，我们有了更多方式来记录、传播和展示民间歌舞。例如，数字化技术可以用于记录和存储民间歌舞的表演，保证其物质形态和表演风格的长期保存。互联网和社交媒体平台则为民间歌舞的传播提供了新的途径，使其能够触及更广泛的受众。此外，虚拟现实和增强现实技术的应用，也为民间歌舞的展示和体验提供了新的可能性。通过这些技术的应用，民间歌舞不仅能够得到更好的保护和传播，还能够与现代科技相结合，创造出新的艺术形式和表现手法。

除此之外，创新思维在民间歌舞的传承中同样不可或缺。这包括对民间歌舞进行创造性的转化和适应性的发展。例如，可以将民间歌舞与现代舞蹈、音乐等艺术形式相结合，创造出新的艺术作品；也可以将民间歌舞的元素融入现代时尚和设计中，使其在现代生活中发挥新的作用。通过这样的创新，民间歌舞不仅能够保持其传统魅力，还能够与现代文化相融合，增强其在当代社会中的生命力和影响力。

民间歌舞的活态传承还需要社会各界的共同努力。这包括政府在政策和资金上的支持，学术界在研究和教育上的贡献，以及公众在参与和推广上的热情。只有通过这样的多方合作，民间歌舞才能在未来的传承路径中，既保持其传统的魅力，又展现出现代的活力。

总之，民间歌舞的未来传承路径是一个多元而复杂的过程，涉及文化保护、创新发展、技术应用、创新思维以及社会合作等多个方面。在全球化的大背景下，我们需要更加深入地理解民间歌舞的文化价值和传承意义，探索出既能保护传统，又能适应现代的传承路径，确保民间歌舞在未来能够持续发展和传承。

第三节　民间戏剧曲艺类活态传承的现状及对策研究

（一）民间戏剧曲艺活态传承的现状分析

民间戏剧曲艺作为一种重要的非物质文化遗产，其活态传承在当代社会面临着多重挑战和变化。这些变化不仅体现在传播范围和参与人群上，还涉及表演形式和内容的演变，以及传统与现代社会环境相互作用下的复杂动态。

民间戏剧曲艺的传播范围在现代社会有了显著的扩展。随着信息技术的发展，传统的民间戏剧曲艺不再局限于小范围的地域性传播。通过互联网、社交媒体平台以及各类数字媒体的广泛应用，这些艺术形式得以跨越地理界限，触及更广泛的观众群体。然而，这种扩散也带来了内容的多样化和水平不一的问题，一方面为艺术形式的创新提供了空间，另一方面也可能导致传统元素的稀释。

参与人群的变化也是民间戏剧曲艺活态传承的一个重要方面。传统上，这些艺术形式多由特定的社群成员或家族世代相传，但在现代社会，参与者的背景更为多元。一些年轻的艺术家和爱好者开始涉足这一领域，他们可能没有传统背景，但对传统文化的兴趣和创新精神为这些艺术形式注入了新的活力。同时，这也带来了传统技艺传承的问题，即如何在保持传统的同时吸纳新鲜血液。

表演形式和内容的变迁是民间戏剧曲艺面临的另一个重要挑战。随着现代生活节奏的加快和观众口味的变化，传统的表演形式和内容需要适应新的观众需求。这可能包括缩短演出时间、调整剧目结构，甚至加入现代元素以吸引年轻观众。这种变化在一定程度上是必要的，但也存在着过度商业化和失去传统精髓的风险。

技术的影响对民间戏剧曲艺的传承同样至关重要。新技术的应用，如高清视频录制、在线直播和虚拟现实技术，为传统艺术的展示和传播提供了新的可能性。这些技术不仅使得演出更加生动和吸引人，还为艺术家提供了新的创作工具。然而，技术的使用也需谨慎，以免掩盖了艺术本身的魅力和价值。

观众的变化也是一个不容忽视的因素。现代观众，尤其是年轻一代，对于文化产品的期待与传统观众大不相同。他们更倾向于快节奏、视觉冲击力强的表演，这对传统民间戏剧曲艺提出了挑战。艺术家和传承者需要找到一种方式，既能吸引现代观众，又能保持艺术形式的核心价值和特色。

市场经济对传统艺术形式的冲击不容忽视。在市场经济的驱动下，民间戏剧曲艺的商业价值越来越被重视。这一方面为艺术家提供了更多的表演机会和经济支持，另一方面也可能导致艺术形式的商业化倾向，从而影响其艺术性和文化价值。如何在市场经济体制下保持民间戏剧曲艺的纯粹性和传统性，是当前活态传承中的一个重要议题。

民间戏剧曲艺的活态传承在现代社会中面临着多方面的挑战和机遇。传播范围的扩大、参与人群的多元化、表演形式和内容的变迁、技术的影响以及市场经济的冲击，都在不同程度上影响着这一传统艺术形式的传承和发展。在这个过程中，如何平衡传统与创新、保持文化的连续性与适应时代的变化，是每一位艺术家、学者和文化工作者需要深思的问题。

（二）活态传承中的挑战与困境

传统艺术形式与现代生活方式的冲突是活态传承中的一个核心问题。随着社会的快速发展和科技的进步，现代生活节奏加快，人们的生活方式和娱乐方式发生了显著变化。这种变化导致传统民间戏剧曲艺在吸引观众、保持其文化魅力方面面临挑战。现代观众可能对传统艺术形式的接受度降低，更倾向于快节奏、多样化的娱乐方式。因此，如何在保持传统艺术精髓的同时，使其适应现代社会的需求，成为一个亟待解决的问题。

传承人才的缺乏问题不容忽视。传统民间戏剧曲艺的传承高度依赖于传承人，他们是这一文化遗产得以延续的关键。然而，由于各种原因，包括经济利益的驱动、传统文化价值观的淡化等，越来越少的年轻人愿意投身于这一行业。此外，传统艺术的学习和掌握通常需要长时间的投入和实践，这进一步限制了传承人才的培养。因此，如何吸引和培养新一代的传承人，成为活态传承的一个重要议题。

资金和资源的不足也是制约民间戏剧曲艺活态传承的一个重要因素。传统艺术的保护和传承需要相应的物质支持，包括场地、服装、道具等物质资源，以及培训、演出、推广等方面的资金支持。然而，由于市场经济体系中传统艺术的商业价值有限，这些资源往往难以得到充分保障。缺乏资金和资源的支持，不仅限制了艺术形式的发展和创新，也影响了传统艺术在公众中的传播和接受度。

文化全球化的影响是一个不可忽视的外部因素。随着全球化的深入发展，不同文化之间的交流和融合日益加深。这一方面为民间戏剧曲艺带来了新的发展机遇，另一方面也带来了挑战。全球化背景下，西方文化的影响力不断扩大，可能导致本土文化特色的弱化。在这种情况下，如何在全球化的大背景下保持民间戏剧曲艺的独特性和地域特色，同时又能与世界文化进行有效的对话和交流，成为一个重要的课题。

民间戏剧曲艺在活态传承过程中面临的挑战是多方面的，涉及文化、社会、经济等多个层面。解决这些问题需要综合考虑传统与现代的关系，传承与创新的平衡，以及本土与全球的互动。通过政策支持、社会参与、文化创新等多种手段，可以为民间戏剧曲艺的活态传承提供更加有利的环境。

（三）对策建议与发展方向

在探讨民间戏剧曲艺活态传承的对策建议与发展方向时，需综合考虑文化、社会、经济和技术等多个层面。当前，民间戏剧曲艺面临着传统与现代、本土与全球、保守与创新等多重挑战。因此，提出的对策和建议应旨在促进这一文化形式的可持续发展，同时保持其文化的核心价值和独特性。

政策支持方面，政府应制定具体的法规和政策，为民间戏剧曲艺的保护和传承提供法律框架和资金支持。这包括但不限于设立专项基金，鼓励和资助相关的文化项目和活动。政策制定时应考虑到民间戏剧曲艺的多样性和地域性特点，避免一刀切的做法，而是根据不同地区、不同类型的戏剧曲艺特点制定差异化的支持措施。此外，政策还应鼓励私人和非政府组织参与民间戏剧曲艺的保护和传承，形成政府、市场和社会多方参与的良好局面。

教育和培训计划是传承民间戏剧曲艺的关键。学校和文化教育机构应开设相关课程，将民间戏剧曲艺纳入正规教育体系，让更多年轻人了解并学习这一传统艺术。同时，应组织专业的培训班或工作坊，为传承人和有兴趣的学习者提供深入学习的机会。这些培训不仅应包括传统技艺的传授，还应涵盖现代表演艺术的理论和实践，以及新媒体技术的应用，以增强民间戏剧曲艺在当代社会的吸引力和影响力。

区域社群参与和公众意识的提升对于民间戏剧曲艺的活态传承至关重要。应通过各种渠道和活动，如社群剧场、文化节庆活动、民间艺术展览等，鼓励社群成员和公众参与到民间戏剧曲艺的保护和传承中来。这不仅有助于提升公众对民间戏剧曲艺的认识和兴趣，还能促进社群内部的文化交流和凝聚力。此外，应利用媒体和网络平台，加强对民间戏剧曲艺的宣传和推广，提高公众的文化自觉和参与意识。

在未来发展的可能方向上，数字化传承是一个重要趋势。随着信息技术的发展，数字化手段为民间戏剧曲艺的保护和传承提供了新的可能性。可以通过建立数字档案库、开发在线教学平台、利用虚拟现实技术重现传统表演等方式，使民间戏剧曲艺超越时空限制，吸引更广泛的受众。数字化不仅可以作为传统表演艺术的补充，还能成为新的艺术创作和表达方式。

跨文化交流也是未来发展的重要方向之一。通过国际艺术节、跨国合作项目等方式，将民间戏剧曲艺带到世界各地，不仅可以增强其国际影响力，还能促进不同文化之间的理解和交流。在跨文化交流的过程中，应注意保持民间戏剧曲艺的文化特色和原生态，避免文化同质化。

民间戏剧曲艺的活态传承需要多方面的努力和创新。通过政策支持、教育和培训、社群参与、公众意识提升、数字化传承和跨文化交流等多种方式，可以有效促进这一传统艺术形式的保护和发展，使其在现代社会中焕发新的活力。

第四节　岁时节令类活态传承的现状及对策研究

（一）岁时节令类非物质文化遗产概述

岁时节令类非物质文化遗产，作为人类文化多样性的重要组成部分，承载着深厚的历史文化价值和社会意义。这类文化遗产不仅仅是时间的标记，更是文化、社会、宗教和历史交织的复杂体现。在全球范围内，不同文化背景下的岁时节令活动展现出丰富多彩的形态，从而构成了人类非物质文化遗产的重要内容。

岁时节令类非物质文化遗产的核心在于其与特定时间节点的关联。这些时间节点可能是自然周期，如农业种植的季节变换，也可能是宗教或历史事件的纪念。例如，中国的春节、印度的排灯节、西方的圣诞节等，都是围绕特定历史或宗教事件形成的文化表达。这些节庆活动不仅仅是对时间的庆祝，更是对一个民族、一个社群共同记忆和身份的认同。

在岁时节令类非物质文化遗产中，农业周期尤为重要。许多传统社会依赖于农业，因此，农业生产的周期往往成为节庆活动的重要依据。这些活动不仅标志着季节的变换，也是社群成员参与农业生产、感谢自然赐予以及祈求来年丰收的方式。例如，中国的清明节在传统上与春耕有关，而中秋节则与秋收秋种相关联。

宗教信仰也是影响岁时节令类非物质文化遗产形成的重要因素。许多宗教节日都是根据宗教历史事件设立的，如基督教的复活节和伊斯兰教的斋月。这些宗教节日不仅是信徒们的精神寄托，也是文化传承和社群凝聚的重要时刻。

历史事件亦是岁时节令类非物质文化遗产形成的重要背景。许多国家和地区都有纪念重大历史事件的节日，如美国的独立日、法国的巴士底日。这些节日不仅仅是对历史的回顾，更是对国家和民族身份的肯定。

社会结构对岁时节令类非物质文化遗产的形成同样具有深远影响。在不同的社会结构中，节庆活动的形式和内容会有所不同。例如，封建社会中的节庆活动往往与皇室或贵族有关，而民主社会中的节庆活动则更加强调民众的参与和社群的凝聚。

岁时节令类非物质文化遗产的另一个重要特征是其反映了人类对自然规律的认知。在许多传统社会中，节庆活动与天文现象、气候变化紧密相关。这些活动不仅是对自然现象的观察和记录，也是对自然规律的尊重和顺应。

同时，岁时节令类非物质文化遗产还体现了对社会秩序的尊重。在许多文化中，节庆活动是社会秩序和规范的重要体现。通过节庆活动，社会成员之间的关系得以维系和加强，社会规范和价值观念得以传承和强化。

岁时节令类非物质文化遗产不仅仅是对特定时间节点的庆祝，更是文化、宗教、历史和社会的综合体现。这类文化遗产在全球范围内呈现出丰富多样的形态，不仅为我们提供了了解不同文化和社会的窗口，也是人类共同文化遗产的重要组成部分。在当今多元化和全球化的背景下，对岁时节令类非物质文化遗产的保护和传承显得尤为重要，它不仅有助于保持文化多样性，也是促进不同文化之间理解和尊重的重要途径。

（二）当前活态传承的现状分析

在探讨岁时节令类非物质文化遗产的活态传承现状时，我们必须从多个维度进行综合分析。这些维度包括传统节庆活动的频率、规模、参与者构成，以及传统与现代元素的融合情况。此外，还需评估现代生活方式、经济发展、城市化进程以及全球化对这些传统节庆活动的影响，并探讨在现代社会背景下，这些传统是否仍保持其原有的意义和形式。

岁时节令类非物质文化遗产，作为一种历史悠久的文化表达形式，其传承和发展一直是文化遗产保护领域的重要议题。在现代社会，这类文化遗产面临着多方面的挑战和机遇。传统节庆活动的频率和规模在不同地区和社群呈现出不同的变化趋势。一些地区由于强烈的文化自觉和社群参与，传统节庆活动得以保持甚至增强其活力和规模。然而，在其他地区，由于现代生活节奏的加快和文化关注度的转移，这些活动的频率和规模可能有所减少。

参与者构成是理解这些传统节庆活动传承状况的关键。传统节庆活动的参与者不仅包括当地社群成员，还可能包括外来游客和文化爱好者。这种多元化的参与者构成为传统节庆活动带来了新的活力，同时也带来了挑战。一方面，外来参与者的加入可以提高活动的知名度和影响力，另一方面，过度的商业化和外来文化的影响可能会导致传统节庆活动的本质被稀释。

传统与现代元素的融合是当前岁时节令类非物质文化遗产传承的一个显著特点。在许多社群，传统节庆活动正在吸纳现代元素，如现代技术、艺术形式和表达方式，以适应年轻一代的审美和文化需求。这种融合在一定程度上增强了传统节庆活动的吸引力和参与度，但也引发了关于文化真实性和完整性的讨论。

现代生活方式变化、经济发展、城市化以及全球化进程对岁时节令类非物质文化遗产的传承产生了深远的影响。现代生活方式的快节奏和多样化需求使得人们对传统节庆活动的参与方式和态度发生变化。经济发展和城市化进程导致了人口结构和社群环境的变化，这些变化对传统节庆活动的组织和实施产生了影响。全球化则带来了跨文化交流和影响，这既为传统节庆活动提供了新的传播渠道，也带来了文化同质化的风险。

在现代社会背景下，岁时节令类非物质文化遗产是否仍保持其原有的意义和形式，是一个复杂的问题。一方面，许多传统节庆活动在适应现代社会的过程中，不可避免地进行了某种程度的改变和调整。这些改变可能涉及活动的内容、形式、参与方式等方面。另一方面，这些活动的核心价值和文化意义往往得以保留，尤其是在那些有着强烈文化自觉和社群支持的地区。

岁时节令类非物质文化遗产的活态传承在现代社会中呈现出多样化的发展态势。这些传统节庆活动在适应现代社会的过程中，既面临着文化真实性和完整性的挑战，也拥有通过创新和融合增强活力和影响力的机会。未来的保护和传承工作需要在尊重传统的基础上，积极探索适应现代社会变化的有效途径，以确保这些宝贵的文化遗产得以持续传承和发展。

（三）面临的主要问题与挑战

岁时节令类非物质文化遗产在活态传承过程中所面临的主要问题和挑战，是当前文化遗产保护领域中的一个重要议题。这些问题和挑战不仅涉及传统知识和技能的保护，还包括对传承人资源的管理、商业化进程的影响以及社会价值观念的变迁等方面。在现代化的大背景下，如何在传统保持与创新之间找到平衡点，以及如何处理传统与现代生活方式之间的冲突和融合，成为关键性的问题。

岁时节令类非物质文化遗产，作为一种深植于特定社群和文化的传统，其传承和保护面临着多方面的挑战。首先，传统知识和技能的丢失是一个显著问题。随着现代化进程的加快，传统的生活方式和文化实践逐渐被边缘化，这导致了传统知识和技能的流失。许多传统节日和习俗，由于缺乏书面记录或者传承方式的局限性，面临着被遗忘的风险。此外，随着老一辈传承人的逐渐减少，新一代可能对传统文化的兴趣和理解有所不足，这进一步加剧了传统知识和技能的丢失。

传承人的缺乏也是一个突出的问题。在现代社会，年轻一代更倾向于追求现代化的生活方式和职业道路，对于传统文化的学习和传承往往缺乏兴趣和动力。这不仅导致了传承人资源的短缺，也使得传统文化的传承面临断层的风险。此外，传统文化传承的专业化和系统化程度不高，缺乏有效的传承机制和平台，也是导致传承人缺乏的一个重要原因。

商业化压力同样是一个不容忽视的挑战。随着经济的发展和市场的开放，传统文化逐渐成为商业利益的追求对象。一方面，商业化可以为传统文化的传播提供动力和平台，但过度的商业化则可能导致文化的异化和表面化，损害传统文化的真实性和深度。例如，一些传统节日和习俗在商业化的推动下，可能变得过于浮夸和表面，失去了其原有的文化内涵和社会意义。

社会价值观念的变迁也对传统文化的传承带来了影响。在现代社会，随着科技的发展和全球化的影响，人们的生活方式和价值观念发生了显著变化。这种变化在一定程度上削弱了传统文化在社会生活中的地位和影响力。特别是对于年轻一代来说，他们可能更容易受到现代文化的吸引，而对传统文化缺乏足够的认识和尊重。

在现代化进程中，传统文化的保持与必要的创新之间的平衡成为一个关键问题。一方面，保持传统的纯粹性和真实性是非常重要的，这不仅是对历史和文化的尊重，也是维护文化多样性的需要。另一方面，适度的创新和适应是传统文化生存和发展的必要条件。如何在保持传统的基础上进行创新，使传统文化既能保持其独特性，又能适应现代社会的需求和审美，是一个需要深思熟虑的问题。

传统与现代生活方式之间的冲突和融合也是一个复杂的议题。在现代社会，传统文化往往需要在与现代生活方式的碰撞中寻找自己的定位。这不仅涉及文化层面的冲突，还包括社会结构、价值观念等多个方面的融合。如何在尊重和保护传统的同时，促进传统文化与现代生活方式的有效融合，是实现传统文化活态传承的关键。

岁时节令类非物质文化遗产在活态传承过程中面临的主要问题和挑战是多方面的。这些问题和挑战不仅涉及传统知识和技能的保护，还包括对传承人资源的管理、商业化进程的影响，以及社会价值观念的变迁等方面。在现代化的大背景下，如何在传统保持与创新之间找到平衡点，以及如何处理传统与现代生活方式之间的冲突和融合，是实现传统文化活态传承的关键。

（四）保护与传承的策略建议

在非物质文化遗产的保护与传承领域，面对日益复杂的现代社会环境和多样化的挑战，制定有效的策略显得尤为重要。这些策略应当旨在维护和弘扬非遗的核心价值，同时确保其在现代社会中的活跃和相关性。在此基础上，提出的策略建议涉及多个层面，包括法律保护、传承人制度的建立与完善、现代媒体技术的应用，以及社群参与和跨代传承的鼓励。

加强对传统节庆活动的法律保护是保护非遗的重要环节。法律保护不仅提供了对这些文化遗产的正式认可，还为其提供了必要的保障机制。这包括制定或修订相关法律法规，明确非物质文化遗产的定义、分类、保护范围和措施。通过法律手段，可以有效防止非法侵犯和商业过度开发，确保文化遗产的原真性和完整性得到维护。此外，法律还应涵盖对传承人的权益保护，确保他们的知识和技能得到尊重和合理利用。

建立和完善非物质文化遗产传承人制度是保护和传承非遗的关键。传承人是非物质文化遗产得以延续的重要载体，他们不仅承载着丰富的文化知识和技能，还是文化传播和教育的重要主体。因此，建立一套完善的传承人制度，包括传承人的认定、培训、激励和支持机制，对于保护非遗至关重要。这不仅涉及对传承人技能的培养和提升，还包括对其社会地位和经济待遇的保障，以激发他们传承文化遗产的积极性和主动性。

利用现代媒体技术进行非遗的记录和推广是适应现代社会发展的重要手段。随着科技的进步，多媒体技术、互联网和社交媒体等成为传播和教育的新渠道。通过这些现代媒介，可以更广泛、更有效地记录、展示和传播非物质文化遗产。例如，利用视频、音频和虚拟现实技术，可以更生动地展现非遗的独特魅力，吸引更多人的关注和兴趣。同时，这也有助于将文化遗产的知识和价值传递给更广泛的受众，特别是年轻一代。

鼓励社群参与和跨代传承是保护和活化非遗的重要途径。区域社群是非物质文化遗产生成和发展的自然环境，社群成员的参与对于非遗的保护和传承至关重要。通过鼓励社群成员参与非遗的保护活动中，不仅可以增强他们对本土文化的认同感和自豪感，还可以促进文化遗产的活态传承。此外，跨代传承是保持非遗活力的关键。通过老一辈向年轻一代的传授，不仅可以保证文化遗产的连续性，还可以促进文化的创新和发展。

在保护传统的同时，鼓励创新和适应现代社会的需要是一项综合性挑战。非物质文化遗产的保护不应局限于对传统形式的守旧，而应包括对其在现代社会中的新表达和新应用的探索。这意味着在保护非遗原有特性的基础上，鼓励和支持传统文化与现代元素的融合，使之更加符合现代社会的审美和需求。例如，传统手工艺可以与现代设计相结合，创造出既具有传统特色又符合现代审美的产品。通过这种方式，不仅可以为非遗开辟新的生存空间，还可以激发社会对传统文化的新兴趣和新认识。

非物质文化遗产的保护与传承策略需要综合考虑法律保护、传承人制度、现代媒体技术的应用、社群参与和跨代传承，以及传统与现代的融合。通过多维度的策略，可以有效地保护和传承非遗，使其在现代社会中焕发新的活力和意义。

第五节　传统体育竞技类活态传承的现状及对策研究

（一）传统体育竞技类非物质文化遗产的现状分析

传统体育竞技类非物质文化遗产在当代社会中的现状，是一个涉及历史、文化、社会和经济多个维度的复杂话题。这些活动不仅是体育竞技的展现，更是文化传承和社会结构的重要组成部分。在分析其现状时，我们需要从历史根源、地域分布、参与群体以及在当代社会中的表现形式等多个角度进行综合考察。

传统体育竞技的历史根源深深植根于各地的文化土壤中。这些活动往往起源于古老的社会仪式、宗教活动或民间习俗，反映了人类社会早期的生活方式、信仰和价值观。例如，中国的武术不仅是一种身体锻炼方式，也蕴含着深厚的哲学思想和道德观念。这些传统体育活动的历史价值和文化内涵，使其成为非物质文化遗产的重要组成部分。

地域分布方面，传统体育竞技活动通常与特定地区的文化和历史紧密相连。不同地区的自然环境、历史背景和社会结构，孕育了各具特色的体育竞技形式。例如，非洲的部落舞蹈和格斗技巧反映了当地的社会结构和信仰系统，而南美洲的传统足球游戏则展现了当地社群的团结和竞争精神。这些活动不仅是体育运动，更是地域文化的重要表达。

参与群体的多样性也是传统体育竞技类非物质文化遗产的一个关键特征。这些活动通常由社群成员共同参与，不仅包括运动员，还有裁判、教练、观众等多个角色。这种广泛的社会参与，使得传统体育竞技成为社群文化交流和社会凝聚的重要平台。同时，这些活动也在不同年龄、性别和社会阶层之间架起了沟通的桥梁，促进了文化的多样性和包容性。

在当代社会中，传统体育竞技类非物质文化遗产面临着现代化和全球化的双重挑战。一方面，随着现代体育的兴起和商业化的发展，传统体育竞技活动在受众和影响力上受到了一定程度的挤压。另一方面，全球化进程中的文化交流和融合，虽然为传统体育竞技带来了新的发展机遇，但也带来了文化同质化的风险。因此，如何在保持原始特色和意义的同时，适应现代社会的变化，成为这些活动面临的重要课题。

传统体育竞技在当代社会中仍然保持着一定的活跃度和受欢迎程度。这些活动不仅在原生社群中继续受到重视，也越来越多地被外界所认识和欣赏。随着对非物质文化遗产保护意识的增强，越来越多的传统体育竞技活动被纳入保护和传承的范畴。通过各种国际和地区性的文化交流活动，这些传统体育竞技不仅得以保留其独特的文化价值，还在全球范围内展示其独特的魅力。

传统体育竞技类非物质文化遗产的现状是一个多维度、多层次的复杂现象。它们的存在不仅是体育竞技的展现，更是文化多样性、社会结构和历史传承的重要体现。在全球化和现代化的大背景下，这些活动面临着诸多挑战，但同时也拥有着独特的发展机遇。通过有效的保护和合理的利用，传统体育竞技类非物质文化遗产可以在当代社会中继续发挥其独特的文化和社会价值。

（二）传统体育竞技的文化价值与社会功能

传统体育竞技作为非物质文化遗产的重要组成部分，不仅承载着深厚的文化内涵，也在社会发展中发挥着多重功能。在全球化和现代化的浪潮中，传统体育竞技的文化价值和社会功能显得尤为重要，它们不仅是民族文化的重要载体，也是社会凝聚力、文化教育和身体健康的重要推动力。

传统体育竞技在维护和弘扬民族文化认同方面发挥着不可替代的作用。每一项传统体育活动都是特定文化背景下的产物，它们反映了一个民族的历史、信仰、价值观和生活方式。通过参与这些活动，人们不仅能够学习和体验到特定文化的独特性，还能够加深对自身文化根源的认识和尊重。在全球化的背景下，传统体育竞技成为一种重要的文化符号，帮助人们在多元文化的交流中保持自身文化的独特性和连续性。

传统体育竞技在增强社群凝聚力方面也具有重要意义。这些活动通常是社群成员共同参与的集体活动，它们不仅提供了社群成员之间互动交流的平台，还增强了共同体的认同感和归属感。在传统体育活动中，不同年龄、性别和社会背景的人们可以聚集在一起，共同分享体育的快乐和挑战，从而加强社群内部的联系和团结。此外，这些活动还能够促进社群成员之间的相互理解和尊重，为社群的和谐发展提供了坚实的基础。

在文化教育方面，传统体育竞技是传承和教育民族文化的重要途径。通过参与这些活动，年轻一代能够直接接触和学习传统文化，从而增强对自身文化遗产的认识和自豪感。这些体育活动不仅是身体锻炼的方式，更是文化学习和传承的过程。它们教会年轻人尊重传统、理解历史，并激发他们对民族文化的兴趣和探索欲望。此外，传统体育竞技还能够帮助年轻人学习团队合作、公平竞争和尊重对手等重要的社会价值观。

在促进身体健康方面，传统体育竞技同样发挥着重要作用。这些活动通常包含了丰富的身体运动，能够有效地提高参与者的身体素质和健康水平。与现代体育相比，许多传统体育项目更加注重身体的全面发展和协调性，它们不仅锻炼了人的力量、速度和耐力，还提高了灵活性和平衡感。此外，传统体育竞技还强调心理素质的培养，如耐心、毅力和集中注意力等，这些都是维持身心健康的重要因素。

传统体育竞技作为一种文化传播工具，在促进不同文化和群体之间的交流与理解方面具有独特的价值。通过组织国际性的传统体育赛事和交流活动，不同文化背景的人们可以相互了解和欣赏各自的传统体育项目。这种跨文化的交流不仅有助于增进不同民族和文化群体之间的相互理解和尊重，还能够促进全球文化的多样性和包容性。在这个过程中，传统体育竞技成为连接不同文化的桥梁，为构建和谐多元的世界文化景观做出了贡献。

传统体育竞技在文化价值和社会功能方面具有不可忽视的重要性。它们不仅是民族文化的重要组成部分，也是社会发展和人类福祉的重要推动力。在当今多元化和快速变化的世界中，对传统体育竞技的保护和传承显得尤为重要，它们不仅能够帮助我们保持文化的多样性和丰富性，还能够促进社会的和谐与健康发展。

（三）面临的挑战与威胁

在当代社会，传统体育竞技类非物质文化遗产（以下简称“传统体育遗产”）面临着一系列复杂且多维的挑战和威胁。这些挑战不仅源自外部社会经济环境的变迁，也与内部保护和传承机制的不足有关。在全球化和现代化的浪潮中，传统体育遗产的存续与发展正面临前所未有的考验。

现代生活方式的影响是传统体育遗产面临的主要挑战之一。随着科技的发展和生活节奏的加快，现代人的生活方式发生了显著变化。这种变化不仅体现在日常生活习惯上，更深刻地影响了人们的文化消费模式和休闲娱乐方式。电子媒体和网络游戏成为年轻一代的主要娱乐方式，而传统体育活动则逐渐边缘化。这种生活方式的转变导致传统体育遗产在当代社会中的可见度和吸引力下降，难以吸引年轻一代的参与和关注。

年轻一代参与度的下降是传统体育遗产面临的另一个重要挑战。传统体育活动通常需要长时间的学习和实践，这与当代年轻人追求快速、便捷的生活态度形成了鲜明对比。此外，传统体育活动在学校教育和社会生活中的曝光度相对较低，导致年轻一代对这些活动缺乏足够的了解和兴趣。随着老一辈传承人年龄的增长，新一代传承人的缺乏成为传统体育遗产面临的严峻问题。

商业化压力也对传统体育遗产构成了威胁。在市场经济的大背景下，许多传统体育活动为了吸引观众和资金，不得不进行某种程度的商业化改造。这种改造往往伴随着原有文化内涵的弱化和商业元素的加强，导致传统体育遗产的原始特性和文化价值被稀释。虽然商业化在一定程度上增加了传统体育活动的可见度，但过度商业化则可能导致其失去文化传承的本质。

缺乏有效的保护和传承机制是传统体育遗产面临的关键挑战。目前，许多传统体育活动缺乏系统的保护和传承规划。在政策制定和资源分配上，传统体育遗产往往不如物质文化遗产受到重视。此外，传统体育活动的保护和传承需要社群的广泛参与和支持，但在现实中，这种社群参与度往往不足，导致传统体育遗产的活态传承面临困境。

面对这些挑战和威胁，传统体育遗产的保护和传承工作需要采取更为积极和创新的策略。这包括但不限于加强公众教育和宣传，提高传统体育活动的社会认知度；在学校和社群中推广传统体育活动，激发年轻一代的兴趣和参与；平衡商业化与文化传承之间的关系，确保传统体育活动在吸引资金和观众的同时，保持其文化的真实性和完整性。最重要的是，建立和完善传统体育遗产的保护和传承机制，包括政策支持、资金投入、社群参与等多方面的综合措施。

传统体育竞技类非物质文化遗产在现代社会中面临的挑战和威胁是多方面的，涉及社会文化、经济、教育和政策等多个层面。应对这些挑战需要政府、社群、教育机构和公众的共同努力，以确保这些宝贵的文化遗产得以有效保护和活态传承，为后代留下宝贵的文化财富。

（四）保护与传承的现有措施评估

在非物质文化遗产领域，传统体育竞技类的保护与传承是一个复杂而多维的议题。这类文化遗产不仅承载着深厚的历史与文化价值，还蕴含着社群的集体记忆和身份认同。当前，针对这一类非物质文化遗产的保护和传承措施涉及多个层面，包括政府、非政府组织、社群以及其他相关机构的共同努力。本节将对这些措施的有效性进行深入分析，旨在识别其中的成功案例和存在的不足，以期为未来的保护和传承工作提供参考和启示。

政府层面的保护措施通常表现为制定相关政策、法规以及提供资金支持。这些措施的核心在于为传统体育竞技类非物质文化遗产的保护与传承提供法律和财政基础。例如，一些国家和地区通过将特定的传统体育项目列入非物质文化遗产名录，赋予其法律上的保护地位。此外，政府还可能提供资金支持，用于组织相关的文化活动、培训传承人、修复相关设施等。然而，政府措施的有效性受到多种因素的影响，包括政策的连续性、资金的充足性以及执行力度等。在某些情况下，政府的过度干预甚至可能导致文化遗产的失真或商业化倾向。

非政府组织在传统体育竞技类非物质文化遗产的保护与传承中扮演着重要角色。这些组织通常更接近社群，能够更直接地响应和满足文化遗产保护的实际需求。非政府组织的活动多样，包括举办培训工作坊、推广文化教育、组织文化交流活动等。它们在动员区域社群参与、提高公众意识方面发挥着关键作用。然而，非政府组织的工作也面临挑战，如资金限制、专业人才短缺以及与政府和其他机构的协调问题。

社群是传统体育竞技类非物质文化遗产传承的基石。社群内部的保护措施通常更加注重文化遗产的实际使用和活态传承。这包括定期举办传统体育活动、传承技艺的日常练习，以及将这些文化形式融入日常生活。社群层面的保护工作更侧重于保持文化遗产的活力和相关性，确保其不仅作为历史遗产得以保存，同时也作为活生生的文化实践继续存在。但社群保护措施的挑战在于资源有限，且可能缺乏系统的保护和传承规划。

其他相关机构，如教育机构、研究中心和文化团体，也对传统体育竞技类非物质文化遗产的保护与传承做出了贡献。这些机构通过研究、教育和推广活动，帮助提高公众对这类文化遗产价值的认识和理解。例如，学校和大学可能将传统体育纳入体育课程或特别项目，研究中心可能进行相关领域的学术研究，文化团体可能组织展览和演出。这些活动有助于提升传统体育竞技在社会中的地位和影响力。然而，这些机构的活动往往依赖于外部资金和政策支持，且在实践中可能与传统文化的原生态保持有一定距离。

传统体育竞技类非物质文化遗产的保护与传承是一个多方参与、多层面交织的过程。各种保护措施在实践中都取得了一定的成效，但同时也存在不足和挑战。例如，政府政策可能需要更多地考虑文化遗产的原生态和社群的实际需求；非政府组织和社群需要更多的资源和专业支持；教育和研究机构应更加注重与传统文化实践者的直接交流和合作。未来的保护和传承工作需要在继续发挥各方优势的同时，更加注重协调和整合不同层面的资源和力量，以实现传统体育竞技类非物质文化遗产的有效保护和活态传承。

（五）对策建议与未来发展方向

体育非遗不仅承载着深厚的历史文化价值，同时也具有强烈的社会参与性和现代体育的竞技特性。因此，在制定对策和预测未来发展趋势时，需要综合考虑文化、社会、教育和国际合作等多个维度。

在政策制定层面，应当强调体育非遗的特殊性和多元价值。政策制定者需要从文化遗产保护的角度出发，同时兼顾体育竞技的特点，制定出既能保护传统元素，又能促进体育竞技发展的政策。这包括但不限于：确立体育非遗的法律地位，明确保护范围和标准；提供财政支持和税收优惠，鼓励社群和私人部门参与体育非遗的保护和传承；制定科学合理的管理和运营模式，确保体育非遗的活态传承。

在社群参与方面，社群是体育非遗传承的基础。应当鼓励和支持社群内部的自发保护活动，如传统体育比赛、节庆活动等。同时，政府和非政府组织可以通过提供技术支持、资金援助和培训等方式，增强社群在体育非遗保护中的能力和积极性。此外，还应当重视社群内部的文化交流和传承活动，如老一辈传承人向年轻一代传授技艺和知识，以及通过社群活动促进不同年龄层之间的文化交流。

教育和宣传是提高公众对体育非遗重要性认识的关键。在学校教育中，应当将体育非遗纳入相关课程和活动，让学生从小接触并了解这一领域的文化价值和意义。此外，通过媒体和公共宣传活动，可以提高公众对体育非遗的认识和兴趣，从而形成社会各界对体育非遗保护的广泛支持。媒体宣传还可以利用现代技术手段，如网络直播、虚拟现实等，使体育非遗的展示更加生动和吸引人。

国际合作在体育非遗的保护和传承中也扮演着重要角色。国际交流与合作项目，促进不同国家和地区间体育非遗的相互学习和理解。这不仅有助于提升体育非遗的国际影响力，还能为其保护和传承提供新的视角和方法。例如，国际体育组织可以举办交流赛事和研讨会，促进不同文化背景下体育非遗的交流和融合。

体育非遗的发展趋势和潜在创新路径将更加多元和开放。一方面，随着科技的发展，数字化手段将在体育非遗的记录、展示和传播中发挥越来越重要的作用。例如，通过高清视频记录、三维建模和虚拟现实技术，可以更加生动和真实地再现体育非遗的场景和技艺，吸引更多年轻人的兴趣。另一方面，体育非遗的商业化道路也将逐渐拓宽。通过与旅游、文化产品、体育赛事等领域的结合，体育非遗可以创造新的经济价值，同时也为其保护和传承提供资金支持。

体育非遗的保护和传承需要多方面的努力和创新。通过政策支持、社群参与、教育宣传和国际合作，可以有效地保护和传承这一宝贵的文化遗产。同时，借助现代科技和创新思维，体育非遗将在未来展现出更加丰富多彩的发展前景。

第六节　民间手工技艺类活态传承的现状及对策研究

（一）民间手工技艺的历史脉络与现代转型

民间手工技艺作为非物质文化遗产的重要组成部分，其历史脉络与现代转型是理解和保护这一文化遗产的关键。在历史的长河中，民间手工技艺不仅是生产生活的必需，更是文化传承和社会认同的重要载体。从古至今，手工技艺的发展和演变，既反映了技术进步和社会变迁的趋势，也映射了文化价值和审美观念的演化。

在传统社会中，民间手工技艺是社群生活的基石。它们不仅满足了人们的基本生活需求，如衣、食、住、行，还承载着丰富的文化内涵和社会意义。手工艺人通过传承和创新，将个人技艺与集体记忆、地方特色和民族文化紧密结合，形成了独特的文化表达方式。这些技艺往往与特定的地理环境、社会结构和文化背景密切相关，反映了人与自然和谐共生的智慧和哲学。

然而，随着现代化进程的加快，民间手工技艺面临着前所未有的挑战和转型压力。工业化带来的生产方式变革，使得大规模、标准化的生产逐渐取代了传统的手工制作。这一变化不仅影响了手工技艺的生产效率和市场竞争力，也对手工艺人的生计和技艺传承造成了冲击。在全球化的背景下，传统手工技艺面临着来自国际市场的竞争和审美多元化的挑战，这要求手工艺人在保持传统特色的同时，适应新的市场需求和审美趋势。

技术的发展也对民间手工技艺产生了深远的影响。一方面，现代技术的引入为手工艺品的生产提供了新的可能性，如新材料的使用、新工艺的开发等，这些都为传统手工技艺的创新和发展提供了空间。另一方面，技术的进步也带来了挑战，如机械化生产对手工制作的替代，以及数字化时代下传统技艺传承的困境。

文化层面的变迁同样对民间手工技艺的现代转型产生了影响。随着生活节奏的加快和生活方式的变化，传统手工艺品在日常生活中的应用逐渐减少，这对手工艺人的生存环境构成了挑战。同时，现代社会对于文化多样性和文化遗产保护的重视，也为民间手工技艺的保护和传承提供了新的视角和机遇。越来越多的人开始关注和重视传统手工技艺的文化价值和独特性，这为手工技艺的现代转型和可持续发展提供了可能。

民间手工技艺的历史脉络与现代转型是一个复杂而多维的过程。它不仅涉及技术、市场和文化等多个方面的变迁，还需要在传统与现代、保护与创新、本土与全球之间寻找平衡。在这一过程中，如何有效地保护和传承民间手工技艺，使其在现代社会中继续发挥其独特的文化和社会作用，是一个值得深入研究和探讨的课题。

（二）民间手工技艺的传承困境

民间手工技艺作为非物质文化遗产的重要组成部分，承载着丰富的历史信息和文化价值。然而，在现代社会的快速发展中，这些技艺面临着诸多挑战，其传承与存续的困境日益凸显。

传承人老龄化问题是民间手工技艺面临的主要挑战之一。随着时间的推移，许多技艺的老一辈传承人逐渐年迈，而新一代的传承人却难以及时补充。这种代际断层不仅意味着技艺传承的中断风险，也意味着与这些技艺相关的历史、文化和技术知识可能会随着老一代传承人的逝去而消失。老龄化的传承人往往面临着身体机能的衰退，这进一步限制了他们进行技艺传授和创作的能力。

年轻一代对民间手工技艺的兴趣缺失也是一个不容忽视的问题。在现代化和全球化的背景下，年轻人更多地被吸引到新兴的、看似更有前途的领域，如科技、金融等。相比之下，传统手工技艺往往被视为落后和不具竞争力的。此外，传统手工艺的学习和掌握往往需要长时间的投入和耐心，这与当代快节奏的生活方式和即时满足的文化趋势不相符合。因此，吸引年轻一代参与传统手工技艺的传承成为一个重大挑战。

市场竞争压力是另一个重要因素。随着工业化生产的普及，大量廉价、大规模生产的商品充斥市场，这些产品往往以更低的价格和更快的生产速度满足消费者需求。相比之下，传统手工艺品由于其生产成本高、生产周期长等特点，在市场上的竞争力相对较弱。这不仅影响了手工艺人的经济收入，也影响了他们继续从事和传承这些技艺的积极性。

原材料获取困难也是制约民间手工技艺发展的一个关键因素。许多传统手工艺依赖特定的原材料，这些材料可能是某种特殊的自然资源或是经过特殊加工的材料。随着自然资源的减少和环境保护的加强，这些原材料的获取变得越来越困难和昂贵。此外，一些传统加工技术可能因环保法规的限制而无法继续使用，这进一步加剧了原材料的获取难度。

现代化进程中的技术替代和文化同质化也对民间手工技艺的存续构成威胁。随着现代科技的发展，许多传统手工技艺被机械化和自动化的生产方式所替代。这种替代不仅减少了对传统手工技艺的需求，也在一定程度上降低了人们对这些技艺的认可和尊重。同时，全球化导致的文化同质化趋势使得地方特色和传统文化逐渐丧失其独特性，这对于依赖地方文化特色的手工艺来说是一个严重的挑战。

民间手工技艺的传承困境是一个多方面、复杂的问题，涉及社会、经济、文化和技术等多个领域。解决这些问题需要综合考虑各种因素，采取多元化的策略，包括提高公众对传统手工技艺价值的认识，改善传承人的经济状况，鼓励年轻一代参与传承，以及寻找新的市场机会和原材料替代品等。只有通过全社会的共同努力，才能有效地解决这些困境，保护和传承这些宝贵的文化遗产。

（三）促进民间手工技艺活态传承的策略

在探讨促进民间手工技艺活态传承的策略时，需综合考虑多方面因素，以确保这些珍贵的文化遗产得以在现代社会中得到有效保护和传承。民间手工技艺不仅是技术的传承，更是文化、历史和社会价值的体现。因此，制定对策时，应重视政策支持、教育培训、市场开发、技术创新和文化认同，同时强调跨领域合作和社群参与的重要性，并在保持传统精髓的基础上进行适度的创新和适应。

政策支持是促进民间手工技艺传承的基石。政府应制定和实施一系列扶持政策，为手工艺人提供必要的资源和支持。这包括财政补贴、税收减免、资金扶持等，以减轻艺人的经济负担，鼓励他们继续从事和传承手工技艺。同时，政策还应包括对手工艺品的保护，如知识产权保护，防止传统技艺被不当商业化利用或侵权。

教育培训在手工技艺传承中扮演着关键角色。应通过学校教育、工作坊、师徒制等多种形式，向更广泛的受众传授手工技艺。在学校教育中，可以将手工技艺纳入课程，让学生从小接触并了解这些技艺。工作坊和师徒制则更侧重于技能的实际传授和实践经验的传递，特别是对于那些有志于成为专业手工艺人的年轻人。

市场开发对于手工技艺的活态传承至关重要。通过开发新的市场和销售渠道，如在线平台、文化节市场、旅游纪念品店等，增加手工艺品的销售，从而为艺人提供经济上的支持和激励。此外，市场开发还应包括品牌建设和营销策略，以提高公众对手工艺品的认识和兴趣。

技术创新是手工技艺传承的另一个关键方面。虽然传统技艺的保护重在保持其原始形态和精髓，但适当的技术创新可以使这些技艺更加适应现代社会的需求。例如，利用现代设计理念和技术改进传统产品，或者开发新产品，吸引更多的消费者，同时也为传统技艺注入新的活力。

文化认同的强化对于手工技艺的传承同样重要。应通过各种渠道，如媒体、展览、文化节等，提高公众对手工技艺的认识和尊重。这不仅有助于增强公众对传统手工技艺的认同感，也能激发年轻一代对传承这些技艺的兴趣。

跨领域合作和社群参与是实现手工技艺传承的有效途径。通过与教育机构、文化组织、企业等不同领域的合作，可以为手工技艺的传承提供更多资源和机会。

社群参与则强调了将手工技艺融入社群生活的重要性，如通过社群工作坊、展览和节庆活动等，让社群成员直接参与到手工技艺的学习和传承中。

保持传统精髓的同时进行适度的创新和适应是手工技艺传承的核心。这意味着在尊重和保护传统技艺的基础上，也要考虑如何使这些技艺适应现代社会的变化。这可能包括产品设计的创新、新材料的使用、新技术的融合等，旨在使传统手工技艺更加符合现代消费者的需求和审美，同时保持其独特的文化价值和意义。

促进民间手工技艺活态传承的策略应是一个多方面、多层次的综合体系，涉及政策、教育、市场、技术和文化等多个领域。通过这些策略的实施，可以有效地保护和传承这些宝贵的文化遗产，使其在现代社会中继续发扬光大。

第九章 非物质文化遗产活态传承与发展对贵州省未来发展的意义

在探索非物质文化遗产的活态传承对贵州省发展的现代意义时，我们必须深入理解贵州独特的文化和社会经济背景。贵州省，拥有丰富的非物质文化遗产资源，这些资源不仅是历史的见证，也是现代社会发展的重要推动力。本章旨在探讨非物质文化遗产在贵州省的活态传承如何与省内的旅游产业、文化产业、城市建设以及社会经济发展相互作用和影响。通过深入分析，我们将揭示非物质文化遗产在促进地方经济发展、增强区域社群凝聚力、保护文化多样性以及推动社会和谐方面的现代意义。同时，本章也将探讨在全球化和现代化的背景下，如何有效地保护和传承这些宝贵的文化遗产，以确保它们在贵州省乃至全球文化景观中的持续生存和发展。

第一节 促进贵州省非遗活态传承视角下旅游产业的发展

（一）非遗活态传承对旅游产业的促进作用

非遗活态传承，即非物质文化遗产的活态传承，是指在人民群众生产生活过程中维护和发展非物质文化遗产，确保其在现代社会中继续传播和发展。这一概念在旅游产业中的应用，已逐渐成为全球旅游市场的新亮点，对于提升目的地的文化价值、丰富旅游产品和服务，以及促进经济社会发展具有重要意义。

非遗活态传承能为旅游产业注入新的活力，是因为它能够提供独特的文化体验。在全球化的大背景下，旅游者对于具有地方特色和文化独特性的旅游产品需求日益增长。非遗项目如传统手工艺、民间艺术、传统音乐舞蹈等，都是独一无二的文化资源。通过非遗活态传承，旅游目的地可以组织如非遗文化节、工艺展览和传统表演等多种形式的活动，使游客不仅能观赏到精彩的表演，还能亲身体验和参与制作过程中，如亲手制作非遗手工艺品或学习传统舞蹈。这种互动性和体验性的旅游产品，能够大大提高游客的满意度和忠诚度，从而吸引更多寻求深度文化体验的游客。

非遗活态传承在促进旅游产业发展的同时，也为保护和传承非物质文化遗产提供了有效途径。传统的非遗保护方式往往过于强调物质的保存，忽视了文化的活态传承和发展。而通过将非遗融入旅游产品，不仅能增加非遗项目的曝光率和认知度，还能激发更多人对非遗保护的兴趣。例如，通过旅游活动，非遗传承人可以直接与游客互动，传授技艺，这不仅能增加他们的收入，提升其传承的积极性，还能让游客理解和尊重这些珍贵的文化遗产，从而形成一种良性的文化保护和传播机制。

非遗活态传承对于促进地方经济的多元发展也起着至关重要的作用。非遗项目往往密切关联着当地的历史、文化和社会经济情况，通过开发以非遗为核心的旅游产品，可以带动当地的手工艺品销售、餐饮住宿业、交通服务等相关产业的发展，为当地居民创造就业机会，增加收入，推动经济的可持续发展。此外，非遗旅游的深入开发还可以促进当地基础设施的改善和升级，提高居民的生活水平，促进社会的整体进步。

非遗活态传承在促进旅游产业发展的同时，也面临诸多挑战。例如，如何确保旅游活动不会破坏非遗的真实性和完整性，如何平衡好商业利益和文化保护的关系，以及如何提高非遗传承人的地位和权益等问题都需要深思熟虑和周密规划。因此，政府、社会各界和旅游业者需要共同努力，制定合理的政策和措施，确保非遗活态传承既能促进旅游产业的发展，又能有效保护和传承这些珍贵的文化遗产。

非遗活态传承对旅游产业的促进作用是多方面的，不仅可以提升旅游目的地的文化吸引力和竞争力，吸引更多游客，还能通过旅游活动保护和传承珍贵的文化遗产，推动地方经济社会的全面发展。因此，充分发挥非遗活态传承在旅游产业中的作用，将对促进文化多样性保护、提升旅游品质和加快经济社会发展等方面产生深远影响。

（二）贵州省非遗旅游的现状与挑战

贵州省非物质文化遗产旅游作为一种新兴的旅游模式，利用其独特的地理环境、丰富的民族文化和多样的非物质文化遗产资源，近年来得到了迅速的发展。非遗旅游不仅有助于保护和传承非物质文化遗产，同时也促进了当地经济的发展和社会的进步。然而，在发展的过程中，也面临着不少挑战和问题，需要通过多方面的努力来克服和解决。

在现状方面，贵州省非遗旅游的发展体现在以下几个方面：首先，非遗项目本身的吸引力大大增强，例如苗族的银饰工艺、侗族的大歌、布依族的织锦等，这些都是吸引游客的文化瑰宝。其次，政府和社会各界对非遗旅游的重视程度不断提升，通过设立非遗博览园、文化节等，为游客提供了深入了解和体验非遗文化的机会。最后，非遗与旅游的结合模式不断创新，不仅限于展示和表演，更注重体验式、互动式旅游活动的开发，使游客能够更深层次地感受非遗文化。

在快速发展的同时，贵州省非遗旅游也面临着一系列的挑战和问题。首先，部分非遗项目的保护和传承机制不健全，缺乏有效的法律和政策支持，导致一些珍贵的非物质文化遗产面临失传的风险。其次，非遗旅游的商业化倾向明显，一些地方过度开发，忽视了非遗文化的本质和尊严，损害了文化的真实性和完整性。再次，基础设施和服务水平参差不齐，特别是在偏远地区，不足以满足游客的需求和期待，影响了旅游体验的质量。最后，市场营销和品牌建设还不够成熟，缺乏有效的推广和宣传，使得许多有潜力的非遗旅游资源未能得到充分的利用和认可。

为了克服这些挑战，保证非遗旅游的可持续发展，贵州省需要采取以下策略：首先，加强非遗项目的保护和传承工作，建立健全相关法律法规，提供必要的财政支持和技术指导，确保非物质文化遗产得到有效保存和合理利用。其次，提高非遗旅游的品质和水平，改善基础设施，提升服务质量，开发更多高质量的旅游产品，吸引更多的游客。再次，加强市场营销和品牌建设，通过多种渠道和方式宣传推广贵州的非遗文化，提高其知名度和影响力。最后，还需要注重非遗旅游的社会效益，促进当地社群的参与和共享，确保旅游发展成果惠及更多的人。

在确保非遗活态传承的可持续性方面，应采取以下措施：首先，鼓励和支持当地社群、非遗传承人和相关组织积极参与非遗保护和传承工作，发挥他们在非遗旅游发展中的主体作用。其次，结合非遗旅游的特点和需求，开展专项研究和培训，提高从业人员的专业素质和服务水平。再次，注重非遗旅游的生态环境保护，确保旅游活动的可持续性，避免对自然环境和文化环境造成破坏。最后，建立长效机制，进行定期评估和监督，不断优化和调整非遗旅游的发展策略，确保其健康、有序、可持续发展。

贵州省非遗旅游在促进非物质文化遗产的保护和传承、推动地方经济和社会发展方面发挥了重要作用，但也面临着不少挑战和问题。通过综合施策，加强保护和传承，提升旅游品质，加强市场营销和品牌建设，以及确保活态传承的可持续性，贵州省非遗旅游有望实现更加健康、稳定和可持续的发展。

（三）战略建议与发展前景

需要从政策层面强化支持。政府应制定一系列针对性强、操作性高的政策，确保非遗旅游产业的优先发展。这包括但不限于提供税收优惠、资金支持、项目扶持等。特别是在资金投入方面，可以设立专项基金，支持非遗旅游项目的开发与推广。同时，政府还应加强对非遗旅游产业的监管，确保其健康有序发展，避免过度商业化对非遗文化的负面影响。

建立非遗与旅游融合发展的平台至关重要。这意味着要打破部门壁垒，促进文化、旅游、教育、商业等多领域的交流与合作。可以考虑建立一个综合性平台，为非遗传承人、旅游企业、投资者等提供信息交流、项目对接、资源共享等服务。此外，还应鼓励和支持非遗传统技艺与现代旅游元素的创新性融合，提高非遗旅游产品的吸引力和市场竞争力。

提升非遗传承人的地位和作用是实现非遗旅游产业可持续发展的关键。非遗传承人不仅是文化遗产的守护者，更是活化石和传播者。政府和社会应共同努力，提高他们的社会地位和经济待遇，确保他们能够安心从事非遗传承活动。同时，还应通过教育培训等手段，提高非遗传承人的管理能力和市场意识，使他们成为推动非遗旅游产业发展的积极力量。

在展望未来发展前景时，我们认为贵州非遗旅游产业具有巨大的潜力。随着人们文化消费意识的增强和旅游需求的多样化，非遗旅游已成为新的增长点。贵州独特的地理环境、丰富的民族文化资源为非遗旅游提供了得天独厚的条件。通过上述战略建议的实施，贵州非遗旅游产业不仅能够为当地经济发展注入新动力，还能促进文化遗产的保护和传承。

通过制定有效的政策支持、建立融合发展平台、提升传承人地位和作用等措施，贵州省非遗旅游产业将迎来新的发展机遇。它不仅将成为推动地方经济增长的重要引擎，更将在全球化背景下成为中华文化传播的重要渠道，增强民族文化自信，展现独特的地域文化魅力。

第二节 促进贵州省文化产业的可持续性发展

（一）非物质文化遗产与贵州文化产业的互动机制

非物质文化遗产与贵州文化产业的互动机制不仅是地域文化发展的重要方面，也是文化多样性和社会经济发展的重要体现。非物质文化遗产，包括传统的知识、表演艺术、社会实践、节庆活动、自然界和宇宙的知识体系等，是民族文化的重要组成部分，承载着丰富的历史信息和深厚的文化底蕴。贵州，作为一个多民族聚居的省份，拥有丰富多样的非物质文化遗产资源。这些资源不仅是贵州文化的瑰宝，也为文化产业的发展提供了独特的素材和灵感。

非物质文化遗产与贵州文化产业的互动，首先体现在非物质文化遗产为文化产业提供了独特的内容和灵感。贵州的民族音乐、舞蹈、手工艺、传统医药等非物质文化遗产，在文化市场中具有不可替代的地位。通过创意转化和产品开发，传统的非物质文化遗产被赋予新的生命力，转化为文化商品和服务，在市场中形成特色品牌，如苗族银饰、侗族大歌、布依族织锦等，不仅满足了现代消费者对文化多样性的需求，也促进了当地经济的发展。

文化产业的发展为非物质文化遗产的传播和创新提供了平台和机遇。随着数字技术的发展，非物质文化遗产的记录、保存、展示和传播方式发生了革命性的变化。通过电影、电视、网络、多媒体展览等形式，使得原本地域性强、受众面窄的非物质文化遗产跨越时空的限制，走向更广阔的舞台。这不仅增加了非物质文化遗产的可见度和影响力，也为其保护和传承提供了新的途径。此外，文化产业的需求促进了非物质文化遗产的创新，使其在保持传统精髓的同时，更加适应现代社会的需求，形成了传统与现代、本土与全球的有机融合。

非物质文化遗产与文化产业的互动也面临着挑战。一方面，过度商业化可能会导致非物质文化遗产的本质和核心价值的流失，使其成为失去灵魂的产品。另一方面，非物质文化遗产的保护和传承需要系统的策略和长期的投入，而这与追求短期经济效益的文化产业发展有时存在矛盾。因此，如何在促进非物质文化遗产的创新发展与保护传承之间找到平衡，是需要深入探讨的问题。

总之，非物质文化遗产与贵州文化产业的互动是一个复杂的动态过程，既包含了文化和经济的双重价值，也涉及传统与现代、保护与创新的多重关系。要促进两者的良性互动，需要政府、企业、文化组织和社会各界共同努力，制定合理的政策和策略，既要激发市场活力，促进文化产品的创新和多样性，也要确保非物质文化遗产的核心价值和文化身份得到保护和传承。通过这样的互动机制，不仅可以丰富文化产业的内涵和扩大其市场空间，也可以为非物质文化遗产的活态保护和可持续发展开辟新的路径。

（二）可持续性发展策略：平衡保护与商业化

非物质文化遗产包括了广泛的内容，如传统音乐、舞蹈、戏剧、手工艺、节庆活动等，这些都是人类文化多样性的重要体现，同时也蕴含着历史、哲学、道德和审美的深层价值。这些遗产不仅是历史的见证，更是活生生的文化实践，它们在区域社群中的传承和实践，是人类文化连续性的关键。

在全球化和市场经济的影响下，非物质文化遗产面临着诸多挑战。一方面，现代化进程中的技术创新和生活方式变迁使得传统文化逐渐边缘化，甚至面临消失的危险；另一方面，非物质文化遗产在全球文化市场中的商业潜力逐渐被挖掘，这既带来了保护和传承的新机遇，也带来了原真性和完整性受损的风险。

要实现非物质文化遗产的可持续发展，核心在于找到保护原真性和完整性，与探索商业潜力之间的平衡。这需要一个多方位的策略，涵盖生态保护、社群参与和经济效益等多个维度。生态保护不仅指自然生态，还包括文化生态，即保护文化多样性，防止文化同质化。这需要制定相应的法律法规，限制对非物质文化遗产的无序商业开发，同时提倡环境友好型的文化旅游和产品开发，减少对文化和自然环境的破坏。

社群参与是保护非物质文化遗产的关键。区域社群是这些文化遗产的生长土壤，社群成员不仅是传承人，也是保护和发展这些遗产的主体。通过鼓励和支持区域社群内部的文化活动，提高社群成员对自身文化价值的认识和自豪感，同时吸纳区域社群外部的资源和关注，可以有效促进非物质文化遗产的保护和传承。此外，区域社群参与还有助于记录和传播非物质文化遗产的知识，这对于保持其原真性和完整性至关重要。

经济效益是推动非物质文化遗产保护与发展的重要动力。合理的商业开发可以为区域社群带来经济收入，改善当地居民的生活条件，增强其维护和传承文化遗产的能力和意愿。但是，这种商业开发必须建立在尊重和保护非物质文化遗产原真性和完整性的基础上。这需要开发与文化遗产相适应的商业模式，如发展以文化体验为核心的旅游活动，设计和制作富有文化特色的商品等。同时，应当确保经济收益的合理分配，确保区域社群和传承人得到应有的回报，激励他们继续参与文化遗产的保护和传承工作。

可持续性发展策略要求我们既要深刻理解非物质文化遗产的价值，又要审慎评估和指导其商业化过程，确保在促进经济发展的同时，不牺牲文化的多样性和深度。这是一个复杂而微妙的过程，需要政府、区域社群、企业和个人等多方的共同努力和智慧。通过这样的努力，我们不仅能够保护和传承宝贵的非物质文化遗产，还能够促进经济的可持续发展，实现文化与经济的和谐共生。

第三节　促进贵州省特色文化名城建设

（一）特色文化名城的概念界定与重要性

特色文化名城并非一个简单的概念，它涵盖了城市历史文化、社会发展、经济背景以及未来愿景等多个维度，是城市发展的一种综合体现。在定义上，特色文化名城是指那些在城市发展的过程中，能够深入挖掘和充分利用当地的非物质文化遗产资源，通过一系列的文化传承和创新活动，使城市保留并弘扬其独特的历史文化特色，同时融入现代元素，形成鲜明的城市文化身份和形象的城市。

贵州省，作为中国多民族聚居的地区，拥有着丰富多彩的民族文化和历史遗产。这些文化遗产不仅仅是对过往历史的记忆，更是现代社会宝贵的文化资源。

在全球化和城市化的大背景下，城市面临着同质化的挑战，特色文化名城的建设就显得尤为重要。它不仅有助于保护和弘扬独特的文化遗产，促进文化多样性，也为城市的可持续发展提供了新的动力和方向。通过特色文化名城的建设，城市可以在全球化的舞台上展现出独有的文化魅力和价值，吸引更多的游客和投资者，促进经济的多元化发展，同时加强居民的文化自信和城市归属感。

在建设特色文化名城的过程中，需要注意的是，这不仅仅是对传统文化的保护和展示，更是实现传统与现代的有效融合。这意味着城市在保护历史文化遗产的同时，还需要不断创新和发展，形成具有时代特征的文化表达。例如，通过现代艺术形式对传统文化进行再创造，或是在城市规划和建设中融入传统文化元素，这些都是特色文化名城建设中不可或缺的部分。同时，特色文化名城的建设也需要多方力量的广泛参与和支持，包括政府的政策引导、资金投入，以及社会各界，尤其是居民的积极参与和支持。只有当地居民认同并自豪于自己城市的文化，特色文化名城才能真正根植于民心，发挥其最大的价值。

特色文化名城的重要性不仅仅体现在文化层面，它还关系到经济发展、社会稳定和城市品牌形象等多个方面。从经济角度看，特色文化可以作为一种资源被开发利用，吸引游客和投资者，带动相关产业的发展。从社会层面讲，它有助于增强社会凝聚力，促进社会和谐稳定。从城市品牌形象角度来看，一个鲜明的文化形象可以极大地提升城市的知名度和吸引力，成为城市软实力的重要组成部分。

特色文化名城的建设是一个复杂而深远的工程。它需要政府、企业、社会组织和广大居民的共同努力和智慧，不断探索适合自身发展的路径。对于贵州省而言，充分发挥其独特的文化资源优势，建设具有地方特色的文化名城，不仅有助于传承和弘扬中华民族的优秀文化，也将为其经济社会发展注入新的活力，提升其在国内外的影响力和竞争力。在当今这个快速变化的时代，坚定文化自信，建设特色文化名城，对于任何一个城市而言，都是走向可持续发展的必由之路。

（二）贵州省特色文化名城建设的现状与挑战

贵州省作为一个地理特征鲜明、民族文化丰富的地区，其独有的地理环境、民族风情、历史遗迹和非物质文化遗产等构成了其文化名城的独特底蕴。这些文化资源在传统节日、民俗活动、古建筑保护以及非物质文化遗产的传承等方面，均有显著展现。贵州省政府和相关机构在挖掘和保护这些文化资源方面做出了积极努力，如开展文化遗产普查、建设文化设施、举办文化节庆活动等，以期构建具有地方特色的文化名城形象。

在实现文化传承与发展的过程中，贵州省也面临着不少挑战。其中最突出的矛盾之一是传统文化与现代城市发展之间的冲突。随着城市化速度的加快，一些历史建筑和传统街区面临被拆除或改造的命运，这不仅影响了城市的历史风貌，也对文化的连续性构成威胁。此外，现代生活方式的渗透使得一些传统习俗和生活方式逐渐边缘化，年轻一代对传统文化的认同感和传承意愿可能会逐渐减弱。

非物质文化遗产的商业化风险也是一个不容忽视的问题。在文化旅游和市场经济的推动下，一些非物质文化遗产被过度开发和商业化，其原有的文化价值和意义可能会因此受到侵蚀。例如，一些传统手工艺品为迎合市场需求而改变了传统的制作工艺或样式，一些民族节庆活动也可能变成以吸引游客为主要目的的表演，这些都可能导致文化的异化和表层化。

与此同时，传统文化传承人才的缺乏也是制约贵州省文化名城建设的一个重要因素。由于经济、教育等多方面的原因，越来越少的年轻人愿意学习和传承复杂且可能收入不高的传统技艺，许多珍贵的非物质文化遗产面临着无人继承的窘境。这不仅关系到个别技艺或表演的消失，更关系到整个民族文化的生命力和多样性。

鉴于上述挑战，贵州省在推进特色文化名城建设过程中需要采取多方位的策略和措施。首先，应加强传统文化与现代城市发展的整合，确保城市化进程中能够合理保护和利用历史文化资源。其次，需要对非物质文化遗产进行科学合理的开发与利用，避免过度商业化带来的负面影响，并加强公众对非物质文化遗产价值的认识和尊重。此外，加大对传统文化传承人才的培养和支持力度，鼓励更多年轻人参与到传统文化的学习和传承中来，也是确保贵州省文化遗产得以持续传承的关键。

贵州省在建设特色文化名城的道路上已取得一定的成就，但面临的挑战仍然严峻。在全球化和现代化的大背景下，如何保护和发展地方特色文化，实现文化与经济的可持续发展，是贵州省乃至全国其他地区都需要深思熟虑的课题。

通过综合施策，协调发展，贵州省的特色文化名城建设有望迈向更加光明和坚实的未来。

（三）促进特色文化名城建设的策略

促进特色文化名城建设是一个复杂而多维的任务，尤其是像贵州这样文化多元且富有非物质文化遗产的地区。实现这一目标需要综合运用法律、教育、技术和社群参与等多种手段。

非物质文化遗产的保护和利用是特色文化名城建设的关键。非物质文化遗产不仅代表了一个地区的历史和文化，也是当地居民身份和传统的重要组成部分。因此，保护这些遗产对于维护文化多样性和促进文化可持续发展至关重要。在法律层面，制定和实施保护非物质文化遗产的法律框架是必要的。这可以通过立法来实现，比如制定专门的非物质文化遗产法，或者在现有的文化遗产保护法中加入相关条款。这些法律不仅要规定保护措施，还应包括对非法活动的处罚，以确保遗产的有效保护。

非物质文化遗产的传承和教育同样重要。在教育体系中加强对非物质文化遗产的教育，可以提高年轻一代对本土文化遗产的了解和尊重。这不仅可以通过学校教育实现，还可以通过区域社群教育和公共教育活动实现。同时，培养非物质文化遗产的传承人是保护这些遗产的关键。这需要通过专门的培训项目来实现，这些项目不仅要教授相关的技能和知识，还要强调对传统文化的理解和尊重。

利用现代科技手段，如数字化技术，可以大大增强非物质文化遗产的吸引力和影响力。数字化不仅可以帮助保存遗产（例如通过数字化记录传统歌曲或舞蹈），还可以通过多媒体和虚拟现实等方式使遗产更加生动和吸引人。这种方法特别适合吸引年轻一代，他们可能对传统文化表现形式不太感兴趣。此外，数字化还可以帮助非物质文化遗产跨越地域界限，通过互联网在全球范围内传播。

社群参与和公众教育对于提高公众对传统文化的认识和尊重至关重要。鼓励社群成员参与保护和传承非物质文化遗产的活动，不仅可以加强社群内的文化联系，还可以促进文化多样性的理解和尊重。此外，通过公共教育活动，如展览、讲座和研讨会，可以增强公众对非物质文化遗产的了解。

促进贵州省特色文化名城的建设是一个多方面的任务，需要从法律保护、教育传承、科技应用和社群参与等多个角度来综合考虑。通过这些综合策略的实施，不仅可以保护和传承贵州丰富的非物质文化遗产，还可以提高公众对这些遗产的认识和尊重，从而为建设具有独特文化特色的名城奠定坚实基础。

第四节　促进贵州省社会经济全面协调发展

（一）非物质文化遗产与贵州省经济结构转型

贵州省作为中国西部的重要省份，拥有深厚的文化底蕴和众多独特的非物质文化遗产。这些遗产不仅是贵州文化的重要组成部分，也是其独特的社会经济发展资源，更是推动经济结构转型升级的新引擎。

非物质文化遗产促进了贵州省旅游业的发展。贵州拥有多样的民族文化和壮观的自然景观，吸引了国内外大量游客。传统节庆活动、民族舞蹈、音乐表演等非物质文化遗产成为旅游产品的重要组成部分，不仅丰富了旅游市场，也提高了旅游服务的附加值。通过将非物质文化遗产融入旅游业，不仅保护和传承了这些珍贵的文化资源，同时也带动了相关的服务业发展，如酒店业、餐饮业、交通业等，从而促进了当地经济的多元化和可持续发展。

非物质文化遗产的保护和传承促进了手工艺品市场的繁荣。贵州省的许多地区都有着悠久的手工艺制作传统，如苗族银饰工艺、侗族木结构建筑技艺等。这些手工艺品不仅具有较高的艺术价值和使用价值，也成为当地居民的重要收入来源。通过政府和社会的支持，一系列保护和传承非物质文化遗产的机制得以建立，使得这些手工艺品得以传承和发展，不仅保存了传统技艺，也促进了当地经济，尤其是农村地区的发展和就业。

非物质文化遗产的活化使用促进了文化服务业的发展。随着人们生活水平的提高和文化消费需求的增加，文化服务业成为经济发展的新动力。贵州省通过开发一系列以非物质文化遗产为主题的文化产品和服务，如文化演出、展览、培训等，不仅活化了非物质文化遗产资源，也促进了文化产业的发展。这些文化服务不仅为人们提供了丰富多样的文化体验，也为经济发展注入了新的活力。

非物质文化遗产在贵州省经济结构转型过程中发挥了多方面的作用。它不仅是文化身份和记忆的承载，也是促进经济发展、社会进步和文化繁荣的重要资源。通过合理利用和科学管理非物质文化遗产，既可以有效保护和传承这些珍贵的文化资源，也可以为地方经济发展注入新的动力和活力。未来，随着社会经济的不断发展和人们文化需求的日益增长，非物质文化遗产将在促进经济结构优化升级、推动文化与经济融合发展中发挥更大的作用。

（二）社会发展中的非物质文化遗产功能

非物质文化遗产，作为历史的积淀和文化的体现，不仅是民族记忆和身份认同的载体，也是社会发展和进步的重要推动力。其价值并非仅限于文化层面，更深远地影响着社会的稳定和发展。本节旨在深入探讨非物质文化遗产在促进社会稳定、增强民族团结、提升社群凝聚力以及保护多样文化等方面的功能及其作用机制。

非物质文化遗产的首要功能体现在强化地区认同感方面。地区认同感是指人们对生活地域的归属感和认同感，这种认同感往往与该地区的历史、文化和传统紧密相关。非物质文化遗产，如语言、习俗、传统艺术等，是地区特色的集中体现，通过传承和弘扬这些遗产，可以有效增强地区居民的归属感和自豪感，从而促进地区的社会稳定。例如，节日庆典、传统舞蹈和民间音乐等，不仅为社群成员提供了共同的文化体验和情感联结，还促进了不同世代之间的文化传承，加强了地区文化的连续性和稳定性。

在促进民族团结方面，非物质文化遗产通过保护和传承各民族的语言、艺术、信仰等独特文化形式，帮助不同民族理解和尊重彼此的文化差异，从而促进民族间的和谐共处。每一个民族都有其独特的非物质文化遗产，这些遗产是民族身份和文化自豪感的重要来源。通过节庆、艺术交流、文化教育等形式，不同民族的非物质文化遗产得以展示和交流，增进了民族之间的相互了解和尊重，为社会的多元一体和民族团结提供了坚实的文化基础。

社群凝聚力的增强是非物质文化遗产功能的又一重要体现。社群凝聚力指的是社群成员之间的相互信任、合作与支持，这是社群稳定和发展的重要基础。非物质文化遗产，特别是共同的历史记忆、传统习俗和共享的价值观，为社群成员提供了共同的文化标识和情感纽带。通过共同参与文化活动和节庆，社群成员之间的交流和互动增加，区域社群的凝聚力和向心力得到加强。同时，非物质文化遗产的保护和传承活动往往需要社群成员的共同努力，这一过程本身就是加强区域社群合作与团结的有效途径。

非物质文化遗产在保护多元文化和促进社会包容性方面也发挥着不可替代的作用。在全球化的背景下，文化同质化的趋势日益明显，非物质文化遗产的保护和传承为保持文化多样性提供了可能。认识不同文化的非物质遗产，可以增进人们对文化多样性的理解和尊重，促进社会的开放性和包容性。尤其是在多民族、多文化的国家和地区，非物质文化遗产的保护对于维护社会和谐、防止文化冲突具有重要意义。

总之，非物质文化遗产在促进社会稳定和发展中扮演着多重独特的角色。通过强化地区认同感、保护多元文化、促进社会包容性以及增强民族团结和社群凝聚力，非物质文化遗产成为推动社会和谐与进步的重要力量。因此，深入理解和有效利用非物质文化遗产的功能，对于推动社会的可持续发展具有重要的意义。同时，这也要求政府、社会组织和公众共同努力，加强对非物质文化遗产的保护和传承工作，以充分发挥其在社会发展中的积极作用。

（三）非物质文化遗产与区域可持续发展

在贵州省，一个多民族聚居的区域，非物质文化遗产丰富，包括但不限于民族音乐、舞蹈、戏剧、节庆、传统医药、手工艺以及各种仪式和风俗。这些文化形式不仅是历史和身份的载体，也是潜在的经济资产。然而，全球化和现代化的压力使得这些宝贵的文化资源面临着消失的风险，因此，保护和合理利用这些非物质文化遗产，对于促进贵州的可持续发展至关重要。

保护非物质文化遗产首先需要认识到它们对于维护文化多样性的重要性。文化多样性是可持续发展的关键组成部分，它有助于社会适应变化、增进相互理解与和平。在贵州，保护非物质文化遗产意味着保持其民族文化的多样性和活力，支持区域社群的社会结构和认同感，同时为未来后代提供一个丰富的文化遗产。

在经济层面，非物质文化遗产的保护和合理利用可以促进地方经济发展。通过发展以非物质文化遗产为核心的文化旅游、手工艺品制作和表演艺术，不仅可以创造就业机会，提高当地居民的收入，还能吸引国内外游客，提升区域品牌形象。例如，通过保护和推广苗族银饰制作技艺、布依族的织锦技术等，不仅保存了这些珍贵的文化遗产，同时也为当地经济注入了活力，促进了贫困地区的经济发展。

环境保护也是非物质文化遗产保护中的一个重要方面。很多传统知识和实践，如传统农业、林业和水资源管理技术，体现了与自然和谐共生的智慧，对于维护生物多样性和生态系统服务具有重要价值。通过保护这些知识和实践，不仅可以保存文化多样性，还能促进生态可持续性。

然而，非物质文化遗产的保护和利用面临着诸多挑战。这包括文化同质化的威胁、经济发展的压力以及年轻一代对传统文化兴趣的减少等。因此，有效的保护策略需要社群的参与和支持以及政府和非政府组织的合作。这包括建立记录和传承体系，提供技术和财政支持，以及制定合适的法律和政策框架。

在贵州，实现非物质文化遗产的保护和合理利用，促进生态文明建设和区域可持续发展，需要综合策略和多方参与。这包括加强对非物质文化遗产的认识和评估，实施保护和传承计划，发展与非物质文化遗产相关的经济活动，以及促进公众教育和意识提升。通过这些努力，贵州可以在保护其独特文化遗产的同时，实现经济、社会和环境的和谐发展，向着可持续的未来迈进。

（四）非物质文化遗产的政策支持与发展战略

非物质文化遗产是指由区域社群、群体和个人所创造并传承下来的各种传统文化表现形式。这些文化形式在社会发展和文化多样性中扮演着不可替代的角色，是人类智慧和创造力的结晶。在贵州省，非物质文化遗产的保护与发展尤为重要，它不仅是维护民族文化身份和多样性的重要途径，也是促进地方社会经济发展的重要资源。

在制定非物质文化遗产的政策支持与发展战略时，首先要深刻认识到非物质文化遗产在地方发展中的重要性和复杂性。它们不仅仅是历史的遗留，更是活生生的文化实践，是当地人民日常生活的一部分，涉及民俗、传统手工艺、口头传统、社会习俗、节庆活动等多个方面。因此，保护和发展非物质文化遗产，不仅要保存其形式和内容，更要关注其创造性转化和当代价值的发掘。

有效实施非物质文化遗产的政策支持和发展战略，需要做到以下几点：首先，建立和完善非物质文化遗产的保护法规体系。这包括制定详细的登记、评估、保护和传承措施，确保非物质文化遗产的系统性保护。其次，加强对非物质文化遗产价值的认识和宣传，提高公众对非物质文化遗产重要性的认知和参与度。这不仅能够增强文化自信和民族认同感，还能促进文化旅游和相关产业的发展。

进而，需要促进非物质文化遗产的创新与活化，使其不仅仅停留在保护和传承上，更能在现代社会发展中发挥作用。这包括鼓励和支持地方性非物质文化遗产与现代生活方式、科技、艺术等的融合，探索非物质文化遗产的商业模式，以及培育相关的文化产业和市场。同时，强化非物质文化遗产的国际交流与合作，借鉴国际经验，提升非物质文化遗产的全球影响力。

非物质文化遗产的政策支持与发展战略是一个系统工程，它不仅关系到文化遗产的保护和传承，更关系到经济社会的全面协调发展和文化多样性的维护。通过科学的规划、有效的政策和广泛的社会参与，贵州省完全有能力将其丰富的非物质文化遗产转化为推动地方发展的重要力量，为建设文化强省、实现社会经济全面协调发展作出应有的贡献。

参考文献

[1] 信春鹰 . 中华人民共和国非物质文化遗产法释义 [M]. 北京：法律出版社，2011.

[2] 蒋焕洲，尚海龙 . 黔东南经济地理 [M]. 成都 : 西南交通大学出版社，2022.

[3] 王文章 . 非物质文化遗产保护研究 [M]. 北京 : 文化艺术出版社，2022.

[4] 肖远平，柴立 . 中国少数民族非物质文化遗产发展报告（2020）[M]. 北京 : 社会科学文献出版社，2021.

[5] 宋俊华 . 中国非物质文化遗产保护发展报告（2021）[M]. 北京 : 社会科学文献出版社，2021.

[6] 宋俊华 . 中国非物质文化遗产保护发展报告（2022）[M]. 北京 : 社会科学文献出版社，2023.

[7] 乌丙安 . 非物质文化遗产保护理论与方法 [M]. 北京 : 文化艺术出版社，2016.

[8] 徐静，杨军昌 . 贵州省非物质文化遗产田野调查丛书：黔东南苗族侗族自治州卷 [M]. 北京 : 知识产权出版社有限责任公司，2018.

[9] 徐静，杨军昌 . 贵州省非物质文化遗产田野调查丛书：遵义市卷 [M]. 北京 : 知识产权出版社有限责任公司，2018.

[10] 徐静，杨军昌 . 贵州省非物质文化遗产田野调查丛书：黔南布依族苗族

自治州卷 [M]. 北京 : 知识产权出版社有限责任公司，2018.

[11] 徐静，杨军昌 . 贵州省非物质文化遗产田野调查丛书：黔西南布依族苗族自治州卷 [M]. 北京 : 知识产权出版社有限责任公司，2018.

[12] 徐静，杨军昌 . 贵州省非物质文化遗产田野调查丛书: 贵阳市卷 [M]. 北京 : 知识产权出版社有限责任公司，2018.

[13] 徐静，杨军昌 . 贵州省非物质文化遗产田野调查丛书: 安顺市卷 [M]. 北京 : 知识产权出版社有限责任公司，2018.

[14] 徐静，杨军昌 . 贵州省非物质文化遗产田野调查丛书: 毕节市卷 [M]. 北京 : 知识产权出版社有限责任公司，2018.

[15] 徐静，杨军昌 . 贵州省非物质文化遗产田野调查丛书: 铜仁市卷 [M]. 北京 : 知识产权出版社有限责任公司，2018.

[16] 徐静，杨军昌 . 贵州省非物质文化遗产田野调查丛书：六盘水市卷 [M]. 北京 : 知识产权出版社有限责任公司，2018.

后　记

一个民族最深刻的文化记忆是什么？这个问题没有固定答案，但与我而言，一个民族最深刻的文化记忆便是先民们留下的文化遗产，尤其是非物质文化遗产。

与物质文化遗产相比，非物质文化遗产不依赖于物质载体的存在，而是通过社会成员的社会实践、口头传统和表演艺术等形式得以传承和发展，是我们当之无愧的精神家园。

值此书稿付梓之际，我不由得感触良多。

感谢所有为本书提供理论支持和实证数据的学者和研究者，你们的工作是本书得以成型的重要基石。特别是联合国教科文组织（UNESCO）发布的关于非物质文化遗产保护的多部报告，为我提供了全球视野下的理论框架。此外，国内外学者关于非物质文化遗产分类、保护策略以及活态传承等方面的研究成果，也为本书的写作提供了重要参考。特别感谢贵州省非物质文化遗产管理部门和相关专家，他们提供的第一手资料和宝贵意见，使本书更具实证性和现实指导意义。

感谢我的家人、朋友以及所有在创作过程中给予我支持和帮助的人。特别感谢我的编辑团队，他们的专业建议和细致工作使得本书得以顺利出版。每一次的讨论和修改，都是为了让本书更加完善、更加贴近读者的需求。编辑们在结构上提出了许多建设性的建议，使得本书的逻辑更加清晰，内容更加充实。

在创作过程中，我深刻体会到非物质文化遗产不仅是历史和文化的见证，更是现代社会文化认同和多元共生的关键纽带。如何在保护和传承中平衡传统与现代、保护与发展，是一个需要不断探索的问题。本书的每一章节，都凝聚了我在这一过程中不断思考和实践的结果。

最后，希望本书能带给读者一些正向启发，让你我能够共同努力，为非物质文化遗产的保护和传承贡献一份力量，确保这些文化瑰宝能够在现代社会中继续焕发光彩，为我们的子孙后代留下宝贵的文化财富。

唐晓梅

2024 年 3 月